商值

——商业价值评估的理论与方法

BUSINESS VALUATION

[波]马莱克·潘菲尔 安杰伊·沙布莱夫斯基 主编

刘 勇 译

全国百佳图书出版单位
时代出版传媒股份有限公司
安徽人民出版社

图字:12121109 号

BUSINESS VALUATION. A BASIC APPROACH Copyright © 2012 by Poltext Ltd. This edition published by arrangement with Poltext. All rights reserved.

图书在版编目(CIP)数据

商值——商业价值评估的理论与方法 /(波)潘菲尔,(波)沙布莱夫斯基主编;刘勇译. —合肥:安徽人民出版社,2012.12

ISBN 978-7-212-05828-9

Ⅰ.①商… Ⅱ.①潘… ②沙… ③刘… Ⅲ.①商业—价值—评估 Ⅳ.①F7

中国版本图书馆 CIP 数据核字(2012)第 231463 号

商值:商业价值评估的理论与方法

[波]马莱克·潘菲尔　安杰伊·沙布莱夫斯基　主编
[波]伊莱娜·里赫娜克　审稿
刘勇　译

出　版　人:胡正义　　　　　责任编辑:陈　娟
装帧设计:宋文岚

出版发行:时代出版传媒股份有限公司 http://www.press-mart.com
　　　　安徽人民出版社 http://www.ahpeople.com
　　　　合肥市政务文化新区翡翠路 1118 号出版传媒广场八楼
　　　　邮编:230071
　　　　营销部电话:0551—63533258　0551—63533292(传真)
印　　制:合肥芳翔印刷有限责任公司

开本:710mm×1010mm　1/16　　印张:18　　字数:330 千
版次:2012 年 12 月第 1 版　2012 年 12 月第 1 次印刷

标准书号:ISBN 978-7-212-05828-9　　定价:46.00 元

版权所有,侵权必究

致中国读者

中国是世界上人口最多的国家，拥有五千多年的历史、文化和传统。能够把这本书奉献给中国读者，我们深感荣幸。

我们在波兰始终怀着极大的兴趣关注中国，中国取得的经济发展成就令人瞩目，在全球经济的影响力日益增强。根据《财富》杂志，从2001年至2011年，《财富》全球500强排行榜中的公司在地理分布上发生了巨大变化。总部位于北美的公司数量从2001年的215家减少至2011年的146家，而中国公司的份额从2001年的10家增加至2011年的73家。

我们感谢波兰总统布罗尼斯瓦夫·科莫罗夫斯基。他于2011年12月对中国进行了国事访问，并与胡锦涛主席签署了《中华人民共和国和波兰共和国关于建立战略伙伴关系的联合声明》，这是一个非常重要的信号，它表明中国正式承认波兰是其战略伙伴。

2012年4月，中国总理温家宝访问波兰期间，在华沙举办了"波兰—中东欧—中国经济论坛"，来自中国的数百名企业代表以及来自中东欧国家的几百名代表参加了论坛。2012年8月和11月，中国银行和中国工商银行在波兰相继开设了分行，为波兰与中国之间建立了直接的金融纽带及合作的新平台。

我们感谢波兰铜业集团(KGHM Polska Miedź SA)、波兰铜业基金会(Fundacja Polska Miedź)为本书出版付出的努力和给予的支持！同时，我们感谢中波经济文化交流基金会(Sinopol Foundation)积极推荐本书并为本书出版做出的合作协调工作！感谢阿咖塔·格兰黛茨卡(Agata Grądecka)女士和田青(Marek Tian)先生为本书出版所做的补充翻译工作。

本书的作者来自波兰，主要来自华沙商学院。他们多年来一直从事商业价值评估方面的工作：进行科学研究，从事商业评估，向学生和管理者讲授实用课程。

我们欢迎各种评论，尤其是来自中国读者对本书所述问题的任何批评意见及建议。

您真诚的朋友　　马莱克·潘菲尔

安杰伊·沙布莱夫斯基

2012年8月7日于华沙

前　　言

商业价值评估无一例外地总是着眼于实现价值最大化。每家公司的目标都是增加资产,这就需要制定并实施一种长期的价值创造战略。一家企业的经济价值在此具有头等重要性,这种价值应当被理解为企业可以生成自由现金流的能力。企业的重点应当放眼未来,而非过去;放眼实际收入,而非账面利润。一家公司可能生成利润却依然没有现金,这就妨碍它进行任何投资、偿还债务,更不用说向其所有者支付股利。

本书的目标是,提出关于商业价值评估的各种理论、模型及方法,并把它们与公司价值评估的实践加以对比。我们的讨论开始于详细描述价值范畴的各种方法以及类型——从历史范畴和哲学范畴到那些植根于经济理论的范畴。我们将商业价值评估的理论和学说的发展划分为五个阶段。

第一个阶段起源于古希腊的经济思想,与一些著名哲学家的工作相关。例如:色诺芬区分了商品的使用价值与交换价值,亚里士多德详细论述了商品的有用性,把它作为商品价值和价格的主要基础,苏格拉底被视为伦理学的先驱,而柏拉图是美德理论的创始人。

第二个阶段涵盖了中世纪。在这个阶段,托马斯·阿奎那经过研究形成了一个观点,他认为商品的公平交换必须建立在等价交换的基础上。

第三个阶段涉及古典经济学的创立者——马克思主义经济学和主观价值理论。亚当·斯密在劳动和生产过程中以及在基于商品使用性的交换过程中寻找商品的价值。他最终认为这是基本的因素。大卫·李嘉图详细阐述了商品的绝对价值,而卡尔·马克思相信,具体劳动创造使用价值,抽象劳动形成价值。卡尔·门格尔被认为是基于商品使用性和稀缺性的主观价值理论的创始人。自此,价值理论中两个水火不容的趋势开始出现——一个趋势是基于劳动(李嘉图、马克思),另一个趋势是基于商品的有用性和稀缺性(斯密、门格尔),这两个趋势都被后来几代经济学家加以发展并丰富。

第四个阶段是20世纪初期美国资本市场扩张而演化出的结果。实践的需要导致各种估值方法的发展,从贴现股利到贴现现金流等。20世纪中期,在马科维茨、莫迪利阿尼、米勒、夏普和法玛等理论学家中展开了一场争论——争论焦点围绕的问题诸如:企业价值、资本结构及其对企业价值的影响,以及将利润划分为再投资资本和现金股利。

第五个阶段涉及几部著作的出版。1986年拉帕波特出版了《创造股东价值》,1990年麦肯锡公司出版了柯普兰等人的《估值》,1996年达摩达兰出版了《投资估值》。这些作者支持商业价值评估的贴现现金流法,指出资本的经济价值增长的财务指标,并强调正确的加权平均资本成本估值的重要性。

本书呈现的是商业价值评估的各个精选方面,从资本成本计算,到企业风险估值、贴现现金流法估值,再到股利贴现法估值。我们阐明了对不同类型商业以及各种新的公司活动领域进行价值评估的具体特征,例如:处于IPO过程中公司的价值评估、无形资产的价值评估以及足球俱乐部的价值评估。我们密切关注评估地质和矿业项目及商业行业的公司价值的重要性,尤其是铜业和银业公司(如波兰铜业集团)以及市场风险对该价值评估的影响;还有石油公司,以埃克森美孚为例。题为《动荡经济中的房地产估值与企业估值》一章也饶有趣味。

根据价值评估的历史和当前实践,基于商业评估师的经验和直觉,我们得出的结论是,价值评估既是一种理论(作为基于价值的管理最原始和最重要的成分之一),也是一门艺术。然而,我们应当充分意识到,即使使用商业价值评估的最好理论和方法,也不能自动地反映(尤其是在短期内)我们资产的真实市场价值。我们不可能阐释某些不可预测、不可预见的事件,例如:经济周期的快速变化、政治变革、战争、恐怖袭击、资本市场玩家多变的偏好、舞弊和腐败,或者创始人、管理者的辞职。这类事件导致公司的价值迅速被重估,甚或公司破产,关于这方面的内容,生活中有丰富的例证。把风险纳入估值模型,并不能完全消除不可预测事件对公司价值评估的影响。

本书主要面向三类读者群体:

* 管理层和监事会的成员、管理者、投资者、负责创造企业价值的人员;

* 分析师、从事不同类型商业和企业资产价值评估工作的经纪公司的员工;

* 公司估值、财产估值及基于价值的管理等领域的金融专业和管理专业的本科生、研究生、博士生和大学研究员。

撰稿作者既有来自华沙商学院、罗兹大学、华沙金融教研室的大学研究人员,也有波兰顶尖公司的关键管理人员,例如波兰铜业集团和切赫化工集团。

每一章节的编者和作者力求他们呈现的影响商业价值评估的复杂模型和详细因素尽量明晰、可读。因此,每一章都包括具体的结论、自测题及推荐阅读的文献。

本书的波兰语版已经成为流行的商业价值评估教科书,并被一些波兰大学采用。2011年11月,本书荣获"大普里克斯奖"(GRAND

PRIX),并在波兰经济图书年度交易会上荣获金融和银行类图书奖。本书的中文版将于2012年底出版。

我们感谢来自华沙商学院商业管理教研室的同事,感谢他们多年来的鼓励、批评性讨论以及提供的研究建议和总结。我们尤其要感谢价值管理研究所所长兼商业管理教研室主任安杰伊·赫尔曼(Andrzej Herman)教授,他创造舒心的氛围激励了我们的学术和教研工作,于是近年来我们在基于价值的管理和商业价值评估领域出版了大量的著作。

我们还要感谢本书的审稿专家伊莱娜·里赫娜克(Irena Lichniak)教授,她是华沙商学院企业研究所的所长。她的意见和建议使得我们能够在结论和论点方面做到更加严谨并弥补了不足之处。

我们还要感谢来自昆迪语言服务公司(Quendi Language Services)的翻译团队。

我们欢迎各种评论,尤其是来自读者对本书所述问题的任何批评意见及建议。

马莱克·潘菲尔
安杰伊·沙布莱夫斯基

目　录

第一章　企业估值的历史、准则和技巧 ｜ 马莱克·潘菲尔
　　　　　　　　　　　　　　　　　　　　安杰伊·沙布莱夫斯基

价值范畴的哲学、社会学和经济学背景 / 2
20 世纪和 21 世纪企业估值技巧的发展 / 9
企业估值准则 / 13
企业价值创造的生成器和一致性 / 15
企业估值使用的方法 / 17
结论 / 19
自测题 / 20
延伸阅读 / 20

第二章　资本成本的计算 ｜ 马辛·派克希克

资本成本的定义和应用 / 22
基本的股权成本计算模型 / 25
基本的债务成本计算模型 / 33
计算加权平均资本成本的实例分析 / 36
结论 / 39
自测题 / 39
延伸阅读 / 40

第三章　企业风险估值 ｜ 扬·克里斯多夫·索拉什

企业价值创造过程中风险管理功能的演化 / 42
企业风险的类型 / 51
风险管理质量对公司估值的影响 / 52
结论 / 53
自测题 / 54
延伸阅读 / 54

第四章　市场风险对波兰铜业集团估值的影响

雅罗斯瓦夫·罗曼诺夫斯基
拉多斯瓦夫·扎沃任斯基

波兰铜业集团简介 / 56

实践中的金融风险管理 / 56

赢利和亏损背景中的对冲 / 65

市场条件对波兰铜业集团估值的影响 / 65

结论 / 70

自测题 / 72

延伸阅读 / 72

第五章　原油市场变化对公司估值的影响：埃克森美孚公司实例

沃伊切赫·波托茨基

原油市场变化对财务业绩和石化公司市场估值的影响 / 74

以埃克森美孚公司为例说明宏观经济因素对财务业绩和公司价值的影响 / 78

原油价格的统计学特征 / 84

原油市场两个不稳定维度 / 85

原油价格的长期预测 / 87

原油价格和埃克森美孚公司经营利润的预测建议 / 88

结论 / 90

自测题 / 91

延伸阅读 / 91

第六章　动荡经济中的房地产估值与企业估值

伊丽莎白·蒙臣丝卡

动荡的后工业经济 / 95

处于十字路口的经济和估值 / 97

估值的全球维度 / 100

全球信息功能紊乱 / 102

波兰的企业估值与房地产：方法与法律的矛盾 / 103

结论 / 107

自测题 / 108

延伸阅读 / 108

第七章　使用贴现现金流法的公司估值　｜马莱克·潘菲尔

贴现现金流的实质 / 110
贴现现金流估值过程 / 110
贴现现金流法的局限 / 119
尤特绅卡控股股份公司的估值 / 120
结论 / 127
自测题 / 128
延伸阅读 / 128

第八章　使用股利贴现法的商业估值　｜安杰伊·沙布莱夫斯基

把现金还给所有者：资本利得、股利和股份回购 / 130
未来股利预测 / 133
股利贴现模型 / 136
结论 / 145
自测题 / 145
延伸阅读 / 146

第九章　地质和矿业资产估值方法：波兰铜业集团的实践　｜赫伯特·维特

根据项目所处的发展阶段进行估值的方法及其选择综述 / 148
项目估值的理念和方法 / 151
波兰铜业集团收购项目的范例 / 159
结论 / 162
自测题 / 162
延伸阅读 / 163

第十章　客户价值度量　｜芭芭拉·多别佳娃-克罗娜

价值交换是客户估值的基础 / 166
评价客户价值的方法 / 168
客户估值的实际应用 / 180
结论 / 183
自测题 / 184
延伸阅读 / 184

第十一章　无形资源的估值 ｜ 莫妮卡·马辛科芙丝卡

无形资源及其对企业价值的影响 / 186

无形资源与无形资产 / 188

总无形资源估值：智力资本 / 190

无形资源各个项目的估值 / 195

结论 / 200

自测题 / 201

延伸阅读 / 201

第十二章　IPO 过程中的公司估值 ｜ 多洛塔·波迪多沃娜-塔诺芙丝卡

募股公司的关联资本和非关联资本的意义 / 204

公司估值阶段的募股步骤和投资信息 / 207

决定 IPO 过程中公司估值准确性的因素 / 208

募股公司中的贴现和过低定价效应 / 209

2005—2010 年第三季度华沙证券交易所募股公司过低定价的分析 / 213

案例分析 / 214

结论 / 224

自测题 / 224

延伸阅读 / 225

第十三章　足球俱乐部估值：以尤文图斯为例 ｜ 米查尔·格沃多夫斯基

商业和经济 / 228

足球商业元素 / 229

足球对经济增长的影响 / 231

证券交易所的足球俱乐部 / 233

足球俱乐部的估值方法 / 237

2012 年欧洲足球锦标赛和波兰经济发展 / 250

结论 / 250

自测题 / 251

延伸阅读 / 251

结语——商业价值评估面临的挑战 / 253

参考文献 / 257

互联网网页 / 272

作者小传 / 273

第一章 企业估值的历史、准则和技巧

> 过去、现在,甚至贴现将来的事件,都会在市场价格中得到反映……但是,它们通常与价格变化的关系反映并不明显。
> ——路易·巴舍利耶(Louis Bachelier)

本章概要
- ▶ 价值的多维背景
- ▶ 价值驱动力
- ▶ 20世纪和21世纪初最重要的估值技巧
- ▶ 企业估值的准则
- ▶ 企业估值的方式和方法

价值范畴的哲学、社会学和经济学背景

对于理解人们为何评价不同的事物，无论该事物是一个观念、一个物件，还是一个人，价值理论都包含许多不同的方式，价值的起源应当从古代哲学尤其是当时被称为伦理学（即价值论）的一部分之中寻找，它着眼于分析善的概念。现在，价值理论的不同版本在心理学、社会学或经济学中找到了它们的经验背景。

根据《大英百科全书》："价值"这个术语最初的意思为事物的值，主要应用于交换价值的经济学意义，比如在 18 世纪政治经济学家亚当·斯密（Adam Smith）的著作之中。19 世纪，在各种各样的思想家和学派的影响下，价值的意思在广义上被扩大到更加广泛的哲学旨趣领域：新康德主义者鲁道夫·赫尔曼·陆宰（Rudolf Hermann Lotze）和阿尔布雷赫特·立敕尔（Albrecht Ritschl）；"重新估定一切价值"理论的提出者弗里德里希·尼采（Friedrich Nietzsche）；亚历克修斯·迈农（Alexius Meinong）和克里斯蒂安·封·厄棱费尔（Christian von Ehrenfels）；无意识哲学家爱德华·封·哈特曼（Eduard von Hartmann），他的《价值论纲要》（1909）首次在标题中使用"价值"这一术语。雨果·孟斯特伯格（Hugo Münsterberg）通常被认为是应用心理学的创始人，韦尔伯·马绍尔·厄本（Wilbur Marshall Urban）的《价值评估的本质和规律》（1909）是首次用英语论述这个主题的专著，他们二人把这项运动引入美国。拉尔夫·巴顿·佩里（Ralph Barton Perry）的《一般价值论》（1926）一书被誉为新方法的杰作。他认为价值是"任何包含利益的事物"。后来，他探索了价值的八个领域：道德、宗教、艺术、科学、经济、政治、法律和习俗。人们通常区分实用价值与内在价值——作为手段什么是好的与作为目的什么是好的。在《人性与行为》（1922）与《价值评估理论》（1939）中，约翰·杜威（John Dewey）提出了实用主义的解释，试图把这一区别分解为手段与目的，尽管后者的努力更像是以某种方式强调如下的观点：在人类生活中，很多实在的事情——例如健康、知识和美德——在两种意义上都是好的。其他哲学家，如刘易斯（C. I. Lewis）、乔治·亨利克·封·莱特（Georg Henrik von Wright）以及弗兰克纳（W. K. Frankena）扩大了这些区别——例如，区分了工具价值（对某种目的而言是好的）与技术价值（对做某事而言是好的），或者，区分了分摊价值（作为整体的一部分而言是好的）与最终价值（作为整体而言是好的）。

价值论作为一门科学从狭义和广义两方面分析价值。狭义上，价值论分析存在于不同科学分支中的价值理论以及价值类型,例如:道德、宗教、美学或经济学。广义上,价值论寻求不同的价值概念,它们植根于善的概念。尤其是,价值论探讨价值的本质——价值是什么,它的客观性或主观性如何,它是怎样被创造出来的。再者,价值论对价值进行分类并建立价值的层级,还分析价值是怎样在不同的时间和地点被创造并演进的。

塔塔尔凯维奇(Wł.Tatarkiewicz)[1997]强调,自从公元前4世纪,在哲学学说中,对价值的研究成为哲学的三个部分之一,称为伦理学或价值论,这两者可以互换使用。

苏格拉底(Socrates)(前469—前399),被视为是伦理学的创造者,他认为知识是终极的美德。"美德是真实的善。美德是单一性的,正如每种美德都是知识。获得知识我们就获得了善,因此,就获得了利益和幸福。"[塔塔尔凯维奇,1997]然而,知识虽然可以被获得,但是它并非一种天生的美德。苏格拉底着重提出了以下建议:你应当获得知识,把它当作终极价值和人的最重要伦理行为而传承下去。"苏格拉底认为,应当与他人分享的教育工作的任务(我们关于善的知识)是真实的美德,即真实的文化。他认为,这是人的最重要任务,由此,思想、美德与幸福得到了统一。"[希维扎夫斯基(Świeżawski),2000,73页]

雅典的色诺芬(Xenophon of Athens)(约前430—约前355),是苏格拉底的同时代人,他把家庭管理的概念引入人类思想。在色诺芬的著作《家政论》中,他探讨了家庭管理的实用方面。他重视农业,认为需要从物质和道德方面激励奴隶,一个国家的粮食需要自给自足,需要发展专门化。他已经区分了**商品的使用价值与交换价值**。由此,他扩大了易货经济中金钱(当时是银)作为财富源泉的功能。

柏拉图(Plato)(前427—前347)潜心于研究善和正义。作为苏格拉底的门生,柏拉图创造了**美德理论**,这些美德对任何社会的生活而言都至关重要。这些美德有刚毅、正义、审慎和节制[希维扎夫斯基,2000]。柏拉图在国家规范理论的基础上分析了这些美德。相较于真实的善,他更看重理想的善。对柏拉图而言,真实的善只不过是达到理想的善以及任何善或正义的一种手段。柏拉图是古代第一位对价值进行完整分类的作者[里尔(Reale),2008],其分类包含四个项目:第一是宗教价值。第二是精神价值。在《权力》中,柏拉图说:"在诸神(我们的主人)以及次于诸神的人物之下,你最为珍视的应当是你的灵魂,把它放在第二的位置。"第三是身体价值,里尔称之为**性命价值**(vital value)。柏拉图虽然把第三位置指派给身体,但是他做出了一个重要的保留:"这里,我们需要沉思我们为什么珍视身体,我们是否出于真实的原因或出于虚假的伪装而习惯这样做。在此,裁决权属于法律制定者。我认为,他将由此向我们展示估值的规则:他将会告诉我们,那不是美好、强壮、柔韧或伟岸的身体,甚至不是一个健康的身体,这一点尤其具有价值——尽管这是普通的情感——同样,具有相反特征的身体其价值也是如此。正是处于这两种对立面之间的中间状态才令我们以最审慎、最安全的方式行事。"柏拉图把外在物品放在第四位,即指"拥有金钱和世俗物品"。[普拉瓦(Prawa),1997,161—164页]

然而,古代最著名的思想家无疑当推亚里士多德(Aristotle)(前384—前322)。亚里士多德不仅发展了哲学的众多分支学科,而且发展了家庭管理。他提出了众多涉及金钱的问题。柏拉图集中关注善的概念,而亚里士多德还专注于研究个体倾向完美的驱动力以及人们的经验行为。美德无法被演绎出来,它们需要凭借经验加以寻找。他还强调正义美德的重要性,因为正义美德涵盖所有其他美德。他把分割引入"分配正义(根据几何比例并考虑人与人之间的差异,涉及商品和维度)A∶B=a∶b,以及补偿(可交换的——根据算术比例而不考虑人的表现)a—y∶a=a∶a+y"[希维扎夫斯基,2000,147页]。

对经济学家而言,最有兴趣的是亚里士多德涉及经济学和家庭管理的概念系统。该系统有三个组成部分。第一是关于**家庭管理**作为一门科学的《经济论》。第二是**理财学**,即通过商品交换获取金钱以及聚集金钱的艺术。第三是关于**金钱的科学**。在借助金钱比较不同商品的实用性,他步色诺芬的后尘。这里,有趣之处在于如下的事实:亚里士多德认为金钱是社会准绳的一个元素,源自于人们交换商品的需要。[斯坦基维茨(Stankiewicz),1987]他关于交换交易的思想也非常有趣。亚里士多德认为,**使用性问题是计算价格的一个重要因素**。在他的分析中,劳动成本取代荣誉。高登(Gordon)认为:"对亚里士多德而言,典型的交换交易是两个人之间的关系,他们同时是买方和卖方,他们各自与对方交换自己的生产剩余。"值得记住的是,"这些人各自必须得到满足,因此,在交换发生之前,成本和实用性的问题得以平衡。"[高登,1964,123—124页]

根据马克斯·舍勒(Max Scheler)的观点,**价值是客观、规范的**(道德上它们是强制性的)。舍勒反对对价值采取主观的观点,区分了**价值**与**精神特质**(ethos)。**精神特质**是由特定的人(或一群人,或某一文化)创造并认可的价值领域,它是主观的,可能与客观领域截然不同。

价值彼此相互联系,产生**层级**。最低的位置属于**功利价值**(有用—无用)——至于这个类别的价值是否确属必要,舍勒犹豫不决。价值层级接下来的层次是:

• **享乐价值**(愉快—不快)——这些是纯粹的感官价值,涉及嗅觉、听觉、视觉、触觉和味觉。

• **性命价值**(涉及生命与死亡,诸如力量、健康、年龄和充实)。

• **精神价值**,分为:

——认知价值(纯粹认知真理的意愿);

——法律价值(有序－无序,层级和正义的感觉);

——美学价值(美－丑);

占据最高位置的是**绝对价值**(关注神圣的概念)。

这里,我们可以将其分为下列的价值类型:

• **自为价值**(autotelic value)——它们是自主、首要、中心的,在价值层级中占据最高的位置,这些价值的实施就是善本身。

• **工具价值**(instrumental value)——它们是从属、次要的,在实现最高(自为)价值中,它们是从属的,它们是实现更高目标的手段。

• **公认价值**(accepted value)——它们起源于社会,涉及在一个社会背景中决定其客观意义的思想。

• **感知价值**(perceived value)——它们源自于一个人的个性特征,涉及情感。

• **内化价值**(internalised value)——它们被人们实际上接受,只有通过它们,个体才能界定自己,它们是个体的价值。

• **声明价值**(declared value)[www.wikipedia.org]。

米斯特尔(M. Misztal)是一位社会学家。他认可三个价值范畴:心理价值,基于情感和个人体验;社会价值,具有社会维度;文化价值,具有普遍意义。他完全漠视经济价值。

我们也许还可以观察到,现代的"价值理论"这个短语是 1893 年厄棱费尔(Ch. V. Ehrenfels)首次使用的。然后,他在心理学中从价值理论的视角扩展这个概念[塔塔尔凯维奇,1997]。

一些波兰的价值论学家对价值理论的发展作出了重要贡献,他们是:弗洛里安·兹纳涅茨基(Florian Znaniecki)(1882—1958),著有《论哲学中的价值》(1910);伏瓦迪斯瓦夫·塔塔尔凯维奇(1886—1980),著有《论绝对的善》(1919);罗曼·英伽登(Roman Ingarden)(1893—1970)著有《经验、艺术作品和价值》(1966)。正如英伽登所说:"如果你不把价值考虑进去,任何行动都将是荒谬、无意义的,仿佛你无视它们的存在。"[英伽登,1975,107 页]

价值的范畴深深植根于宗教和信仰。宗教始终是伦理和道德规范的一块基石。对基督徒而言,《圣经》是他们道德和伦理原则的基础。《古兰经》是穆斯林的基础。《托拉》及其在《塔木德经》中的诠释是犹太人的基础。印度社会在《吠陀经》中寻找道德原则。中国人在儒家教义中寻找道德原则。所有的主要宗教都有各自的道德规范,它们也适用于经济生活和工作行为原则,以及如何从个人的劳动果实中受益。

因此,我们有必要回顾**约翰·保罗二世**(John Paul II)关于人类工作及其对个人发展影响的思想,该思想包含在《论人的工作》通谕中。作者从价值的三个**领域**分析了人类的工作和勤奋(把它看作是一种美德)。第一个领域是:"工作对人而言是一件好事情,对他的人性而言是好事情,因为透过工作,人不仅改造自然,使之配合自己的需要,同时自己亦变得更圆满,确实,在某种意义上'更具人性'。"[1997,14 页]价值的第二个领域是工作与家庭的联系。"工作是构成家庭生活结构的基础,这是一个自然权利,也是人需要做的。"[1997,165 页]价值的第三个领域:"涉及大社会,人基于特殊的文化和历史联系归属于这个大社会。"[1997,166 页]然而,约翰·保罗二世思想衍生的最重要的论点是如下非常深刻的论述:"终而言之,人类劳动优先于我们已经习惯称之为资本的东西。"[1997,172 页]西方世界出现金融危机;人们指控银行及其管理人员和股东已经使他们自己非常疏离社会,好像他们生活在社会之外,金融机构出现信任危机。在这两种危机期间,上述这些话语听起来具有多大的预言性,这一点变得更加强烈。加布雷斯(J. K. Galbraith)发出了这样的声音:"让我们重申 21 世纪的基本事实——基于想要致富的无限权力的公司系统。统治公司的是管理层——一个控制自己及其酬劳的官僚制度。各种酬劳近乎窃贼行为。"[2005,46—47 页]2007—2009 年,在世界上的领军公司中,这种行为的例子不胜枚举。

在这样一个背景下,儒家的社会价值看起来非常安宁[王德有,2008]。儒家社会价值形成于大约公元前 5 世纪,由一个名叫孔丘(后来被尊称为孔子)的人创立的。孔子对中国的哲学、历史和价值系统产生了巨大而深远的影响。他的学说围绕的问题是:一个人应当如何生活,有价值的生活意味着什么,如何与其他人、群体和社会相处? 孔子给中国哲学引入了两个主要概念:人道主义(仁),即"爱他人";正义(义),即对他人利益的自我约束。王德有是一位哲学家,根据他的观点,中国的现代儒家力量是:"对你的邻居持有友善的态度并关心他们。自律守纪。关心保护社区。为社会工作。创造社会和谐,致力小康理想。"[王德有,2008,19 页]儒家的主要观念强调需要自我完善、与他人相处做到仁和义。费正清(J. K. Fairbank)写道:"我们把儒学当成一种生活的哲学,通常把它与耐心、平和、折中等美德联系起来。还与祖先崇拜、敬重老人和学识渊博的人联系起来,最重要的是,明智的人道主义把人(而不是上帝)置于宇宙的中心。"[费正清,2003,51 页]

在欧洲中世纪,圣·托马斯·阿奎那(St. Thomas Aquinas)(1225—1274)在他的**公平价格理论**中第一个试图解释商品的"内在"价值。他写道,公平的商品交换必须基于相等价值的交换,而相等价值基于工作、以货代款的花费以及储存和运输商品。根据他的观点,"价值与工作直接相关,价值是工作的质化和量化的表达"[斯坦基维茨,1987,73 页]。

威廉·配第(William Petty)(1623—1687)是现代政治经济学之父,他试图了解商品价值和国民财富源泉的本质。配第强调工作、人口数量以及土地在财富增值中的重要性。"劳动是财富之父,土地是财富之母"——这是他的名言。劳动可以由成本度量,土地由地租理论度量。这里,我们再加上所借的资本利息。

亚当·斯密(1723—1790)在1776年的著作《国富论》中,扩展了价值的概念,区分了商品的**使用价值**与**交换价值**。"据观察,价值这个词具有两个不同的意义。它有时表示特定物品的效用,有时又表示由于占有某物而取得的对他种货物的购买力。前者叫做'使用价值',后者叫做'交换价值'。"[亚当·斯密,1954,37页]然而,斯密强调,基于商品的价值,商品的实际价格是在生产过程中(这里,劳动数量是决定因素)以及在交换过程中(这里,一件商品中物化的劳动交换另一件商品中等量的劳动)形成的。他着重强调:"所以,劳动看来显然是唯一普遍的,也是唯一精确的价值度量标准。或者说,劳动是唯一可让我们随时随地据以比较各种商品价值的标准。在跨越几世纪的长久时间里,我们不能按各种不同商品所换得的白银数量来估计它们的真实价值。在跨越几年的短暂时间里,我们也不能按它们所换得的粮食数量估计它们的真实价值。然而,如果按它们所换得的劳动数量,无论跨越几世纪或几年,我们都能十分精准地估算它们的真实价值。"[亚当·斯密,1954,43页]

大卫·李嘉图(David Ricardo)(1772—1823)寻求**商品的绝对价值**,却归于徒劳。他持有的观点是:"一件商品的价值,或曰用以与之交换的任何其他商品的数量,取决于生产此件商品所必需的相对劳动量,与为那种劳动付出的补偿相比不多不少。"[大卫·李嘉图,1957,8—9页]

卡尔·马克思(Karl Marx)(1818—1883)把他的思想很大一部分用于研究价值。他扩大了**使用价值和交换价值**的定义,提出把抽象社会工作作为交换价值源泉的概念。"一种物质基础是直接的使用价值,在此,一个经济关系得以表达。交换价值首先是一种数量关系,在此,使用价值得以交换。"[马克思、恩格斯,1992,16页]根据马克思的观点,劳动者的劳动是一种特定的劳动,创造商品的使用价值,与此同时,他的劳动又是一种社会、抽象的劳动,创造出该商品的交换价值。

卡尔·门格尔(Carl Menger)(1840—1921)是主观价值理论的奠基人。他的理论出发点是,把某种商品的有用性和稀缺性作为价值的源泉。"从管理实体角度,认识到的事实是,一种可自行支配的商品,在一定程度上,是某种需要,或者是填补这种需要。这种实现足以使该商品获得某种意义,而这种意义对应于满足该需要的程度。我们把这种意义称为价值。"[门格尔,1923,102—103页]。门格尔是现代边际效用理论的创始人之一。很多著名的经济学家都是这一主观价值理论的追随者①。

20世纪,关于价值的研究集中于两个重要的主题:**客户价值**和**股东价值**,然后是**利益相关者价值**。股东价值理论来源于20世纪50年代马科维茨(Harry Markowitz)、莫迪利阿尼、米勒(Miller)、夏普(Sharpe)和法玛(Fama)等人的著作中。对这一理论发展作出贡献的是资本资产定价模型(Capital Asset Pricing Model,简称CAPM),该模型认为,投资回报率取决于风险的水平。

自1986年,拉帕波特(A. Rappaport)撰写了突破性的著作《创造股东价值》,该书批评了把利润作为度量企业成果的工具,提出了**管理股东价值的先进概念**。"一家企业的总体经济价值是其债务和股权的总和。这一价值被称为企业价值,而其股权部分的价值被称为股东价值。"[拉帕波特,1998,37页]他特别强调了借助资本市场自由现金流对企业估值的影响,提出"利润是观念,而现金是事实"。

1991年,贝内特·斯图尔特三世(Bennett Stewart III)创造了**经济附加值**(Economic Value Added)的概念[斯图尔特,1991]。当投入资本的回报高于加权平均资本成本(WACC)时,企业就生成经济附加值。柯普兰(T. Copeland)和其他作者著有5卷本的《估值:度量和管理公司价值》,1990—2011年由麦肯锡公司陆续出版。该书追随前者的步伐。尤其是,该书的价值评估模型基于前者分析的贴现现金流和加权平均资本成本。

尽管有各种不同意见,讨论仍在继续,但是,我们想总结说,通过**企业的经济价值**,我们明白企业能够在未来生成自由现金流。因此,决定一家企业目标价值的是它的未来而非过去,是自由现金而非既往利润。这一价值随经济条件和公司战略而变化,但它依然是客观的;虽然通过资本市场进行价值评估是把客观因素和主观因素都加以考虑,但该方法通常具有推测的性质。

2007—2009年金融危机以及债务危机,改变了**基于价值的管理**(Value Based Management,译注:缩写为VBM)。必要改变的主要方向如下:

• 重构建企业目标:从股东价值最大化到股东价值和可持续增长最大化。

• 联合对待企业(资本集团)金融战略中的投资和撤资。

• 修正动机系统:

——系统应当符合长期的价值创造而非短期的利润;

——报酬形式的变化应当受到限制;

——增强基于价值的管理的社会维度及其社会责任。

• 长期优化把现金返还给所有者的政策——三分之一原则:

---

① 扎泽茨基(D. Zarzecki)[1999,23页]在这里列举如下:杰文斯(W. S. Jevons)、维瑟(F. Wieser)、沃尔拉斯(L. Walras)、帕莱托(V. Pareto)、熊彼特(J. Schumpeter)、塞尼尔(N. W. Senior)、拜理(S. Bailey)。

——生成的现金 1/3 用于投资（有机增长和并购）；
——1/3 用于增加储备资本或减少债务；
——1/3 用于现金返还（股票的股利和赎回）。

20世纪和21世纪企业估值技巧的发展

表 1-1 呈现的是 20 世纪和 21 世纪企业估值技巧的发展。时间线起始于 1494 年。估值基于会计和企业理论。卢卡·帕乔利（Luca Pacioli）是生活在 15 世纪和 16 世纪之交的意大利修士兼数学家。1494 年，帕乔利在威尼斯出版了《数学大全》，在该书中，他第一次详细描述了复式簿记系统。这种会计方法成为威尼斯商人的典范以及**现代会计学的基础**。

大多数现代金融指标都起源于 20 世纪 20 年代，例如杜邦模型，该模型通过从损益表和资产负债表中选定日期，可以让我们分析企业的赢利性。杜邦模型呈现影响股权回报率的元素。这种分析模型是由杜邦公司的一名员工创造的，在杜邦收购通用汽车公司部分业务之后，该员工承担的任务是处理通用汽车的财务。

1934 年，本杰明·格雷厄姆（Benjamin Graham）和戴维·多德（David Dodd）出版了《证券分析》。对于像沃伦·巴菲特（Warren Buffett）这样投资于价值的投资者而言，该书是一部奠基之作。本杰明·格雷厄姆教导并鼓励了世界各地的人们，他的**价值投资**哲学保护投资者避免基本的错误，教导他们采用长期的战略。1949 年的另一本书《聪明的投资者》至今仍然是众多股票市场投资者的必读著作。格雷厄姆把所有的股票市场投资者分为两组：

- 主动型——他们把时间和精力专注于做出最佳的投资决策；
- 被动型——他们把投资委托给专门人士。

另外，格雷厄姆区分了着眼于纯粹资本收益的利润导向型投机行为与着眼于长期的证券购买行为。他使用的术语是内在价值，而不是账面价值或市场价值。他寻找的公司是能够在未来支付股利的公司，把内在价值看成是公司股票价值的真实度量标准。[洛威（Lowe），1994]

约瑟夫·熊彼特[1942]关于竞争和创造性破坏的新观点导致人们创造出各种模型，这些模型假设，在涉及现金股利支付的简要预测之后存在一个连续期，**高登增长模型**（Gordon Growth Model）[1959]即是一例。

1960 年，詹姆斯·洛里（James H. Lorie）（金融学教授兼科研带头人）和劳伦斯·费舍(Lawrence Fisher)(洛里教授的助手)创立了证券价格研究中心(the Center for Research in Security Prices,简称 CRSP)——位于芝加哥大学(布斯商学院)。证券价格研究中心是精确历史股票市场数据的提供者,数据被人们用于做出投资决策或理解股票市场行为,比如股权回报。该中心拥有的旗舰数据库有:1926 年以来纽约证券交易所(NYSE)的股票,1962 年以来美国证券交易所(AMEX)的股票,1972 年以来纳斯达克(NASDAQ)的股票,标准普尔 500,美国国库债券,等等。

现代企业财务的基础是弗兰克·莫迪利阿尼(Franco Modigliani)和默顿·米勒(Merton Miller)的著作[1961,411—433 页]以及资本资产定价模型(CAPM)[夏普,1964]。1965 年,《价值线》一书提出了**股票时效排名**(timeliness ranking of stocks),由五部分组成,并依据取自技术估值模型的信息。

与此同时,证券价格研究中心发起创办了市场战略利润影响(PIMS,Profit Impact of Market Strategy)数据库,该数据库基于通用电气公司(然后是哈佛大学)的商业战略研究,中心还建立了一个关于决定某个公司/商业单元的赢利水平和价值的金融及非金融因素的数据库。这些结果取自的样本由 3 200 个商业单元构成,以《PIMS 原则》的书名出版[巴泽尔(Buzzel)、盖尔(Gale),1987]。迈克尔·波特(Michael Porter)[1980]在其关于竞争的研究中使用了这个数据库,《竞争战略》出版于 1980 年。

20 世纪 70 年代,经济增速放缓;20 世纪 80 年代早期,通货膨胀创历史纪录。这两者使得经济学家和投资者更加集中关注宏观经济因素,因为财务报表反映的投资回报率的信息不够充分[凯拉德(Callard)、克莱曼(Kleinman),1985]。

20 世纪 80 年代,人们对股票市场估值采取一种新的视角,对商业战略与赢利水平之间的联系日益警觉,这两者结合起来,导致产生了**基于价值的管理**(Value Based Management,简称 VBM)和战略规划。从那时起,**战略规划与企业价值评估之间的联系变得越来越强**。

大约在同一时期,金融估值模型得到了发展,例如**贴现现金流**(Discounted Cash Flow,DCF)和**经济附加值**(Economic Value Added,EVA)。20 世纪 80 年代和 20 世纪 90 年代在这一领域最受欢迎的作者有:拉帕波特、斯图尔特、柯普兰、科勒(Koller)、穆林(Murin)、达摩达兰(Damodaran)、麦顿(Madden)。

拉帕波特指出了基于财务报表的金融指标(如股权回报率或资产回报率)的局限之处,推崇贴现现金流的方法。柯普兰、科勒和穆林介绍了麦肯锡公司的创造价值的方法。斯图尔特描述了基于经济附加值的思腾思特(Stern Stewart)咨询模型。基于经济附加值的估值方法(与美国公认会计准则有关联)在美国以外的地方也变得非常流行。麦顿提出了一种基于簿记的分析方法,拓展了后来的**现金流投资回报**(Cash Flow Return on Investment,CFROI)。

1995年,伊博森协会(目前是晨星公司的一部分)开始出版《资本成本年刊》和《资本成本季刊》,在此,分析师们能够找到计算贴现现金流中加权平均资本成本所需要的关键数据。对资本资产定价模型(CAPM)而言,也出现一种替代方法,即**套利定价理论**(Arbitrage Pricing Theory,APT),该理论由耶鲁大学的斯蒂芬·罗斯(Stephen Ross)于1976年提出。在某种意义上,多因素套利定价理论模型是夏普模型的概括,在此,只有一个因素存在——市场因素。其他因素有工业产值、通货膨胀、收益率曲线,分布在短期利率和长期利率上。1977年,扎克斯投资研究所(Zacks Investment Research)开始基于套利定价理论进行收集、配置的分析。

斯图尔特[1997]把智力资本(intellectual capital)定义为:"打包、有用的知识"或"员工知识的总和,使公司在市场中锋芒毕露"。洛斯把智力资本定义为"员工知识的总和及其转化为品牌、商标和程序的流程。"[洛斯(Roos J.)、洛斯(Roos G.)、德拉戈内蒂(Dragonetti)、埃德文森(Edvinsson),1997,37页]、史密斯(Smith)和帕尔(Parr)对智力资本下了一个更为全面的定义,他们把智力资本定义为一家企业除经营资本和固定资本以外的所有元素,它们促进智力资本。[史密斯、帕尔,2000]这些元素或许是由公司控制的资产并且是有价的(专利、商标和品牌),或许是由公司控制但却是无价的(未完成的研究及开发、商业秘密和商业流程),但也可能是公司无法控制的(人力资源、组织资本和客户关系)。

2001年,晨星公司完善了它的股票估值模型,出版了基于500种股票的《晨星公允价值》,参考了巴菲特的竞争护城河理念(一个类比,就像被护城河围绕的城堡,城堡指的是公司,而护城河指的是其竞争者)以及增长和投资回报率。目前,晨星的出版物依据贴现现金流和竞争战略,涵盖了超过2 000种股票。

2005年,美国注册会计师协会出版了《**估值指南**》(Valuation Guidelines)。

曼德勃罗(Mandelbrot)和赫德森(Hudson)[2004]在《市场的不当行为》中批评了资本资产定价模型(包括市场有效假说),声称资本市场中与投资相关的风险高出好几倍。曼德勃罗是一位法国数学家,他杜撰了"分形"(fractal)一词,也被称为"曼德勃罗集合"。根据加布里斯(A.Gabryś)的观点[2006],多重分形分析以及把资本市场感知为分形,这两者可以以更好的方式描述资本市场的功能。托托里罗(Tortoriello)[2009]是继续发展多重分形模型的学者之一。

在《实物期权从业者指南》中,柯普兰和安蒂卡洛夫(Antikarov)指出了与阶段投资法相比贴现现金流的种种缺陷。有些从业者期望实物期权(real options)能够取代净现值(NPV),但并非在每一个投资项目中都如此。

表 1-1 企业估值技巧年表

估值的根源 (1970 年以前)	• 1494 年:复式簿记(卢卡·帕乔利) • 20 世纪 20 年代:杜邦模型 • 1934 年:《证券分析》(本杰明·格雷厄姆、戴维·多德) • 1942 年:创造性破坏,《资本主义、社会主义和民主》(约瑟夫·熊彼特) • 1949 年:《聪明的投资者》(本杰明·格雷厄姆) • 1958、1961、1963 年:弗兰克·莫迪利阿尼和默顿·米勒的著作 • 1959 年:高登增长模型(迈伦·高登) • 1960 年:PIMS 数据库(CRSP) • 会计范畴:P/E、EBITDA 等 • 1964 年:资本资产定价模型(CAPM)(威廉·夏普) • 1965 年:股票时效排名(《价值线》)
关键理论的发展(20 世纪 80 年代和 20 世纪 90 年代)	• 1973 年:布莱克-舒尔斯模型(费舍·布莱克、米隆·舒尔斯) • 1976 年:套利定价理论(斯蒂芬·罗斯) • 1977—1990 年:扎克斯分析师的共识预测 • 1980 年:《竞争战略》(迈克尔·波特) • 1985 年:《通胀调整会计:要紧吗?》(查尔斯·凯拉德、戴维·克莱曼) • 1986 年:PIMS 原则(巴泽尔、盖尔) • 1986 年:《创造股东价值》(阿尔弗雷德·拉帕波特)
数据库及 IT 工具的发展	• 1991 年:《寻求价值》(斯特恩·斯图尔特) • 1994 年:《估值:度量和管理公司的价值》(汤姆·柯普兰、提姆·科勒、杰克·穆林) • 1995 年:《资本成本季刊》(伊博森协会) • 1996 年:《投资估值》(阿斯沃斯·达摩达兰) • 1997 年:《智力资本:组织的新财富》(斯图尔特),《智力资本:在商业新图景中穿行》(洛斯、洛斯、德拉戈内蒂、埃德文森) • 1999 年:CFROI 估值(凯拉德麦顿协会,麦顿) • 2001 年:《实物期权从业者指南》(柯普兰) • 2001 年:公允价值会计(晨星公司) • 2005 年:《估值指南》(美国注册会计师协会)
2000 年以后	• 2000 年:《智力财产和无形资产估值》(史密斯、帕尔) • 2003 年:《生命周期回报》(劳雷·托马斯) • 2004 年:《市场的不当行为》(曼德勃罗) • 2004 年 1 月 1 日:《国际财务报告准则第 3 号》生效 • 2007 年:《人力资本》(伍伯哈特) • 2007 年:公允价值会计的新定义(《美国财务会计准则第 157 号》) • 2009 年:《多因素模型》(托托里罗)

来源:作者自己的分析,根据《价值边锋——技巧严谨好处多》第四章[哈斯、普莱尔,2009]。

理论家和从业者依然试图改进现有的估值模型。我们在这里可以提及生命周期回报(Life Cycle Returns)估值系统,由生命周期回报公司(LifeCycle Returns, Inc.)研发。这个系统的主要优点是:允许内部回报率(IRR)计算,转换来自会计财务报告的数据;提供内在价值的估算,把它与市场价值并列;以图表形式呈现结果。

2004 年 1 月 1 日,标题为"经济实体的合并"的《国际财务报告准则第 3 号》

(IFRS 3)开始生效。据此,在一份综合资产负债表中,除了商誉(goodwill)之外,其他无形资产也可以被披露出来,只要它们已经被确认并估价。《国际财务报告准则第3号》具有5组无形资产:

- **营销类**(商标:工业、商业、服务、互联网域名,非竞争协议,报纸第一页的版式,工业设计);
- **客户相关类**(客户清单、未实现的订单、合同以及与客户的合约和非合约关系);
- **艺术类**(戏剧和演出、图书、音乐作品、绘画、摄影、视觉材料);
- **法律类**(协定:执照、广告、租赁、建筑许可、特许协定、服务和传播协定、用益权、劳动合同);
- **技术类**(专利、软件、非专利方案、数据库、实用技能)。

根据国际财务报告准则第3号,一家公司的价值是指来自这5组资产的未来经济利益,无法进行单个区分。《国际会计准则(IAS)第38号》(第48条)明确禁止把一家公司通过自己的行动创造出的价值看成是一项资产,因为它不是一种容易辨认的资源。马克·伍伯哈特(Mark C. Ubelhart)与翰威特公司(Hewitt Associates)的顾问们使用他们包含超过1 000家公司2 000万员工的数据库,分析了人力资本对企业价值的影响。作者们观察了公司中现金流投资回报的变化,该变化根据员工中的变化而进行分析。

企业估值准则

迄今为止,相较于美国或加拿大,在波兰,还没有哪个职业有一个经认证的企业估值专家(例如商业价值分析师、商业评估师或企业评估师)。多年以来,波兰企业价值评估专家协会(The Polish Association of Enterprise Valuation Experts)一直在发挥作用。该协会采用自己的道德规范,但是无法实施任何估值准则。对商业评估师以及他们的接受者而言,这些准则在波兰非常必要。波兰现有的唯一经认证并且与价值评估直接相关的职业是物业评估师。他们最惯常的工作是评估从固定资产中挑选出来的少数项目:建筑、土地、车辆和机械。然而,2011年4月,波兰评估师协会联盟出版的《解释说明第5号》(以下简称《说明》)刊登了关于企业价值评估的一般原则。这份文件是由本书作者蒙克辛丝卡、潘菲尔和派克希克等筹备的[1],该文件中推荐了在波兰进行企业价值评估的良好做法。《说明》参考了美国

---

[1] 设计小组的带头人是蒙克辛丝卡教授,后改为扎泽茨基教授。

和加拿大的最佳实践。《说明》的作者认为,价值评估的关键是**界定一个用于某种估值的价值准则**。价值准则界定一个真实或假设交易及其执行条件相对应的方面。当我们选择一个价值准则时,应当考虑以下指南(见图1—1)。

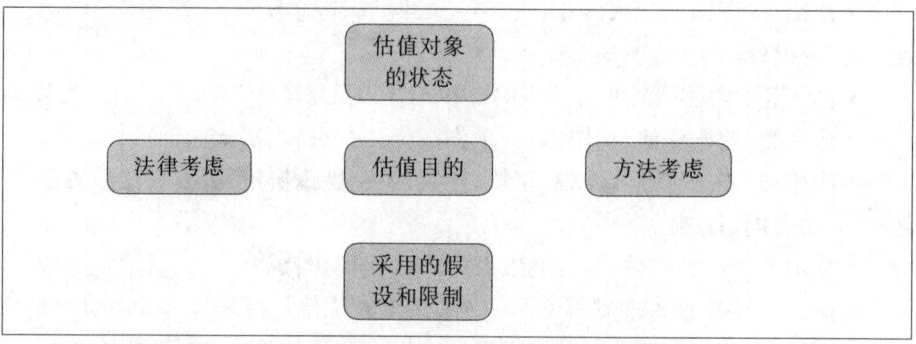

来源:《解释说明第5号·企业价值评估的一般原则》,波兰企业价值评估专家协会。

图1—1　企业价值评估准则选择指南

作为企业价值评估的准则,可以采用下列类别之一:
- 公允市场价值;
- 公允价值;
- 投资价值;
- 内在价值。

它们的详细解释见表1—2。

表1—2　企业价值评估准则

公允市场价值(fair market value)——公允市场价值是以货币或货币等价物形式表示的估值对象的价格。计算该价格所根据的假设是,一个典型、假定的卖方与一个典型、假定的买方都对一项交易感兴趣,进行交易时没有受到压力(命令)。进一步假设,评估师拥有关于交易双方数据的正确数量,而买方与卖方拥有关于评估对象的足够知识。公允市场价值被买方和卖方接受。上述的交易条件比较接近《国际评估准则》(IVS)对市场价值的定义。	公允价值(fair value)——公允价值是指以货币或货币等价物表示的估值对象的价格。计算该价格所根据的假设是,一个特定买方(未必对交易感兴趣)与一个特定卖方(未必对交易感兴趣)发生一项交易行为。买方或卖方必须是在压力(命令)下进行交易。从卖方角度看,考虑到他不能继续持有被估值对象,被确定的价值应当是公允的。上述定义与《国际会计准则》(IAS)包含的定义并不相同。
投资价值(investment value)——投资价值是指对一名特定投资者(所有者)而言以货币或货币等价物表示的估值对象的价格。这里,他对估值对象的个人预期和要求必须予以考虑。与投资价值相反,公允市场价值是非人格化、客观的。	内在价值(intrinsic value)——内在价值是指以货币或货币等价物表示的估值对象的价格,并非为任何一项交易而计算,不考虑是谁命令进行估值以及是谁收到了估值对象,而是根据涉及估值对象的全部信息与影响估值对象当前和未来经济状况的外部因素。

来源:《解释说明第5号·企业价值评估的一般原则》,波兰企业价值评估专家协会。

在合理的情况下,采取不同于上述价值评估准则的做法也是允许的,但是,那样的话,估值必须包含合理的解释。

企业价值创造的生成器和一致性

我们值得回到诸如拉帕波特[1999]构建的价值增长的因素(生成器),尤其是金融和营销的因素[多伊尔(P. Doyle),2003]。拉帕波特强调,把会计利润作为衡量企业绩效的标准,这种做法存在缺陷,因为:历史特征局限、经常被篡改的事实、取决于会计准则的事实、无法虑及不同时期的金钱、与股票价格关联度低。

另外,我们需要强调对经营利润质量进行分析,经营利润质量被理解为净经营现金与经营利润的比值。高质量应当处于80%~100%的区间,最好接近100%。

基本论点如下:价值生成器的重心正在从金融因素(20世纪90年代占主导)转移至市场因素(2001—2010年占主导),目前转移至无形因素尤其是智力资本、创新能力以及社会信誉和信任。表1-3呈现的是对基本价值生成器的总结。

表1-3 价值驱动力

金融	营销	无形资产
1.年销售增长率>10% 2.经营利润率增长 3.保持目前的实际税率水平 4.运行资本,增长低于销售增长 5.增加固定资产,但是具有正的内部收益率(IRR) 6.降低加权平均资本成本 7.延长价值增长周期	1.获得新客户 2.维护现有客户 3.创造新的分销渠道 4.在国际上成长 5.赢利性兼并和收购 6.进入新的市场	1.智力资本 2.创新性 3.品牌力量 4.高效的后勤 5.创造并发展公司内部文化 6.沟通,创造信任并增强社会信誉

来源:安杰伊·沙布莱夫斯基:根据拉帕波特[1998]和多伊尔[2003]。

价值和资本在国家、地区、行业和企业之间迁移。尤其是,我们必须强调,焦点从成熟经济体迁移至发展中国家和新兴市场,从成熟行业和夕阳产业迁移至大量利用诀窍和技术的行业。斯莱沃茨基[Slywotzky,1996]强调了资本和价值流的三个种类:各个经济部门之间(例如:从航空至媒体、新技术);公司之间(例如:从化学公司至软件公司);公司内部(通过建立一个完整的价值链,还可以通过外包和离岸外包)。

企业价值的迁移见图1-2。

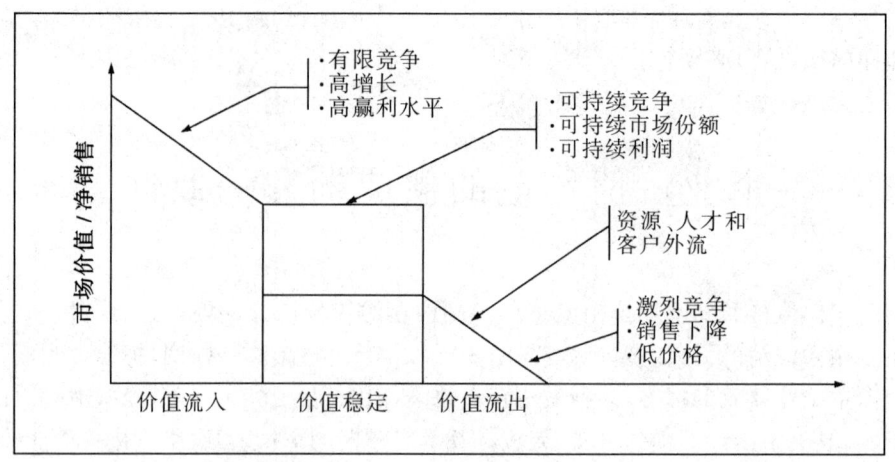

来源:斯莱沃茨基,1996。

图1-2 价值迁移阶段模型

根据2009年底的市场价值,全球最大25家公司的价值迁移见图1-3。它们证明价值从新技术行业迁移至美国公司,也迁移至正在非常快速成长的中国企业。最近,中国银行业的力量和价值有了显著的增加,这些银行存储着中国人的大量储蓄。最后,来自不同国家(澳大利亚、英国、中国和巴西)的商品公司占据着一个强势的位置。这迫使我们细心观察不同国家和行业的资本迁移。

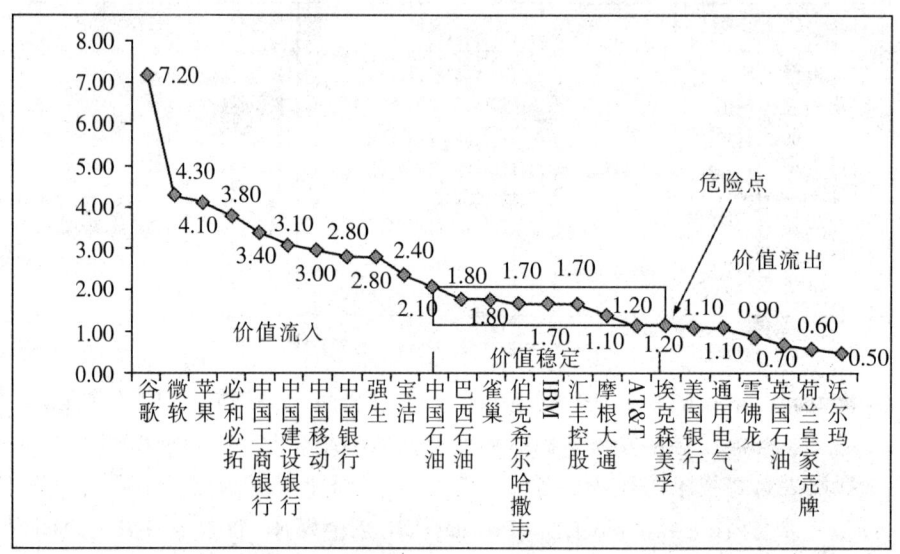

来源:作者自己的分析,根据:http://www.forbes.com/lists/2009/18/global-09_The-Global-2000_MktVal.html。

图1-3 2009年底全球最大25家公司的价值迁移

经过对企业价值增长因素及其在该领域经历的分析,我们能够得出三条普遍化的结论:
- 公司价值的增值永恒并持久地增殖增加了对社会的福祉;
- 公司需要理解**大趋势**并从中得出正确的结论,依此构建企业战略;
- 公司所有战略获得成功的一个条件是达成共识和实用,免受意识形态和教条主义的影响。

由此,我们得出长期企业价值创造的普遍特征:
- 把一家国内公司转变为地区公司,然后走向全球——一步一步创造价值链(如埃瑟克波兰股份公司);
- 专注于为**客户**量身定做的方法(如:波兰派卡欧银行、沃尔沃公司、通用电气公司);
- 收入增长源源不断——大量、恒久并且连续以及收入来源多元化(如:波尔萨特数字电视台);
- 专注于从经营活动中获得更多现金(如:泰法恩电视台);
- 有效地投资和撤资以及在国外开拓项目(如:波兰铜业集团);
- 获取顶级的经理人,适当激励以及发展智力资本(如:盖汀诺贝尔银行);
- 增加研发支出(如:巴斯夫公司);
- 品牌投资——创造信用度,增强信任度(如:泰法恩电视台);
- 遵守道德原则、企业社会责任以及创造新客户过程中的新慈善功能(如:天伯伦公司);
- 把利润源源不断地转移给股东:股利和股份赎回(如:波兰电信公司)。

企业估值使用的方法

在波兰以及外国关于该主题的图书中,最常见的企业估值方法有三种:资产法、收入法以及比较法。《说明》一书的作者也采用了同样的分类法。

资产法包括一些具体方法,通过企业资产的价值来计算企业价值,由外部负债加以校正。资产法是依据个体资产的估值和外部负债进行估值。它们并不考虑协同效应(synergy),协同效应存在于一家企业的各个部门之间,与各个部门之间有组织的使用相关。在估值中需要考虑的是资产和表外负债。下列估值方法属于资产法:
- 调整账面价值的资产;

• 清算价值法；

• 重置价值法。

假如公司被清算，可以使用清算价值法。

收入法包含一组方法。这些方法依据的假设是：价值是未来经济收入流的总和，由预期的回报率（涉及资本成本）加以贴现。下列方法属于收入法：

• 贴现现金流法（DCF,Discounted Cash Flow），该方法可以依据股权自由现金流（FCFE,Free Cash Flow to Equity）或公司自由现金流（FCFF,Free Cash Flow to Firm）；

• 贴现净利润法（discounted net profit method）；

• 股利贴现法（discounted dividend method）。

运用收入法进行估值的结果必须使用未纳入预期经营活动的资产和负债加以校正。收入法的关键在于，计算经济收入的流量以及某个流量所需的正确的资本成本。

乘数法（multiples approach）是通过与其他公司进行比较而计算企业价值的估值方法。该方法依据市场上的交易价格。这里，基本的问题是选择需要比较的公司（同行）以及经济与金融的度量标准（比较乘数）。选择同行的方法应当合理。用来比较的公司应当属于同一产业或该产业的一部分。在特殊情况下，你可以选择相关产业的公司，但是你需要解释做出这种选择的理由。估值使用的比较乘数应当依据能够描述公司的资产和收入潜力的关键性经济与金融指标。乘数有三种类型，其结果来源于债务与股权：

• **基于市场价值的乘数**，既基于公开市场也基于私下交易，例如市盈率（P/E）、市账率（P/BV）。

• **基于整个企业价值的乘数**，即股权和债务，例如企业价值/息税前利润（EV/EBIT,Enterprise Value/Earnings Before Interest and Taxes）、企业价值/息税折旧摊销前利润（EV/EBITDA,Enterprise Value/Earnings Before Interest, Taxes, Depreciation and Amortization）。

• **基于特定行业价值的乘数**，例如企业价值/百升啤酒、企业价值/订购人数、企业价值/特定用户。基于特定行业乘数的估价可能不是我们采用的唯一的估值方法。

除了上述三种方法以外，我们还可以采用**混合的方法**（资产收入型或收入资产型）以及非传统的方法（例如实物期权）。

结　论

- 价值范畴是人类生活中最具多重价值的范畴之一。它的最初来源可以追溯至古希腊哲学家。早在公元前 4 世纪,雅典的色诺芬区分了商品的**使用价值**与**交换价值**。亚里士多德强调了在定价时商品使用性的重要,但是,他还指出的事实是,金钱——商品交换中必需的——是社会公认的产物。关于在商品的**交换过程中如何评估其价值**的思想从此开启。

- 价值是经济理论中的基本标准之一。它是客观的还是主观的,这个争论仍然在继续。有两种价值理论——一种把价值建立在人类劳动的基础之上,另一种把价值建立在商品的主观使用性之上。对于理解企业的经济价值及其估值方法,这一点至关重要。我们的观点是,**一家企业的经济价值**事实上是它生成自由现金流的能力——在这个意义上,它是一种客观前提。然而,在市场估值中,除了客观因素之外,还有很多主观或假设的元素。

- 资本和价值在世界各个地区、经济行业以公司之间迁移。过去几年资本和价值从新的技术行业迁移至美国的公司(苹果、谷歌和微软公司)、中国的银行(中国工商银行、中国建设银行和中国银行)以及以商品为基础的公司(必和必拓、中国石油和巴西石油)。价值的来源也发生了重大的迁移——从金融因素迁移至市场因素再至无形因素。后者,尤其是**智力资本**、**客户资本**、广义上的**创新性和信任建立以及社会信誉**,这些在最大限度上决定了一家企业长时期创造其价值的能力。

- 回顾 20 世纪与 21 世纪初关于价值评估的图书及估值技巧,我们发现,贴现现金流模型最为流行,统领各种会计指标。使用简化的估值规则或经验法则,我们很难解释价值在公司和战略企业单位中是如何被创造的。

- 估值理论和实践的现在与未来是,把基本分析和公司的组织文化与现金流贴现模型结合起来,辅以市场数据构成的庞大数据库。

- 2011 年 4 月,波兰评估师协会联盟采用了"企业估值的一般原则"(《解释说明第 5 号》),对商业评估师及其客户而言,这是波兰的第一份文件,可以成为他们的指南。在《说明》中,有四条主要的估值准则(即:公允市场价值、公允价值、投资价值和内在价值)与三种估值的方法(即:资产法、收入法和乘数法)。

自测题

1. 关于价值范畴,有哪些哲学、社会学和经济学研究方法?
2. 在创造企业价值的过程中,基本的生成器和规则是什么?
3. 20 世纪与 21 世纪初最重要的价值评估技巧有哪些?
4. 《解释说明第 5 号》包含的估值准则有哪些?
5. 企业估值最重要的方式和方法有哪些?

延伸阅读

1. Damodaran A. [2009], *The Dark Side of Valuation: Valuing Young, Distressed, and Complex Businesses,* 2nd ed., FT Press.

2. Damodaran A. [2012], *Investment Valuation: Tools and Techniques for Determining The Value of Any Asset*, 3rd edition, John Wiley and Sons, Hoboken, New Jersey.

3. McKinsey&Co, T. Koller, D. Wessels [2010], *Valuation: Measuring and Managing the Value of Companies,* 5 ed., John Wiley and Sons, Hoboken, New Jersey.

4. Rappaport A. [1986], *Creating shareholder Value: The New Standard for Business Performance,* New York: Free Press.

5. Rawley T. (ed.) [2009],*The Valuation Handbook: Valuation Techniques from Today's Top Practitioners*, Benton E.Gup, John Wiley and Sons, Hoboken, New Jersey.

第二章 资本成本的计算

> 如何计算资本成本的问题远非明朗。金融文献中没有共识。
> ——帕布洛·费尔南德斯（Pablo Fernandez）

本章概要

▶ 资本成本的定义和应用
▶ 加权平均资本成本与企业微观经济视角
▶ 股权成本估算基本方法概述
▶ 与资本资产定价模型构成要素相关的问题精选
▶ 债务成本基本估算方法概述
▶ 与计算债务成本相关的问题精选
▶ 新兴市场或动荡市场中资本成本的估算
▶ 计算加权平均资本成本的实例分析

资本成本的定义和应用

❖ 基本术语

除了少数例外,公司估值过程的首要目标是计算企业的市场价值或公允价值。[1] 在这两种情况下,资本成本是通过资本市场参与者的视角加以计算的。"市场参与者"这个术语包含参与资本市场商品交换或计划如此行事的个人、企业以及所有机构。估值过程中需要考虑市场参与者的所有意图和预期,考虑参与者作为整体发挥的功能,而无须考虑各个市场参与者个人的行为和意图。[《国际私募股权投资基金估值指引》(IPEV Guidelines),2009;国际评估准则理事会(IVSC),2009]

资本成本是指市场参与者以提供基金作为交换而从中获取预期的回报率[普拉特(Pratt)、格拉博夫斯基(Grabowski),2009;希契纳(Hitchner),2006]。

资本成本的其他特征可以概括如下[普拉特、格拉博夫斯基,2009]:

• 资本成本是指预期的回报率,因此,它是基于市场参与者的预期。各种投资工具的历史赢利水平可以被用作估算资本成本的基础,但前提是,只有当历史赢利水平当之无愧可以代表这些工具的未来投资回报率时。

• 资本成本取决于投资而非投资者,即资本成本取决于投资的风险水平而不是市场参与者的风险特征。

• 在经济范畴中,资本成本也可以被称为替代成本(cost of alternative),这就意味着它与当时可用的最佳投资替代物相联系,即,与替代投资相比,一个相似的风险水平可以提供更高的回报,或者一个相似的回报可以提供更低的风险。

• 资本成本的概念依据的是替代原则。[2] 如果可以在市场上发现更有吸引力的替代物,那么市场参与者就不会投资于具有既定回报率的资产。

• 为了计算资本成本,适用于此的主要比较特征是风险水平。风险被理解为市场参与者在假定时间范围内实现预期回报率的确定性或不确定性。

• 资本结构的每一个成分(例如普通股、优先股或可转换债券)都有其成本。

---

[1] 在某些法律体系中,市场价值等同于公允价值。
[2] 不要把上面提到的替代原则与杜林涅克(Duliniec)提出的替代理论[2001]混淆。

❖ **加权平均资本成本与企业微观经济视角**

加权平均资本成本(WACC,Weighted average cost of capital)是各种资金来源成本的加权总和。

加权平均资本成本是通过估算来自各种资金来源(即市场参与者预期的各种回报率)的资本成本而计算的。因此,企业总资本中各种资本类型所代表的股份类型是明确的。下一步在于计算所有资金来源预期回报率的加权平均值。

计算加权平均资本成本的通用公式可以表示如下(假设有n种资金来源):

$$WACC = \sum_{t=1}^{n} w_i \times k_i \tag{2.1}$$

其中:

k_i——市场参与者要求从第 i 种来源获取的回报率;

w_i——企业总资本中第 i 种来源的资本份额。

加权平均资本成本与公司估值程序的另一个元素密切相关,该元素使用基于收入的估值方法:规划期(planning period)。迈克尔·莫布森(Michael Mauboussin)和保罗·约翰森(Paul Johnson)[1997]赞同艾尔弗雷德·拉帕波特[1999]的观点,倾向于企业理论的微观经济视角,他们依据的假设是规划期应当与企业的竞争优势期相吻合。竞争优势持续期(CAP,Competitive Advantage Period)的概念并非那么时新,已经在金融文献中存在了很多年,尽管未必是以这个名义存在。竞争优势持续期指的是一段时间,公司应当在此期间生成超过其资本成本(即本例的加权平均资本成本)的增量投资回报。然而根据这一理论,随着时间流逝,竞争的力量不可避免地导致相较于公司资本成本的回报率下降。在我们谈及的本例中,这种情况是指市场参与者预期的根据加权平均资本成本水平生成的经营活动回报率(r),并且表现为受估值公司的特征。换句话说,一家企业如果生成超过其资本成本的回报率,那么就会把竞争吸引至该产业,从而将不可避免地导致那家企业在那个行业中生成的回报率下降[①]。

上述作者们赞同的观点是,当计算自由现金流时,我们不应当盲目地依赖基准期(例如五年)[②],在基准期到期以后使用已算出的永恒租金来计算价值。重要的是,我们应当找到允许以最现实的方式计算竞争优势持续期的未来价值的方法,并且意识到,在各种各样的企业情况下可能存在不同的时间范围(time

---

① 埃兹拉·所罗门(Ezra Solomon)[1963]提出了有趣的论点,表明把经营活动回报率维持在加权平均资本成本之上的必要性。

② 参见《国家会计准则第 4 号》。

horizon),在此期间,这些企业实体应当构建他们的长期战略规划。

毫无疑问,计算竞争优势持续期是一项令人生畏的任务。然而,计算这个时期的可靠方法在理论和实践中都已经得到了发展。

加权平均资本成本、规划期和竞争优势持续期,这三者相互依存的关系可以很容易以图表形式呈现出来(见图2—1)。

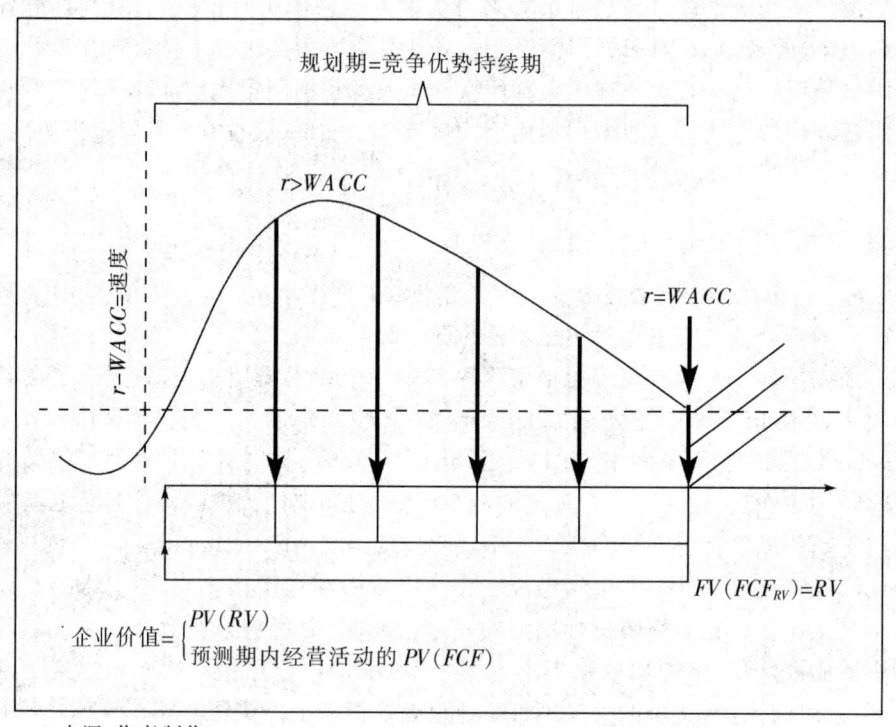

来源:作者制作。

图2—1 加权平均资本成本、规划期与竞争优势持续期的相互依存

关于公司已发布的资本结构或目标资本结构,即债务股本比(D/E),学者之间没有一致意见,从业者之间也同样如此。一些分析师使用截至估值日该行业的平均值[希契纳,2006]。另一些人认为,债务股本比应当反映长期的资本结构而非提供关于截至估值日该比率的信息[米尔斯(Mills),1998]。还有一些人力图证明使用优化资本结构理论做出的假设具有合理性,即,运用公司管理委员会宣布的目标长期资本结构,这个结构应该按照使企业价值最大化的方式来构建[莫迪利阿尼和米勒,1958、1963;拉帕波特,1998;以及拉奥(Rao)和斯蒂文斯(Stevens),2007]。这种方法与上面讨论的微观经济企业理论一致,因为目标资本结构与企业开展活动所在产业的平均资本结构相似。此外,如果企业无法维

持其竞争优势,那么企业规定债权人和股东向其提供基金的条款将会与市场平均相似。

然而,在对私有公司进行估值时,上面的专题研究就失去了有效性。在私有情况下,运用市场和公允价值准则意味着使用平均"市场"资本结构或者需要多个迭代(iteration),目的是计算相当于市场参与者预期回报率的正确的资本成本。[普拉特、格拉博夫斯基,2008;希契纳,2006;艾布拉姆斯(Abrams),2010]

加权平均资本成本的概念似乎在各种情况下都很容易得到应用并且广为人知,即,科学家以及对公司进行专业估值的人们都非常通晓,尽管如此,我们可以想象,鉴于过去十年里出版的文献,在这一领域,未来数年中,那些提倡解决各个技术细节替代方案的倡导者还可能会争论不休。[费尔南德斯,2010;格拉博夫斯基,2009]

基本的股权成本计算模型

计算股权成本最常用的方法是:资本资产定价模型(CAPM)、套利定价模型(APT)、股利贴现模型(DDM,dividend discount model)以及累加模型(BUM,build-up model),其中最后一个正变得日益流行。

在波兰,使用套利定价模型计算股权资本成本会产生很多问题,这些问题已经在文献中得到了详尽地讨论[比尔卡-吉塔,2008]。既然如此,这里我们就更为详尽地分析其余的模型。

❖ 股利贴现模型(DDM)

股利贴现模型也被称为"高登模型",它是发达市场上最为简单因而也最为常用的股票估值模型。该模型假定,我们可以根据市场参与者预期未来被支付的股利来计算市场参与者预期的股权回报率(相当于公司的股权成本)。简单地说,根据这个方法,某个公司的股权成本对应于该公司必须支付的股利,其假定是,根据公司每只股票和固定风险水平股利应有恒定的增长。据此,这种方法排除了把与商业周期相关的股票价格波动看作是企业价值波动性的根源。我们不可能无限期地为股东们准备一个预测假定支付,所以,我们会采取一些简化的假设。因此,基于高登模型的公式如下,其中 c_e 指代公司的资本成本:

$$c_e = \frac{D_0 \times (1+g)}{P_0} + g = \frac{D_1}{P_0} + g \qquad (2.2)$$

假设 $c_e > g$

其中：

D_0——当前股利；

D_1——未来（下一个）股利；

c_e——贴现率：被估值公司的股权成本；

P_0——当前股票价格。

其余标记同上。

值得记住的是，在为普通股票资本计算股权成本时，我们应当谨慎使用基于股利的估值方法。公司生成的现金流预期长期可持续增长率 g 相当于一个非特定时期的长期增长率，虽然为了计算这个数值而使用公式（2.2）不是很困难，但这并非一个特别可靠的参数。

此外，这个模型中使用的参数是相互依存的。直观看来，我们可以假设，较高的增长率导致市场参与者预期的较高股权回报率，然而事实并非如此。同样错误的还有：增长率越高，股票估值就越高。结果公司的股权成本下降。由此出现的问题是：如果我们假设有一个较高的增长率，那么 P_0 应当多高？

❖ 累加法（Build-Up Method）

债券收益加风险溢价法

债券收益加风险溢价法（Bond Yield Plus Method）法依据的假设是，市场参与者要求的投资于公司股权的回报率比以债务形式提供基金的回报率更高，就本方法而言，是指用于购买已发行的债券。

使用收益加风险溢价法计算 c_e 的公式如下：

$$c_e = 债券市场收益 + RP \tag{2.3}$$

其中：

c_e——贴现率：被估值公司的股权成本；

债券市场收益（Bond Market Yield）——被估值公司或被市场参与者预期的风险特征相当的公司发行的债券收益率；

RP——与投资于公司股权相关风险的溢价。

上面描述的这种方法归属的估值方法类别在很大程度上都严重带有评估师的主观性。尽管解决计算债券市场收益连带的问题看起来不是一项很难的任务，但是对评估师而言，确定一个适合于市场参与者的风险溢价（RP）可能会成为一个很大的挑战。在关于这个主题的文献中，我们可以发现的信息是，债券收益加风险溢价法中使用的与投资于公司股权相关的风险溢价其美元价值的年波动幅度在3%～5%之间[艾农(Anon),2008]。

使用累加模型计算股权成本的扩展法

在危机引起市场异常之后,我们很难获取资本资产定价模型的统计学材料元素,因此,累加模型的扩展版本正在变得日益流行。正如这种方法的名称所暗指的那样,它是通过添加多重元素而逐渐集结贴现率,评估师认为,在辨认与估值目标相关风险的过程中,这些元素是恰当的。该模型的基本元素是股权风险溢价(ERP,equity risk premium)和无风险收益率(Rf,risk-free rate),而它们随后被诸如产业风险溢价、规模溢价或企业特定风险溢价等因素加以校正,近年来,这种做法已经成了激烈争论的靶子[巴特勒(Butler)和品克顿(Pinkerton),2006;卡斯珀(Kasper),2009]。

累加模型最流行的形式可以表示如下:

$$c_e = R_f + ERP + RP_s + RP_u \pm IRP \tag{2.4}$$

其中:

R_f——无风险收益率(通常指国库证券回报率);

ERP——股权风险溢价;

RP_s——规模溢价;

RP_u——特定风险溢价;

IRP——产业风险溢价。

其余标记同上。

上面呈现的模型在美国被看作是解决与资本资产定价模型相关问题的方案,尤其是因为提供服务的顾问公司有很多家,所以利益相关者可以获取基本数据以及恰当的已算出的溢价,它们可能会被直接放置于累加公式之中。然而,在波兰市场,想要计算上述溢价会给我们带来一些严重的问题,对外国数据不作适当的处理和校正而应用于当地的企业,是会大受指责的。

从与经济理论一致的角度来看,资本资产定价模型和集结模型都可以被看作是有风险的,因为它们的正确性还没有以足够可靠的方式能证实或证伪。在美国公司估值的实践中,这些方法已经得到认可,因为它们被包含在主要的文件之中,这些文件监管适用于美国的估值原则和准则,尽管如此,对各个模型成分进行正确估算,这种做法依然非常困难,并且无疑会产生很多问题。

无风险收益率(R_f)对应于在特定时间的市场上可以实现的最安全的回报率。在世界上大多数国家,抱着高枕无忧心态的投资者可能会把他的全部资金都投资于国债,国债不受股票市场活动的影响,即,它们的β因子几乎为零[佩蒂特(Pettit)等,2001]。当我们为了估算公司的价值而计算其资本成本时,我们假设无风险收益率对应于资本市场工具或由证券构成的投资组合的假定回报率,在这种情况下没有违约风险(risk of default)。

理论上,无风险收益率的最佳估算是 β 值为零的证券组合的回报率。因此,这就意味着无风险收益率的完美指标是带有零 β 和零价格波动性的证券[佩蒂特(Pettit)等,2001]。遗憾的是,找出这样理想的证券几乎不可能,所以,次优的方案是使用在最大可能限度上展现这些特征的证券。然而,有时候,当市场高度波动时,找出一个哪怕近似于无风险投资的证券都可能非常棘手。2009 年 12 月 9 日美国短期国债(T-bill)市场的销售情况即是一个明显的例子。当时,3 月期国债的到期收益率(YTM)下跌至 -0.01%。① 这就意味着,投资者为了取得拥有证券的特权而向发行者付钱,而不是为了承担的风险和延迟的消费而受到发行者奖励。在这种情况下,最好不要利用国债的最后投标利率,而是应市场参与者的要求采用基于预测收益率的长期平均值[格拉博夫斯基,2009]。

在一个稳定的市场环境中,为了找出上述无风险证券而采用的基本标准是剩余期限(the maturity period)。剩余期限应当加以调整以适应被估值公司的现金流规划期。在发达的市场经济体中,我们可以观察政府发行债务证券的回报率,以此计算无风险收益率的最佳近似值,因为债务证券通常有国库担保作为支撑。然而,政府证券可能具有各种各样的剩余期限(在美国从几十天到三十年)以及各种各样的收益率。中期证券是优选,因为在很多情况下它们的剩余期限类似于受估值公司现金流被估算的时期。短期国债因为其时间较短,所以它们的回报率不符合这些标准。如果有人想要使用这个比率,那么他还必须应用未来预期的比率,而不仅仅是最后投标人的报价[雅尤伽(Jajuga K.)和雅尤伽(Jajuga T.),2010]。

资本资产定价模型以及累加模型的另一个成分是股权风险溢价。股权风险溢价通常依据的是历史数据并提供市场参与者预期的高额回报率的信息,市场参与者假设拥有股权的风险比拥有债务的风险更高。费尔南德斯[2007]依据计算方法区分了股权风险溢价的四种主要类型:

• 历史股权溢价(HEP):计算为股票市场历史回报率与国库证券投资回报率的差额。

• 预期股权溢价(EEP):计算为股票市场预期回报率与国库证券投资回报率的差额。

• 需求股权溢价(REP):计算为市场参与者需求的股票市场回报率与国库

---

① 自 1940 年以来这种情况第一次发生。1940 年,美国政府为了弥补迫近的战争成本而发行证券。

证券投资回报率的差额的边际回报率。资本资产定价模型假设,需求股权溢价和预期股权溢价是独特的,而且需求股权溢价＝预期股权溢价。

• 隐含股权溢价(IEP):使用股利贴现模型(DDM)根据股票市场价值计算的市场暗指的溢价。

历史股权溢价这个概念似乎最容易被应用于各种条件,前提是市场已经生成了历史数据。然而,值得注意的是,延迟发布的历史数据无法包含市场上看得见的突然变化。与此同时,若把这些数据不加鉴别地应用于最流行的方法,可能导致我们假设,在未来一些时期,市场始终会显示相当大的偏差并且没有稳定状态。例如,2008年,美国股票市场的回报率其中有些处于历史最低。这种在12个月内快速下降现象的历史记录仅出现在1931年和1937年。依据历史数据简单外推而进行分析,把2008—2009的危机年份考虑进去,这样将会导致长期趋势中的一个扰乱(disruption)[派克希克等,2010]。

股权风险溢价估值方法存在众多形式,美国计算股权风险溢价最流行的方法见下表。

表2－1 美国长期股权风险溢价估算方法

方法	作者/方法	结果
民意调查（EEP）	发放问卷给经济学家（例如联邦储备银行）、首席财务官（格雷厄姆和哈维的调查）	4%～7%
历史数据外推（HEP）	国库证券回报率与股票历史回报率之间的差额（杰里米·西格尔或伊博森）	3.5%（为期超过200年）～5%＋（较短时间范围）
需求方模型（REP）	试图估算投资者从长远考虑预期何种风险溢价作为风险补偿	0.5%～2%
供给方模型（EEP）	罗伯特·阿诺特和彼得·伯恩斯坦	0～3%

来源:作者制作,根据派克希克等[2010]。

尽管一些人认为累加模型是唯一合理的方案,但是,花费好几年时间收集关于不稳定的美国市场的数据,这样就杜绝了资本资产定价模型的应用[戈德曼(Goldman),2009]。有鉴于此,该模型遭到了他人的严厉批判。

主要的指责认为累加模型:在规模溢价中以及在产业风险溢价中,对流动性风险(liquidity risk)辨认了两次,无法辨认金融杠杆,无法提供计算产业风险溢价和特定风险溢价的明确原则。[特鲁格曼(Trugman)和巴特勒,2010]

❖ 资本资产定价模型(CAPM)

资本资产定价模型及其在资产估值中的应用

如上所述,现在人们认为,可以通过分析市场参与者预期购买股份的回报率估算股权成本。使用资本资产定价模型可以计算预期的回报率。[①] 根据这一方法,投资者必须承担的风险越高,他预期的回报率就越高。换句话说,这一模型依据的是预期的风险溢价。它依据的假设是,每个持有有风险证券的人预期比持有无风险证券的回报率更高。这两种价值的区别是用于补偿风险的溢价可能不会被多元化,也被称为系统性市场风险或不可分散风险。

资本资产定价模型由于易于应用,所以直到现在依然是被大多数评估师接受的最流行的估值方法,又由于其存在缺陷,所以招致众多批评,在一个不稳定的市场环境中,这些缺陷变得更加明显[戈德曼,2009]。资本资产定价模型最流行的形式可以表示如下:

$$c_e = R_f + \beta \times ERP \tag{2.5}$$

其中:

c_e——预期回报率,股权成本;

R_f——无风险收益率(通常指国库证券回报率);

ERP——股权风险溢价;

β——决定与股权风险中证券相关的风险份额的因子。

在关于企业估值的报告中,这个公式经常被引用,一并使用的还有收入法。

本模型与以上呈现的集结模型的区别主要在于,它引入了 β 因子,β 因子决定公司对(系统性的)市场力量的灵敏度,尤其是公司的赢利水平。一些公司比其他公司更加敏感,因此它们的系统性风险也比其他公司更高。这种风险与宏观经济因素相关,例如影响到所有公司生成回报率的通货膨胀或政治事件。如果因为这类宏观经济因素,一家公司的报价行为与表现为某个适当指数的整个市场相一致,我们假设该公司的 β 值为 1,它的回报率相等于市场的平均回报率。通过类比,如果一家公司的系统性风险比总体市场的系统性风险更高,那么我们可以预期它的回报率比市场回报率更高。

[①] 原则上,目前应用于公司估值中的资本资产定价模型是夏普[1964]、林特纳(Lintner)[1965]和莫辛(Mossin)[1966]著作中的一个功能,该模型的统一版本被广泛应用于投资组合管理以及计算公司的股权成本,为的是进行有效管理。

资本资产定价模型校正

根据公司规模和企业特定风险的校正

在法玛和弗兰奇的多部著作中[1993,1994,1995,1996],他们证明了经典的资本资产定价模型无法解释造成涉及回报异常的原因。把该模型应用于估算中小型企业的资本成本,可能导致低估这些企业估值中的资本成本[艾宁(Annin),1997]。上述作者们提出了对该公式的一些校正,根据他们的介绍,校正后的形式如下:

$$c_e = R_f + \beta \times ERP + s_i \times SMB + h_i \times HML \quad (2.6)$$

其中:

c_e——预期回报率,股权成本;

R_f——无风险收益率(通常指国库证券回报率);

ERP——股权风险溢价;

β——决定与市场风险中证券相关的风险份额的因子;

SMB——具有低资本化的公司构成的投资组合的回报与具有高资本化的公司构成的投资组合的回报之间的差额(小—减—大溢价);

s_i——决定SMB允许c_e解释范围的系数;

HML——具有股权账面价值与市场价值(资本化)之间高比率的公司构成的投资组合与具有低比率的公司构成的投资组合之间的差额(高—减—低溢价);

h_i——决定HML允许c_e解释范围的系数。

因为我们很难计算每一次的s_i系数和h_i系数,而且购买由专门外部公司准备的现成可靠的估算数据又非常昂贵,所以,美国的估值从业者开发了校正的资本资产定价模型的另一个版本。根据多位作者的观点,该版本参考了法玛和弗兰奇的假设。该版本在文献中出现的形式为修改的资本资产定价模型(MCAPM,modified capital asset pricing model)[希契纳,2006]或扩展的资本资产定价模型(ECAPM,expanded capital asset pricing model)[普拉特和格拉博夫斯基,2008]。

通用的修改的资本资产定价模型/扩展的资本资产定价模型公式具有如下的形式:

$$c_e = R_f + \beta \times ERP + RP_s + RP_u \quad (2.7)$$

标记同公式2.4、2.5。

目前,在美国市场上,计算规模溢价必不可少的信息来源是专门顾问公司定期出版的报告,这些报告参考了依据市场资本化各个范围相应比率中的当前变化[①]。

[①] 有关规模溢价的最新信息,最受欢迎的提供者是晨星公司(《股票、债券、汇票和通货膨胀·估值版年刊》)以及道衡公司(《风险溢价报告(年刊)》)。

特定公司风险的附加溢价在方法性质方面引起了很大争议,更加难以估算。

很多从业者和学术人士持有的观点是,根据资本资产定价模型的逻辑,特定风险应当在公司估值过程中被辨认,方法是使用合适的贴现率对现金流和系统性风险做出恰当的校正。[布雷里(Brealey)等,2004;派克希克,2008;普拉特和格拉博夫斯基,2008;多布斯(Dobbs),2008]

与此同时,很多学者和从业者宣传特定风险附加溢价的应用,该应用被包含在修改的资本资产定价模型/扩展的资本资产定价模型以及累加模型之中。他们提出的主要论点是,场外(OTC)证券市场参与者(尤其是涉及中小型企业股票购买和销售交易的各方)缺乏充分多元化,以及有必要对经营风险提供贴现。[普拉特、格拉博夫斯基,2008]

在他们的一些主要著作中[希契纳,2006;普拉特、格拉博夫斯基,2008],就该主题提出的特定风险的各种因素有一个统一清单,包括:宏观环境,包含经济、技术、社会—文化、人口、国际和政治的力量;行业内部经营的力量,与波特的五种力量一致;特定公司属性。

β非调整和再调整

股权成本计算过程的另一个元素在于分析带有非典型资本结构的公司的β因子。在市场的眼里,两家公司除了资本结构以外各个方面都完全相同,实际上却可能截然不同。如果一家公司的资本结构被债务主导,而另一家公司在很大程度上由股权提供资本,那么我们可以预期,在资本以债务为主导的那家公司,实现了的股份回报将会具有更高的可变性。这其中的一个原因可能在于,市场参与者相信,在一个稳定的经济环境中债务对公司有利,但是在经济危机时期情况恰恰相反[滨田(Hamada),1972]。换句话说,即便两家公司在所有其他方面都完全相同,但是它们还存在金融风险,这种风险反映在β因子具有更高的历史价值。这就意味着,两家被比较公司每一家的β因子的估算方法需要考虑到它们的资本结构。当我们估算公司的股权成本时,我们还需要避免因其同行的特定资本结构而造成的畸变。要做到这一点,我们可以使用一个被称为β非调整和再调整的程序。为β非调整而需要进行的计算如下:

$$\beta_u = \frac{\beta_p}{1+(1-T)\times\left(\dfrac{D}{E}\right)} \tag{2.8}$$

其中:

β_u——未调整的 β;

β_p——发布的 β,即,用于计算来自同侪组的各家公司股份的 β;

T——适用于企业的边际收入税率;

D/E——债务股本比。

计算的结果即非调整 β，必须使用下面的公式加以调整，从而适合目标债务股本比的数量：

$$\beta_r = \beta_u \times \left[1 + (1-T) \times \left(\frac{D}{E}\right)\right] \quad (2.9)$$

β_r——已调整的 β。

其余标记同上。

只有这样，已校正的 $\beta(\beta_r)$才可以被用于计算被估值公司的股权成本。很显然，当目标债务股本比比其当前价值更高的时候，换算的结果是一个更高的 β，由此反映出金融风险增加。

基本的债务成本计算模型

❖ 到期收益率法（Yield to Maturity Method）

计算资本成本的过程中，下一步在于计算债务成本，对应于市场参与者（此处指债权人）预期的债务工具的回报率。为了确定这个比率，我们必须计算到期收益率（YTM）。为此，我们应用贴现现金流的原则，尤其是债券的内部回报率[1]。到期收益率公式具有如下的形式：

$$PVB = \sum_{t=1}^{n} \frac{i \times FV}{(1+YTM)^t} + \frac{FV}{(1+YTM)^n} \quad (2.10)$$

其中：

PVB——债券的现值；

FV——账面价值；

YTM——到期收益率；

i——债券利息；

n——到达剩余期限的数量。

接下来，我们必须考虑到税收的影响：

税后债务成本＝税前债务成本×(100－边际税率)*

* 税盾(tax shield)＝(100－边际税率)，这个术语最常用于该主题的文献中。

---

[1] 参见费厄拉(Fierla)[2008]。

边际税率是指适用于公司挣得最后一个兹罗提的税率,即,该公司根据其收入而支付的最高税率。边际税率可能会因为各种各样的收入门槛而不同于法定税率,收入门槛是指非扣除成本的水平以及确定未来税损的可能性,据此,要么降低要么增加需要交付税收的税率。

需要记住的是,虽然我们通常都知道公司借助税盾效应(tax shield effect)使用债务为其经营活动融资,但是,当一家公司无法生成利润时,我们计算债务其成本就不应当辨认税盾。

为了计算上市公司分公司情况下的非上市债务成本和债务成本,我们有可能应用比较分析,专注于上市公司发行或拿出的可比较工具,其风险类似于被估值公司的风险。我们的目标是找出不进行公开交易却展现类似特征的公司的可比较工具。有关这个主题的文献提出了多种方法。[斯图尔特,1991;希契纳,2006;普拉特和格拉博夫斯基,2008]为了找出近似的债务成本,我们可以应用这些方法,例如:

• 找出类似的可变收入债务工具。
• 为了计算债务成本,我们找出类似的公司并使用它们的债券进行排名;用于比较的优秀同行公司追求类似的活动并且具有一个可比较的债务结构(如短期对长期、剩余期限,等等)。
• 计算公司债券的综合排名,确定带有类似排名和剩余期限的债券的收入,并把这个收入用作债务成本。

没有哪种估算方法是完美的,这种方法也不例外。还有其他问题需要加以考虑,例如,当我们使用涉及上市债务工具的数据计算债务成本的时候,是否有必要添加非流动性溢价。

如果没有类似的工具可供使用,作为最后的手段,我们可以通过拿账面价值除以到期利息来确定债务成本。①

❖ 与计算债务成本相关的问题精选

在最流行的方法中,税盾的价值对应于税收节约连绵不断的现金流的现值,该价值伴随公司使用债务这一事实而产生[达摩达兰,2001]。债务利息根据公司的经营成本而被收取,并降低税基,由此产生的结果是,使用债务的公司与不利用这种融资形式的公司相比,其企业价值更高。为了估算股权成本,估值者使

---

① 为了对公司进行估值而使用收入法估算债务成本,由此会带来很多挑战,详细讨论这些挑战的著作有费厄拉《有利可图的公司估值方法》(*Wycena przedsiębiorstwa metodami dochodowymi*)。

用了各种元素（也包括关于考虑税盾的概念），至于各种估值方法应用的正确性，激烈的争论依然存在［费尔南德斯，2002a，2002b；旺德（Wonder）等，2005］。从业者认为，只要在分析期间被估值公司记录的是一个正值的金融结果，就有理由应用税盾主导的方法［格拉博夫斯基，2009］，否则，税盾的经济意义就消失了，因为它什么也不能保护。

前来听课的学员经常提出的另一个问题是，在公司估值中，我们很难虑及短期转滚债务和假以时日才能确立的投资信用。通常，可以通过把转滚债务工具当成长期债务来解决这个问题［拉帕波特，1999］。然而，为了计算它的成本，我们可以应用长期恒定债务的利率特征。这种做法依据的假设是，长期利率提供预测期之中利息成本的近似值更加准确，因为长期利率包含转动短期贷款的成本［雅尤伽，2006］。另一方面，利息以及根据约定进度偿还信用和贷款的本金（principal），这两者都通过现金流校正（计算股权自由现金流）的方式加以辨认，然后用股权成本而非加权平均资本成本加以贴现。

❖ 估算新兴市场或动荡市场的资本成本

当我们估算不稳定经济环境中公司价值的时候，重要的是要记住，在估值中需要考虑这种不稳定的附加风险因素。

在辨认各种附加风险因素普遍采用的方法中，有以下三种最常采用的方法［派克希克，2010］：

• 计算最可能的预期现金流价值及其带有资本成本的贴现，考虑与现金流相关的风险；

• 通过校正现金流对比其证券价值的方式反映风险，并把无风险收益率应用为资本成本，这种方法也被称为确定性等值（certainty equivalent）；

• 把上述两种方法结合起来，把关于现金流的不确定性反映于概率加权的情景中，而系统性风险在资本成本中得到辨认。

最流行的方法是假设通过附加溢价来增加资本成本。然而，迄今为止，还没有计算这种溢价的可靠、科学的方法［派克希克，2008］。因此，看起来合理的做法是遵循这个新流派中代表人物的一些提示［曼德勃罗、赫德森，2004；塔勒布（Taleb），2004；拉米雷斯（Ramirez）等，2008］，他们强调，为了辨认罕有事件的风险（在国家风险和国际金融危机风险的情况下，我们处置这种风险），由于不稳定的环境而使用基于附加风险溢价的方法，这种方法具有有用性。他们提倡应用基于混沌理论（theory of chaos）的情景和方法，它们看起来更适合分析与不稳定环境相关联的风险。

计算加权平均资本成本的实例分析

自从 1989 年,生物箱公司(BioBox SA)一直生产化妆品设备。该公司从开始就雇用了最好的建造师,他们精力充沛,在化妆品设备的设计和生产领域拥有丰富的经验知识全面。凭借公司的动态发展和现代技术,它已经成为高品质化妆品设备生产领域的领导者。生物箱公司的报价可以让你以全面并且专业的方式来装备一家美容院。

在经营了 20 多年之后,生物箱公司与遍及波兰超过 80 家化妆品设备批发商户建立了永久合作关系,其产品出口到世界各地超过 20 个国家,如英国、加拿大、美国、俄罗斯、白俄罗斯、德国、奥地利、瑞典、捷克共和国、澳大利亚及荷兰。

股东们决定把该公司出售给化妆品设备生产领域的一个全球大亨。管理委员会委托一家专门顾问公司对截至 2008 年 12 月 31 日该公司的股票进行估值。下文描述生物箱公司的加权平均资本成本的估算过程,它是该估值报告的节选。

❖ **同侪选择**

因为生物箱公司的特点是具有国际声望,所以顾问们采取了全球市场参与者的视角,明确了在这种情况下反映市场的合适指数是 MSCI 指数(MSCI World,译注:全称 Morgan Stanley Capital International World Index)。

应用恰当的同侪选择原则[普拉特和尼库利塔(Niculita),2008],他们选择了下列实体:Laser Profil 公司(Laser Profil SA)、Epilland 公司(Epilland AG)、Cosmetica 公司(Cosmetica AG)、LOBO 国际公司(LOBO International AB)、MezoLux 公司(MezoLux AG)、RF Slim 公司(RF Slim SA)、Nail Centre 公司(Nail Centre SA)、Bio Styl 8 公司(Bio Styl 8 SA)以及 DermaPark 公司(DermaPark AG)。

表 2—2 呈现的是计算未调整的 β 必需的同侪的综合数据:

表 2－2 计算未调整的 β 必需的同侪数据

基准公司	发布的杠杆 $\beta^{(1)}$	附息债务[2]账面价值	优先股和少数股东权益的清偿价值[2]	每股价[2]	已发行的普通股[2]	普通股市场价值[3]	总投资资本(TIC)[4]	债务比总投资资本[5]	股权比总投资资本[6]
Laser Profil SA	0.4	0.2	0.2	13.98	2.0	28.4	28.8	1.6%	98.4%
Epilland AG	0.5	0.0	0.0	10.00	12.1	120.8	120.8	0.0%	100.0%
Cosmetica AG	0.4	0.0	0.0	5.93	11.5	68.4	68.4	0.0%	100.0%
LOBO International AB	0.9	134.4	0.4	14.82	62.0	919.0	1053.8	12.8%	87.2%
MezoLux AG	0.3	17.4	3.4	34.97	3.9	137.1	157.8	13.1%	86.9%
RF Slim SA	0.6	0.0	0.0	1.91	2.0	3.8	3.8	0.0%	100.0%
Nail Centre SA	0.4	2.6	(0.2)	1.55	103.7	161.3	163.7	1.5%	98.5%
Bio Styl 8 SA	0.7	0.0	0.0	2.26	6.4	14.4	14.5	0.1%	99.9%
DermaPark AG	0.7	57.0	0.9	0.72	37.2	26.9	84.9	68.3%	31.7%
算术平均值	0.55							10.8%	89.2%
中位数	0.48							1.5%	98.5%

(1) 截至估值日，以波兰兹罗提为单位，根据 MSCI 世界指数计算的已发布一年期 β 值。
(2) 根据彭博社数据和上市同侪的公开可用信息而计算。
(3) 市场资本化＝每股价格×股票数量。
(4) 总投资资本(TIC)＝附息债务的市场价值或账面价值＋非控股权益价值＋市场资本化。
(5) (附息债务的账面价值＋优先股和非控股权益的清偿价值)/总投资资本。
(6) 市场资本化/总投资资本。

表 2－3 同侪公司未调整的 β 值的计算

同侪	β_u	有效税率
Laser Profil SA	0.40	23.8%
Epilland AG	0.48	33.9%
Cosmetica AG	0.45	30.0%
LOBO International AB	0.80	28.0%
MezoLux AG	0.31	29.5%
RF Slim SA	0.57	29.0%
Nail Centre SA	0.43	29.2%
Bio Styl 8 SA	0.65	32.8%
DermaPark AG	0.27	29.5%
算术平均值	0.49	
中位数	0.45	29.5%

接下来,我们假设基于所选同侪的平均价值的资本结构构成被估值公司的一个可靠估算值,对生物箱公司的 β 进行再调整。下一步,为了再调整,从未调整的 β 中选择中位数进行应用。

生物箱公司的目标资本结构

债务股份	10.0%
股权股份	90.0%
被估值公司的税率	19.0%[7]
被估值公司的再调整 β	0.49

(7) 适用于波兰的税率。

把上面描述的计算用作计算股权成本的基础。

股权成本

资本资产定价模型(CAPM)

[1] 无风险收益率	5.4%
与股权投资相关的风险溢价	
[2] 股权风险溢价	5.5%
[3] β 因子	0.49
经 β 校正的股权风险溢价	2.7%
[4] 由于公司低资本化而形成的溢价	3.7%
[5] 企业特定风险溢价	1.0%
估算的股权成本	12.7%
股权成本	**12.7%**

(1) 根据从截至 2008 年 12 月 31 日彭博社(Bloomberg)市场信息系统获取的数据而得到的 10 年期波兰国债的收益率。

(2) 基于历史数据外推法(参见表 2-1)估算的股权风险溢价,在本模型中采取的水平为 5.5%。

(3) 基于同侪分析而计算。

(4) 基于资本集团(被估值公司是其中的成员之一)的假设资本化带有低资本化的公司的投资账户溢价以及伊博森协会的《〈SBBI 估值 2008 版年鉴〉报告》。

(5) 实现生物箱公司管理委员会预测的现金流所涉及的风险,打算把该风险考虑进去的溢价。

当评估师估算生物箱公司的债务成本时,他采用的是根据被估值公司的特征和涉及同侪的债务数据——10 年零息债券的 BBB 等级,在截至 2008 年 12 月 31 日的市场条件下该级别非常普遍,这意味着成本处于 12.1% 的水平。在辨认了税盾之后,债务成本被估算为 9.8%。

把所有的局部计算都考虑进去,生物箱公司的加权平均资本成本如下:

	资本成本	资本结构	各项目成本
长期债务	9.8%	10.0%	1.0%
股权	12.7%	90.0%	11.5%
加权平均资本成本（WACC）			12.4%
贴现率			12.4%

结 论

- 自从人类文明初开以来，资本成本的概念就为人类所知。然而，直到现在，人们还没有就统一的资本成本计算方法达成共识。
- 企业价值创造过程中资本成本的作用简单易懂，但是，在实践中，如何对其估算是一项非常复杂的任务。
- 如果无法辨认被估值公司的资本成本与竞争优势之间的关系，那么首先就会导致估值模型的复杂化，其次导致估值结果的严重畸变。
- 资本资产定价模型和累加模型都被用来估算股权成本，但是它们的基本形式都没有被充分接受。很多人对上述两种模型的基本版本进行了或多或少的合理校正，遗憾的是，这种做法使得估值过程复杂化，而不是将其简化并使其更加透明。
- 对于在新兴市场或动荡环境中经营的公司，估算它们的资本成本存在问题，这要求我们具有深思熟虑的（有时是不落俗套的）解答，而盲目地照搬建立在发达资本市场上的方法，并不能得出令人满意的结果。

自 测 题

1. 加权平均资本成本这个概念的经济学意义是什么？
2. 贴现率与资本化率之间的关系是什么？
3. 列举资本资产定价模型与累加模型的主要区别。
4. 为了计算债务成本，何时应当使用税盾，何时不应使用？
5. 列举辨认公司估值中附加风险因素普遍采用的方法。

> **延伸阅读**

1. Hitchner J. R. [2006], *Financial Valuation: Applications and Models*, John Wiley and Sons, Hoboken, New Jersey.

2. Mills R. W. [1998], The dynamics of shareholder value: the principles and practice of strategic value analysis, Mars Business Associates.

3. Pratt S.P., Grabowski R.J. [2008], *Cost of Capital: Applications and Examples*, John Wiley and Sons, Hoboken, New Jersey.

第三章 企业风险估值

一个良好的风险管理系统的附加值在于它能够承担更多风险。

——申铉松（Hyun Song Shin）

本章概要

▶ 不确定性对企业而言既是威胁也是机会

▶ 企业价值创造过程中风险管理功能的演化

▶ 计算在险价值模型精选

▶ 风险管理审计

▶ 企业治理形式的类型

▶ 企业风险管理

▶ 企业风险的类型

▶ 管理质量对企业估值的影响

每一家企业都被其股东和持债人从风险管理的角度加以评价。因此,一家公司具有风险管理战略并付诸实施,这一点是投资者乐于见到的。反之亦然:在投资者的眼里,缺乏这样的战略,就会使公司的价值缩水。本章的主要思想可以概括为下面一句话:高质量的风险管理能够通过增加企业吸收外部风险能力并建立缓冲器防范内部风险,以此影响企业价值。在一家企业之内,现代风险管理应当一体化。这里的意思是指风险管理和战略管理应当一体化,各个业务线应当一体化,最终,各种风险的管理应当一体化。

企业价值创造过程中风险管理功能的演化

"企业是相对稳定的组织和经济机构,它们在不同的国家和历史时期呈现不同的法定形式,尤其包括那些基于所有权的企业,和市场经济、国有经济或两者兼有的混合经济中通过各自的管理(亚里士多德所谓的经济)能够实现的资本相比,它们由于拥有大量显性与隐性的自主技能而向千家万户保证它们的资本(人力、物、货币、智力及社会资本)具有更强的长期可用性。"[诺佳(Noga),2009,14 页]

"一家企业中的风险管理可以被描述为,企业为瞄准实现一个可接受的风险水平而做出决断并采取行动。它是企业价值管理的重要部分。风险管理不仅仅是降低风险,还应当利用所谓的风险上升。这里的意思是指,企业能够采取一些可以导致企业价值增加的冒险行动,而其中的风险是可以度量并可控的。"[雅尤伽,2007,380 页]

在企业价值理论中,我们讨论的是,对于全体股东而言,企业风险管理质量对企业价值有什么影响,这样,我们就超越了投资组合理论和股东企业价值。股东企业价值的计算不是依据该企业未来现金流的当前价值,未来现金流由该企业生成,通过企业债务降低加权平均资本成本而进行贴现。股东的企业价值必须考虑外部的利益或损失,这些利益或损失在企业风险管理的过程中没有被纳入考虑。表 3-1 呈现的是与各利益相关方相关的费用与效应的描述,考虑到他们为企业创造的外部成本和风险。

股东、股东利益与企业风险管理质量三者之间相互依存,这一点无可争议。由此我们可以对经典、制度化的企业理论持有一个不同的认知视角。表 3-2 呈现的是两种企业估值方法之间的主要认知区别。根据经典的金融理论,基金配置程序发挥作用的过程中,扰乱极为罕见(它们是"黑天鹅")。根据新制度学派金融理论(neo-institutional financial theory),情况恰恰相反:扰乱非常频繁(它们事实上是"白天鹅")。

表 3-1　归属于各利益相关方群体的附加值和典型风险

利益相关方	贡献价值	预期利益	外部成本典型风险
管理	技能、知识、才华、时间	公允的报酬、良好的工作条件	促动管理者格外关注短期利润并承担过度风险的激励计划
股东	资金	资本回报的无风险收益率	倾向于使用过度风险的心态
债券持有人	外部资金	固定收入	法律风险
贷方	贷款	附带风险溢价的资金报偿	信用风险
员工	时间、知识、技能	薪酬、良好的工作条件	失业风险
客户	现金	对与服务或产品质量及其价格之间的关系表示满意	对手风险
供应商	在制造产品与提供服务之间进行合作	公允价格	业务中断的风险
当地社区社会资本	用于发展的税基		国家风险
纳税人、国家	发展潜力	自我维持经济增长	滥用职权的诱惑

来源：作者制作。

表 3-2　经典金融理论和新制度学派金融理论选定元素的比较

认知客体	经典金融理论	新制度金融理论
企业风险管理质量	不适用于价值创造	能够增加企业价值
特定风险	多元化的投资组合	特定风险的外部成本
系统性风险	无风险金融工具	不受控于管理层
系统风险	恐慌或多米诺效应	没有被资本吸收的风险积累
企业估值	股东利润的最大化	利益相关方利益的最大化

来源：施洛克(Schroeck)，2002。

在 20 世纪后半期，人们发展了一些涉及创造股东价值与设立负责风险管理质量高级管理职位的关键理论范畴和实践方法。风险管理的历史与科学的发展密切相关：

- 1494 年以前——风险被视为无法改变的命运或神圣领域的事务；
- 1494 年——卢卡·帕乔利(L. Pacioli)寻找一种纸牌游戏过早结束的公允解答；
- 1654 年——费马(P. Fernat)制定了概率微积分的基本公式；
- 1662 年——格朗特(J. Graunt)根据伦敦进行人口普查的数据创建了生

命预期表；

• 1711年——伯努利(D. Bernoulli)宣布了他的大数定律并制定了取样的基本原则；

• 1738年——高斯(C. F. Gauss)制定了正态分布模型；

• 1763年——贝叶斯(T. Bayes)提出了概率微积分的统计学基础；

• 1800年——预期损失被纳入精算风险度量标准；

• 1900年——股票交易价格变动的度量标准被采纳为投资者风险的度量标准；

• 1915年——公司债券评级得以发布，违约概率得以估值；

• 1952年——投资组合理论区分了系统性风险与特定风险；

• 1960年——非对称分布被用来创造衍生工具；

• 1964年——一般风险的平均资本成本(资本资产定价模型)得到计算；

• 1976年——由于套利估值而使得担保(对冲)投机成为可能；

• 1986年——贝塔系统性宏观经济风险得以计算；

• 1992年——人们承认，相较于贝塔，账面价格比率是风险的更好代理[达摩达兰,2009]；

• 2010年——为了保险目的而对系统风险(systemic risk)进行度量的方法得到发展[雅尤伽,2007]。

上面引用的数据表明，来自附属学科的金融学如何变成经济理论的主要学科。诺贝尔经济学奖被授予哈里·马科维茨、默顿·米勒、威廉·夏普、罗伯特·默顿以及迈伦·舒尔斯。金融风险管理理论取得的明显进步是一个不争的事实。美国的商学院开发了众多的风险模型，对**金融化**(financialisation)的过程作出了贡献。未来的经理人正在被广泛传授如何使用衍生工具去确保他们自己应对利率风险与国家货币交换率波动[麦克·肯泽(Mac Kenzie),2006]。

企业风险管理的当前实践是多种多样的。表3-3呈现的是企业风险管理概念的类型及其对公司估值的潜在影响。各种各样的企业风险管理概念的划分依据是，决策者看待风险的方式如何以及他们致力于把价值最大化面对的对象是谁。"风险管理的实质不是回避或消除风险，而是决定哪些风险可以利用，哪些风险可以转嫁给投资者，哪些风险可以避免或对冲。"[达摩达兰,2009,434页]

表3-3 风险与企业价值相互关联概念的类型

风险/价值	对股东而言	对利益相关者而言
潜在亏损	A.在险价值	B.风险管理审计
潜在利润	C.公司治理	D.企业风险管理

来源：作者制作。

一些决策者信奉医生的原则,即,最重要的是没有伤害。因此,如果存在损失的概率,比如当他们主观认为事情存在太大风险时,他们就准备从一项事业中抽身。

另一些决策者相信,不冒险就没有收获。对足智多谋的决策者而言,一个觉察到的风险就是获取超额利润的机会。对官僚们而言,最重要的是程序:如果遵从程序,就不会有风险,因为这样不会犯罪。对宿命论者而言,该怎样就会怎样。[风险研究所,2001]

本类型基于两条轴线,以此划分风险管理能力。第一条轴线给风险下的定义是承担损失或获取超额利润的概率。早在1901年,维莱特(A. Willet)在其著作《风险和保险的经济理论》(*The Economic Theory of Risk and Insurance*)中,把风险定义为关涉一个不利事件发生的客观不确定性。阿罗(K. J. Arrow)的著作引起人们改变了对风险评价的视角。他区分了三种不确定性,即:在赌博游戏中获胜或在保险账户上损失的不确定性、因缺乏某些现象共存的知识或信息而引起的不确定性、主导市场的各个实体生成利润的不确定性。

根据阿罗的概念,不确定性涉及可用性的功能,而非偶然事件发生的概率。在这种情况下,穷人从赌博中获利最多,而特别富有的人——从财产保险中获利最多。

第二条轴线涉及的是,决策者各自具有特定的风险偏好(risk appetite)。"风险偏好——投资者承担风险的意愿——取决于投资者厌恶这种不确定性的程度与这种不确定性的水平。"[沃斯(Vause),2004,127页]风险厌恶是任何一个决策者的永久性特征。影响风险偏好的可变因素是风险溢价。

两条轴线相互交叉,由此我们得到把风险管理质量与企业价值结合起来的四个概念:在险价值(VaR,value at risk)、风险管理审计、公司治理及企业风险管理(ERM,enterprise risk management)。

在险价值

风险管理是一种"专门用于辨认并控制那些可能引起不必要变化的事件或领域的管理方法"[普理查德(Pritchard),2002]。这个定义的特征适合于职业保险人[杰姆泽克-萨尔瓦赫(Gemzik-Salwach),2003]。

在职业保险人的活动中,他们使用三类风险度量方法:最糟条件的情景:为了在最糟的可预测情况下订立一份保险合同,我们需要拥有多少资本;在险价值:暴露于损失的风险;平均在险价值:风险暴露的平均度量值。

为了能够承担一个已鉴定的风险,决策者需要拥有多少附加资本,他们一直在寻找这个问题的答案。为了回答这个问题,我们需要确定:导致证实风险的因果关系,即风险因子;风险可用性或证实风险的概率以及风险发生频率得到检验的时间范围,即风险间隔;度量每种风险类型的模式,即风险暴露[申铉松,2010]。

风险暴露(在险价值)概念的核心在于,明天、从现在起一周内,或一年时间内,可能会发生的最糟情景是什么,我们需要尽量把这个问题的答案系统化。度量风险暴露的方法是,使用某个事件的概率值加上该事件可能造成的损失程度[申铉松,2010]。这是最广泛的**在险价值计算方法**。表3-4包含的清单列出了各种在险价值计算方法的优点和缺点。

表3-4 在险价值计算方法精选

描 述	优 点	缺 点
方差-协方差法	简单	采用正态分布假设;根据历史数据估计的方差和平均值
历史模拟	非参数法	创建需要使用的历史时期数据
蒙特卡洛模拟	精确度高	对回报率和价格模型选择的依赖程度较高
任何分布的分位数赋值	使用其他分布而非正态分布	从统计学而言,难以统计稳定的分布
极值理论	考虑非典型的情形	难以估算极大损失分布参数
尾值(tail value)	仅仅使用尾部分布的观察值	传统方法估计近似精度的退化情况

来源:雅尤伽,2007。

在实践中,经理人使用可能源自于财务报表的两种形式的在险价值,即:
• **在险收益**(EaR,Earnings at Risk):这是与在给定时间的规划价值相比一家公司的净利润可能减少的上限值;
• **在险现金流**(CFaR,Cash Flow at Risk):这是与在给定时间的规划价值相比一家公司的现金流可能减少的上限值。

一家公司的管理机构把计算出的在险收益和在险现金流与他们认为可接受的风险暴露价值加以比较。这是股东们的价值主张。[格林斯文(Grinsven van),2010]

风险管理审计

在一家企业中,风险的性质是外生(外部)的还是内生(内部)的,关于这个问题仍然存在争议。度量风险内生性的一个好方法是把已感知的风险与正在物质化的风险加以比较。如果该分数的分母大于分子,那么企业风险就是内生的。

作为一个连续的过程,风险管理有时需要公司往回退一步并重复某些活动,以此实现与先前的假设相对应的结果,只有那时公司才能向前迈出另一步。负责监管行动是否符合程序的单位是内部控制部,该部的兴趣几乎完全集中于"受控制的事件",即任何偏离已被采纳程序的行为。

从企业内部风险管理控制过程的视角来看,关键的是制定风险量化的方法。计算企业内部的风险,可以使用下列三组度量方法:
- **敏感性度量**:表示由某个因子的单个变化造成一个变量的偏差;
- **波动性度量**:表示围绕一个任何参数的平均值或一个变量的波动;
- **下侧风险度量**:完全集中于负偏差;它们代表在最糟情景中该变量的值。

〔马辛科芙丝卡(Marcinkowska),2009〕

风险管理指标的选择在很大程度上取决于企业采取的**内部审计概念**。表3-5呈现的是新、旧风险审计方法的对照。

表3-5 新旧风险审计方法比较

旧形式	新形式
审计过程水平低	有效、集中地规划风险
计划不灵活	合作和变化
审查过程冗长	内嵌质量保证
很多领域缺失	专注客户
内涵消极	价值驱动积极
审计队伍零散	共同主题推动审计工作
详细的报告	自动生成报告
首席财务官汇报线(reporting line)	汇报线更宽(对审计委员会)

来源:斯宾塞·皮克特(Spencer Pickett),2006,第47页。

公司治理

公司治理问题的根源可以追溯至信托人制度,该制度被用来保护一个家族内部关乎接替继承权的未成年人的合法利益。履行后代遗嘱的受托人通常是律师事务所、银行以及家族委员会:律师事务所服务某个家族;该家族把其存款存入银行,在银行中拥有一个存放有价证券的保险箱;家族委员会作为一个机构,批准该家族的主要财务决定。

当第一批公司(尤其是合股公司)被组建的时候,两种形式的治理(即传统的家族治理与市场法人治理)开始交叠。

每一个被任命的机构风险管理组织的目标是,减少股东们在保护其利益方面的不确定性。

家族公司。家族生意采取的典型形式是自我创业或中小型企业,主要为普通合伙企业与有限责任合伙企业。只要所有者能够照管业务,所有者的监管权就不存在问题,但却偶尔存在继承权问题。

表 3-6　公司治理形式的类型

治理类型	家族控制	经理控制
家族	家族公司	管理革命
公司	家族资本集团	公司治理

来源：作者制作。

虽然继承权尽可能地往后拖延，但是这个问题迟早需要解决。如果我们想要了解盎格鲁—萨克森人和莱茵人金融系统发挥功能的原则，这一点具有根本的重要性。千百万家族艰难的决定，再加上投资于家族生意的财富管理，都汇聚于这一个决定。关于继承权形式的决定不仅取决于适用的遗赠、捐献和税法的监管措施，而且取决于资本市场的效率。

公司创始人（公司的创造者和管理者）必须在雇用职业经理人与亲戚之间做出抉择。在亚洲，企业家的女儿通常被许配给职业经理人，这样就使得抉择不那么极端。如果公司创始人拥有男性的继承人，典型的情形是信赖具有自己基因的人。韩国的财阀（chaebol）是由家族资本集团所有者的儿子支配的。在欧洲，人们担心被剥夺继承权以及担心企业落入不相干的人之手，这种情形依然盛行。

管理革命。 当一家企业的管理人员超过 7 人时，所有者或管理方的控制问题就会出现，因为"管理革命"的问题随即就会出现。这个问题在于一个公司内部实际权力从所有者被转移至职业经理手中。他们的权力来源是未分配的利润、公司基金的配置权、股利政策的实际执行权以及与战略投资者的关系。

在美国，第一批职业经理人被公司雇用是在第一次世界大战之前。20 世纪 30 年代，所有股份公司中 1/6 的公司已经被持有相关院校证书的经理人所控制。这就使得人们形成一个观念：从家族资本主义过渡到管理资本主义。然而，这并不意味着今天就没有富豪家族控制一国的经济命脉，比如意大利或瑞典。

家族资本集团。 沃伦伯格（Wallenberg）家族是家族资本集团的象征。他们的经济统辖权已经持续了五代人，建立在双轨公司治理系统之上。该系统由瑞典社会民主党于 1932 年初创。这个系统包括：沃伦伯格基金会，该家族在基金会中持有 19% 的资本并在创办人会议上持有 41% 的投票权；控股公司"投资者"中的 A 级股份，他们持有 40.8%，这就赋予他们在股东大会上持有 87.3% 的投票权。余下的 59.2% 资本被划分为 B 级股份，由其他股东持有，赋予他们在投资者公司的股东大会上持有 12.7% 的投票权。该公司控制着斯凯孚（SKF）和伊莱克斯（Electrolux）资本集团。沃伦伯格家族拥有的投票权比其他股东多出将近 1000 倍，这一点并没有引起他人抗议，因为这个家族在瑞典纳税。这个家族与国家权力机关建有政治联盟，使得该家族和国家能够行使对萨博（Saab）、斯堪的纳维亚航空公司

(SAS)以及奥姆(OM)经纪人事务所的控制权。据估算,借助斯德哥尔摩私人银行(SEB,Stockholm Enslilada Bank)和瑞典商业银行(SHB,Svenska Handels Banken),沃伦伯格家族控制着瑞典股票资本的一半。对于这种联盟和所有权金字塔,评论家指出,没有其他哪个资本集团能够像沃伦伯格家族那样在瑞典的市场上具有任何更好的发展机会。做出这种推断的依据也许取自50家最大的上市公司,这其中多达31家都是在1914年以前成立的。1970年以后,这些公司没有一家被合并。只有1%的投资是通过发行新股进行融资[霍格菲尔特(Hoegfeldt),2003]。财务发展的同时对利润有所保留,这种做法的原因是他们害怕资本市场。在瑞典社会,人们容忍普通股和优先股的双轨系统,由于近来瑞典在财富榜中的排名从第4位下降至第17位,这种容忍度正在减少。提倡对欧洲资本市场进行改革的倡导者不赞成瑞典引入的法律规定,根据该规定,收购报价必须得到股东大会75%选票的支持。这是使得沃伦伯格家族继续支配瑞典经济的工具之一。然而,它也成为限制外国资本流入瑞典的因素之一,而且——在更广的范围内——阻碍基于家族企业经营的可持续增长[昂布拉德(Agnblad)、伯格洛夫(Bergloef)、霍格菲尔特、斯万卡(Svancar),2001]。

当人们发现,家族所有权被滥用,用于金融阴谋并且从金融机构拿出的贷款超出所有的风险集中规范时,家族所有权变成了人们严厉批评的对象。人们普遍指责家族公司像王朝一样左右着公司管理。这样就导致了宏观经济和微观经济效率的下降。在墨西哥,在国家证券市场上市的20家最大公司之中,100%是家族控制的,阿根廷为65%,希腊为50%,葡萄牙为45%[加瑟利(Caselli)、詹奈奥利(Gennaioli),2003]。

公司治理。在现代经济中家族资本集团的重要性如何,关于这个问题的争议并没有遮蔽下面的事实:经理人正在逐渐被资本薪酬基金雇用的金融工程专家所取代。管理资本主义正在被制度资本主义所取代,这一点越来越明显。**制度资本主义**(institutional capitalism)带来的主要问题是有效的公司治理。原则上:管理合同应当与决策者承担风险而获得的红利联系起来;公司治理机构往往容易屈从于滥用权力的诱惑,同样,当一家事关全局的重要企业受到破产的威胁时,国家往往就会进行干预。[波尔顿(Bolton)、迈兰(Mehran)、夏皮罗(Shapiro),2010]

在实践中,如果披露高级管理人员在酬劳方面的不良做法,就会导致在证券交易所上市的公司价值下降。[魏晨阳、耶奈克,2010]

企业风险管理

风险是一家公司的发展因素,每一家公司都必须制定与各自公司总体经营战略相协调的风险政策。这一政策必须因地制宜。我们不可能制定一个可以被应用于任何企业、适合于任何环境的普遍风险管理战略[布拉(Buła),2003]。

根据 COSO 委员会 2004 年的准则,企业风险管理(ERM,Enterprise Risk Management)是一个过程。它受一家实体的董事会(管理方和其他人员)的影响;被应用于战略设定之中并遍及整个企业;被设计用来确认可能影响该实体的潜在事件,并把风险限制在其风险偏好之内,在实现实体目标方面提供合理的保障。这个定义的主要术语是"风险偏好"。风险偏好是指一家公司治理机构自觉接受的风险暴露水平。

企业风险管理在于,就战略伙伴(即保险公司)授予的保险范围,协调建设一个资本集团的各个实体的最佳利益,其做法可以在下列原则中得到确认:

- 根据相同的保险战略和政策,集团利益受到保障;
- 避免出现保障缺口或者部分保障;
- 对一个集团内部的保险过程采取系统性方法,可以消除随意性、风险控制的匮乏或缺失,不然就会缺乏对行动的最终结果制约或遗漏各个实体;
- 所有的行动都从属于保护某个实体、整个集团以及股东的最佳利益的需要。

为了强制保险计划而采纳一些推荐和安排,这样做需要确认:一个集团和构成该集团的各个实体、经纪公司、战略伙伴(保险公司和专家)、保险风险的主要类型、设定与核实保险数目的条款、沟通程序、理赔报告和清算程序。

并非所有已识别的风险都可以转嫁给保险公司。这主要是因为,市场上可用保险产品存在局限性,保险公司与再保险公司对从普通条款和条件引入特殊条款和毁损的开放度和倾向性不同,以及对专门制定的保险条款接受程度不同。其他局限包括保险公司的能力、再保险方案等。因此,关键是要准备并实施风险识别和校准。这个过程的开端是制定一个初步的风险清单,然后以此作为构建未来保险计划的初始假设的基础。这个过程的结果是产生一个**保险风险清单**,该清单根据保险条文加以系统化,并被划分为部门、组群及类型。

据此准备一个清单,它可以让公司能够根据下列内容对各个风险实施全面的校准工作:对象、范围、数量、系统、特许权、条文、特殊条款,等等。表 3-7 呈现的是风险类型及其物质化形式。在管理实践中,风险类型以及它们各自表现方式的清单是无穷无尽的。

表 3-7 风险类型及其物质化形式

涉及个人和所有权的风险	政治风险	市场风险	涉及输出的风险	金融风险
偶然的风险	国际风险	需求评估	生产结构	存款
与生命相关的风险	国内风险	市场可得性	质量	流动性
金融和财产风险	变革	价格	创新	通胀

来源:塔卡茨克(Tkaczyk),1997,第 14 页。

企业风险的类型

把对金融集团的额外监管分离出来,这种做法强调的是用于该领域的解决方案应当具有系统性特征。企业风险的管理是处在一个由组织结构决定的框架之内。组织结构的选择在很大程度上决定风险管理的质量。

表3-8呈现的是组织结构的选择对企业风险管理质量的影响。

表3-8 组织结构的选择对企业风险管理质量的影响

所有权/位置	国内	国外
内部人控制	组织和资本集中	制造业和金融业集团
外部人控制	风险管理外包对金融机构的影响	海外风险管理的外包

来源:作者制作。

分析企业的组织形式对企业风险管理质量具有什么影响,人们采用了两条轴线。其中一条轴线描述战略管理中局内人和局外人的地位。在企业系统转型的过程中,对企业的控制权不断地而且必然地转移至局外人之手。第二条轴线显示某个资本集团的总部所处的地点。这里,我们还可以观察到,在企业系统转型的过程中,位于一个国家的企业总部逐渐被位于国外的总部取代。

我们感兴趣的是被波兰股东控制的实体。它们是波兰国内持有执照的制造业集团和金融业集团。对制造业和金融业集团中的风险管理进行分析,其起始点是划分一体化风险管理与功能性风险管理。表3-9比较了这两种方法。

表3-9 风险暴露管理的传统方法与一体化方法

传统方法	一体化方法
从功能方面管理风险	从过程方面管理风险
辨认和评估各种风险类型	在企业战略背景中审视风险资产组合
考虑所有已识别风险	关注的焦点是关键风险
风险最小化	风险最优化
对风险不负责任	对风险负总责
特别的风险测量方法	监控风险并连续测量风险

来源:亚当斯卡(Adamska),2009,第16页。

传统风险管理方法的一个同义词是金融化。金融化在于增加股东和经纪人的薪酬,以此鼓励他们做出决定,表明愿意接受风险[托普洛夫斯基(Toporowski),2010]。

一体化方法的同义词是建立风险管理部门,该部门的任务包括:确定风险和各种风险类型的相互关系;度量资本集团的风险暴露程度;监控风险暴露,为抵御该风险的资本缓冲器融资;优化某个风险类型中的接触、预防、抗冲击、风险置换、财务杠杆利用及创造吸收风险的缓冲器;连续不断地向公司风险管理质量的管理机构汇报。[贾炜莹、陈宝峰,2001]

风险管理质量对公司估值的影响

尝试把企业风险管理的概念运用于中小企业的战略管理实践,这种做法表明,它在公司经营的最初五年特别有效,可以用于设计公司的所有权结构。[艾义德(Eid),2008]表3-10呈现的是中小型企业风险管理方法的演化。

表3-10 中小企业的中间目标和风险偏好矩阵

风险管理目标	遵循刑法典条款	确保商业的连续性	投资于新的机会
从风险物质化中获取利益	减少第三方责任	优化被吸收的风险	突破强制性商业模式
避免商业计划执行过程中的扰乱	分析业务中断的风险	对早期预警信号反应灵活	分析避开各种打击的免疫能力
避免损失	遵循法律规章	购买保险	修正商业模式

来源:作者制作。

理论上,人们需要管理中小型企业(SME,small and middle enterprises)的风险,这是因为市场不完善。当决策者比所有者(决策者是所有者的代理人)拥有信息优势时,他们就容易受到滥用职权的诱惑,关于这方面已有很多论述[卡恩(Kaen F. R.),2003]。

实践中,在中小型企业,风险管理被局限于规避外部融资。这些企业对有可能潜在地使用外部来源对其经营活动进行融资的认识非常有限,而且他们也只能以非常有限的方式利用现有的各种可能性。[潘特,2010]

对大多数来自中小型企业的企业家而言,风险管理可以归结为管理税收,这是他们想要规避但无法躲避的。这些企业与"影子经济"存在共生关系,因此,他们对职业风险服务的需求呈现季节性的特征。如果事情变糟,需求就增加;只要万事顺利,需求就下降。风险在经济繁荣时期发育,而在衰退时期物质化。表3-11显示了中小型企业对职业风险管理服务的需求是如何变化的。

表 3—11　影响中小企业对职业风险服务需求的因素

承担的损失	需要职业风险服务	不需要职业风险服务
高	高	强制性的供应链信用
低	低,随时间流逝需求被推迟	"不要过早担忧"的态度

来源:作者制作。

那些在灰色市场中经营或与其有染的中小型企业,没有显示他们对职业风险管理服务的需求。在银行的压力下,因为银行规定来自这个行业的借款人必须为其经营活动的连续性投保,这种情况才发生改变。因此,风险管理质量就变成决定一家企业生存还是毁灭的决定性因素。风险管理质量通过下列因素影响中小企业的价值:无须逃税而减轻它们的税务负担、限制业务中断的风险、创造可以调和股东与债券持有人利益的最优投资组合、选择适当的企业继承权方式。

从理论上看,继承权问题一般可以通过下列四种方法之一得到解决:以遗赠或捐赠的方式把企业转让给后代;把整个公司出售给家族成员或第三方;出售公司的一部分或由一名员工买断;

把公司推向主要的或与之相当的证券交易所。[瑟德伊(Surdej),2010]迄今为止,88.2%的公司已经被移交给后代,5.9%的公司被完全出售。在其他情况下,上面提到的继承权方法被结合起来使用。在可预见的未来,转让至后代的企业股份数量将会增加到97.2%。

在可预见的未来,家族作为支配性的投资人而出场,这种情况将会产生影响风险管理质量的新问题,它们在企业估值中反映出来。这些问题包括诸如以下几种:利他主义的成本、家族内部争端的成本、参与监控企业运行的家族成员的成本。[斯特拉多姆斯基(Stradomski),2010]

结　论

21世纪第一个十年的悖论是,企业风险管理猝然变得职业化,伴随这个过程的是一次广泛的金融危机,即一次全球经济衰退。为了以适当的方式管理风险,我们必须了解哪些因素影响企业价值。

每一家企业都被股东和持债人从风险管理的角度加以评价。因此,一家公司具有风险管理战略并付诸实施,这一点是投资者乐于见到的。当一家公司缺乏这种战略,该公司就会被认为一文不值。高质量的风险管理可以增强企业吸收外部风险并建立缓冲器防范内部风险的能力,借此影响企业价值。

结果证明,风险在经济繁荣时期发育,而在衰退时期物质化。正是在衰退时期,整个宏观经济失衡,而就企业家而言,因风险管理不健全而造成整个外部微观经济成本上升,这两个问题已经浮现出来。企业风险管理实现职业化,可以为少数股东增加价值,是他们承担因为风险管理存在缺陷而招致损失的成本。

在大多数情况下,企业的风险管理并没有与战略管理和销售部门有机地联系起来。事实上,因内部管理糟糕而产生的外部成本和花费逐渐积累,其方式令内部审计和外部审计都无法察觉。一家企业内部的现代风险管理应当做到一体化。这里的意思是:第一,风险管理与战略管理一体化;第二,沿着各个业务线的风险管理一体化;第三,各种风险的管理一体化。糟糕的企业风险管理的根源之一是促动决策者承担风险的系统不健全。由于受到短期利润的强烈驱使,他们认可过度的风险,以换取虚拟利润的佣金。

这十年间出现双通货(biflation)(即通货膨胀与通货紧缩同时存在),加上被分析的这段时期价格跌涨变动不居,由此导致我们所处的境况是,风险管理需要加强合作并考虑到各种相互关系。在这个宏观经济环境中,企业的流动性管理需要相当多的技巧,这就需要不断地历练自己。

自测题

1. 在创造企业价值的过程中,风险管理的作用是如何演化的?
2. 在险价值(VaR)估值方法有哪些?风险管理审计的功能是什么?
3. 企业风险的类型有哪些?
4. 风险管理如何影响企业估值?
5. 风险管理质量如何影响中小企业的价值?

延伸阅读

1. Damodaran A. [2008], *Strategic Risk Taking: A Framework for Risk Management,* Pearson Education, Prentice Hall, New Jersey.

2. Fraser J., Simkins B. (eds.) [2010], Enterprise Risk Management: Today's Leading Research and Best Practices for Tomorrow's Executives, John Wiley and Sons, Hoboken, New Jersey.

3. Segal S. [2011], Corporate Value of Enterprise Risk Management: The Next Step in Business Management, John Wiley and Sons, Hoboken, New Jersey.

第四章　市场风险对波兰铜业集团估值的影响

> 出于某种原因,人们从价格行为而非价值中得到暗示。你付出的是价格,而你得到的是价值。
>
> ——沃伦·巴菲特

本章概要

▶ 波兰铜业集团简介

▶ 实践中的金融风险管理

▶ 市场风险管理对公司的影响

▶ 风险鉴定和度量

▶ 市场风险管理的目标和动机

▶ 市场条件对波兰铜业集团估值的影响

波兰铜业集团简介

波兰铜业集团(KGHM Polska Miedź SA)是一家有50多年历史的公司。自从波兰政治转型以来,波兰铜业集团一直是一家股份公司。自从1997年,这家公司一直在华沙证券交易所上市。波兰铜业集团是波兰境内最大的公司之一。在出口方面,它隶属于东欧出口业务领先的集团,是波兰少数几家可以被称为全球化的企业之一,在其从事的产业中占据一个强势位置。

波兰铜业集团的基本生产线是一个完全一体化的技术流程,在这个流程中,一个生产阶段的最终产品是下一个阶段将要使用的原材料。从矿井中开采的铜矿石被输送至加工工厂,在那里被浓缩。由此生产出浓缩铜,然后被送至冶炼厂。在冶炼厂浓缩铜被熔化,火法精炼成阳极铜,然后阳极铜被电解精炼成阴极铜,从这些阴极铜中生产出盘条和圆材。阳极泥作为电解精炼过程的一种副产品,是生产贵重金属所使用的原材料。

2010年,波兰铜业集团是世界上第九大全球性矿铜(浓缩铜)生产商,产量43.9万吨,占世界总产量的2.7%。2010年全球矿铜产量中拥有最大份额的公司分别是智利国家铜业公司(Codelco)(11.0%)、美国自由港迈克墨伦铜金矿公司(F-McM Copper & Gold)(9.9%)以及必和必拓公司(7.2%)。然而,我们必须区分采矿生产与冶炼生产。波兰铜业集团生产超过52万吨电解(阴极)铜,因此使得该公司占据第九位[根据截至2010年第三季度末布鲁克亨特(Brook Hunt)咨询公司的数据库]。

由于波兰铜业集团总营业额中铜销售量占有巨大份额,所以该公司在全球银市场占据的高端位置往往被人们无视。例如,公司每年生产的银超过1 200吨,使其成为世界上第二大银生产商,排在必和必拓之后。

铜主要应用于电工技术、电子和汽车工业以及动力工程和建筑业。这种金属的突出特点是具有延展性,即它可以很容易被塑形、卷绕,而且具有良好的导电性。银不仅被应用于珠宝,而且用于电子、电工技术及光学工业。

实践中的金融风险管理

在诸如波兰铜业集团这样的原材料公司,两种风险——经营风险和金融风险——发挥关键作用。公司为了实施各项任务,必须了解因暴露于风险而招致的威胁与管理该风险的原则。在波兰铜业集团,与采矿活动相关的经营风险主要局限于不可抗力事件,因为公司严格遵守国家的法律规章以及内部的健康和安全制度。根据2008年IBM公司与沃顿商学院和《经济学家》情报部合作拟定的一份报告[IBM,《全球CFO调研》(Global CFO study),2008],大多数非预期损失都具有地理政治、战略或经营的性质而非经济性质。来自2010年该报告的最新版本显现了一个稍微不同的图景。该报告调查了最大公司的1 900位经理人,结果表明,金融风险管理现在承担的风险是2005年的两倍。大约52%的被调查者承认,他们对于2008—2009年金融市场危机没有做好准备。他们在这个领域的意识正在增强,反映在很多国际证书或职位日益流行,证书有PRM(职业风险管理师)、ISO 31000:2009风险管理原则和指南(ISO 31000:2009,Risk management-Principles and guidelines),职位有:首席风险经理(Chief Risk Manager)、信用风险经理(Gredit Risk Manager)。

❖ 金融风险度量

从实践而言,在现代化、准备充分的公司中管理金融风险,这项工作涉及以下程序:鉴别、度量与认定处理风险的方式。在波兰铜业集团,他们鉴定了三类主要的金融风险:**市场风险**[包括金属价格波动性风险(价格风险)、汇率波动性风险(货币风险)与利率波动性风险]、**流动性风险**与**信用风险**。本章只讨论市场风险。

价格风险

波兰铜业集团面临其基础产品——铜、银和金存在价格波动性的风险。已被认可的预算(即收入规划)以及经营利润和净水平能否实现,这取决于对成本和收入的适当管理。有形销售合同中包含的定价公式主要是依据伦敦金属交易所(LME,London Metal Exchange)平均月度价格与伦敦金银市场协会(LBMA,London Bullion Market Association)银价。因此,这些价格并不是该公司与卖方商定的价格。假如我们对风险管理采取一种被动的方法,那么波兰铜业集团就不能够确定其产品的未来利润。然而,在实践中,波兰铜业集团使用一种主动的方法,即公司把原材料价格对冲在特定的水平,使其能够实现预期的预算目标。根据公司中认可的商业政策,有形合同的基价是未来适当月份的平均价格。结果,波兰铜业集团面临的风险是,从订立商业合同开始至计算货物装运当月的平均价格为止,这段时期的金属价格存在下跌的风险。如果我们使用一个非标准公式来确定销售价格,那么公司能够把与客户达成的基价(price base)改变为适当月份的平均价格,做成交易(所谓的对冲交易调整,是一种经营性对冲)。这

些交易的结果使得用于产品的有形销售的基价标准化,由此使得金属价格波动性的暴露水平标准化。我们应当指出,由于波兰铜业集团采购使用用于生产过程的包含金属的第三方输入,因此销售的一部分自然就被对冲。

货币风险

根据市场实践,因为伦敦金属交易所把美元确定为参考价格,各种金属供给的有形合同都是以美元订立或定名。而由于波兰铜业集团的基础货币是波兰兹罗提(PLN),所以汇率变化对该公司的业绩具有重大影响。因此,该公司收到的是一笔波兰兹罗提等价物或者把收到的美元兑换成波兰兹罗提。这种兑换导致,在从订立合同至确定汇率这段时期内,就会出现与美元/波兰兹罗提波动性相伴生的风险。

如果外国的商业伙伴使用当地货币支付进口的铜或贵重金属,那么,也会产生与其他汇率伴生的风险,例如:欧元/波兰兹罗提和英镑/波兰兹罗提。

利率风险

波兰铜业集团面临的利率风险与下列价值的变化相关联:该公司拿出的信用和贷款、该公司购买的债券以及具有固定利率的银行存款。这使得公司暴露于由利率变化而引起的现金流变化的风险。

最重要的是,有效的风险管理在于鉴定并度量风险,以及确定风险接受水平和使用工具限制这种风险。

在管理市场风险中,关键的阶段之一是度量风险,即,对公司暴露于风险的当前水平加以量化,并有助于回答下面这个问题:在当前外部市场条件和公司内部条件的背景中,这种暴露水平是否最优。

❖ 市场风险管理的目标和动机

波兰铜业集团使用一体化的方法进行市场风险管理,这意味着市场风险的各个元素并不是分开管理的。例如,金属市场上的对冲交易是与货币市场上订立的合同相关联的,因为对冲金属价格决定着实现特定销售收入的概率,它是货币市场战略被对冲的头寸。在各个对冲元素之间,回报率呈现相对很高的负相关,这一关系可以帮助市场风险管理。这使得公司在发展对冲战略中可以做到更大的灵活性。

为了限制风险,各种活动可以在一定时期内分散开来。因此,风险经理人的方法是一贯、渐进的,而且具有战略上而非经营上的重要性。随着时间推移,我们可以实施新的对冲战略,对生产和销售收入的覆盖面日渐增大,并且覆盖到更长远的时期。结果,我们就有可能对冲银和铜市场上出乎意料的价格暴跌的风险,以及对冲波兰兹罗提对美元的突然贬值。铜价与美元/波兰兹罗提汇率之间的回报率存在负相关,这就使我们有可能实现对冲的有效性稍微更大一些。由于市场具有周期性,所以我们还有可能避免在某个价格水平从事大成交量或大价值量交易,而这是使用衍生工具的公司时常遭遇的风险。

管理市场风险的主要技巧是使用衍生工具的对冲战略。

所有对冲战略(包括选择其中偏好的一种)都需要考虑到下列因素:当前和预测的市场条件、公司的内部条件、相关的工具及对冲成本。期权战略可以使我们减少风险,而与此同时,可以实现由各种基本资产组成的投资组合的预期回报率[赖利(Reilly F. K.)、布朗(Brown K. C.),2001]。我们应当定期对金属和货币市场进行分析,标的工具的波动性越大,市场风险就越高。我们发展对冲战略,目的是确保在标的工具价格处于不利变化的情况下,对冲工具将会导致有利的价值变化,原因即在于此[雅尤伽(Jajuga K.)、雅尤伽(Jajuga T.),2006]。只有符合下面要求的衍生工具才被使用:我们不仅可以使用标准估值模型对其进行内部估值,而且可以把它们出售,而不至于严重损害除了交易的原初对手方之外的某个实体。我们根据从某个市场中领先的银行或经纪公司或者新闻服务机构(如:彭博社或汤森路透)那里获得信息对某些特定的金融工具进行市场估值。

波兰铜业集团允许使用下列工具:掉期合约、远期和期货合约、期权合约以及这些工具组成的结构化产品。

因此,公司使用的工具能够被标准化(交易所交易的工具)或非标准化[场外(OTC)工具]。

❖ 市场风险管理对公司的影响

对于市场风险管理,我们不应当在已经确立的对冲头寸上是赢利还是亏损的背景中加以考虑。公司对不利的价格变化进行套期保值,这样可以确保该公司能够以稳健的方式行事,并且极大地限制公司失去金融流动性或破产的风险。我们可以拿汽车防盗保险做个简单的类比,借此表明,如果汽车没有被盗,我们不大可能认为在某个时期支付的保险费是一种损失。对冲的做法保护公司防范消极的价格情景,给予公司时间去实施适当的重组项目。

在2008年中期爆发的金融危机期间,我们可以看出波兰铜业集团正常运行所处的宏观环境具有波动性。世界上最大的投资银行之一雷曼兄弟公司破产,与之相伴的问题是,募集资金问题众多,一些最大的经济体存在衰退的风险,这些导致出现大规模出售浪潮,不仅表现在股票市场而且表现在商品市场。2008年,在半年的时间里,铜价从大约8 900美元/吨下跌至2 700美元/吨。2008年第四季度,波兰铜业集团处境尤其困难,因为公司的核心业务的赢利降低到0以下,全球宏观经济条件正在逐渐恶化。全球经济中的金融动荡被认为是自20世纪20年代末以来最严重的一次。成本居高的公司由于此前没有管理市场风险,开始做出先前没有规划的决定,竭力逃脱破产的威胁。并不是所有的矿业公司都能设法生存。2008年12月的下半月,一些较小的铜矿公司提请破产[例如:星座铜业公司(Constellation Copper Corporation)、基质矿业公司(Matrix Minerals)和铜业公司(CopperCo)]。就哈萨克矿业公司(Kazakhmys mining company)而言,由于缺乏常规的对冲活动,迫使公司管理委员会因担心失去流动性而于2009年初实施一项对冲战略,其形式是一种利率双限结构化产品,铜的买入卖权为3 000美元/吨,而铜的卖出买权为4 000美元/公吨。因此,该项交易订立的时候正处于最低价。在此期间,2009年底铜价涨到超过7 000美元/吨,这就限制了投资者向4 000美元/吨的铜价参股。另一家矿业公司力拓公司被迫出售一些子公司及其他资产,价值约为100亿美元,以此维持流动性。假如预测宏观经济形势进一步恶化的预言得以实现,那么波兰铜业集团就有可能被迫(假如它先前没有管理市场风险)出售一些资产。

  在这个时候,波兰铜业集团能够从容面对形势的发展,多亏该公司系统化地建立了对冲头寸,它无须担心失去流动性。尤为重要的是,在那个时期建立头寸,使得公司能够实现2008年的所有预算目标,增强了公司的竞争地位并创造了投资机会。

  应当记住的是,那个时期的宏观经济预测表明,金融危机将会深化并继续对实体经济造成负面影响。与2008年相比,2009年全球铜消费量(中国除外)下降17%,若加上中国,这个数据还要再低5.5%。假如世界上一些最大的经济体没有开展援助项目并大幅放松货币政策,这些指数就可能更加糟糕。多亏全球金融市场注入了一大笔资金,2009年的商品市场已经出现上行的趋势。信用方面,引入了世界上最大经济体的庞大的刺激方案包。这就导致了我们对这些最大经济体欠有债务,将来支付这笔债务利息会滋生很多问题。这就是金融危机如何转变成为债务危机。希腊无法依靠自己解决自身的债务,这个案例表明,我们受到的威胁是巨大的。2010—2011年,债务问题波及其他欧洲经济体:西班牙、葡萄牙、爱尔兰及意大利。

  在过去几年里,提供给银行业的金融援助很大一部分不是被用于增加贷出,而是被投资于股权及其他金融资产。受资不抵债威胁的银行能够依赖政府给予帮助,问题由此产生:现在谁能够帮助政府?

  由于失业率高而薪金增长率低,私营行业想要接管全球经济驱动力的角色,这种需求将会面临困难。这证实了下面的论点:我们观察到的经济复苏的重要刺激器是政府援助。根据美国人口普查局(United States Census Bureau)的统计,援助方案包在美国实施的两年时间里,并没有创造永久的就业机会——在这两年期间,失业率仅下降至 9.4%(从 2009 年 10 月的最高水平 10.1%),因此,尽管援助基金庞大,失业率仍然保持在过去 29 年间的最高水平。

因此,我们有充分的理由相信,经济复苏的基础不是永久性的。新的金融动荡的风险比上一次更加危险,因为政府不能够再次积欠债务去引入进一步的刺激方案包,而且,世界主要经济体放松货币政策的可能性已经在很大程度上受到限制。

2010 年,波兰铜业集团的经济形势得到了很大改善,铜价快速上升,尽管如此,作为一个生产成本高的生产商,波兰铜业集团应当对冲消极的宏观经济情况。在雷曼兄弟公司破产之前的几个月,人们认为 2008 年发生的情景不大可能出现,但是,这种突然发生、出乎意料的事件可能会决定一家公司的命运。下面列出的是影响波兰铜业集团管理价格下跌风险的主要因素。

生产成本

波兰铜业集团从深井中开采铜矿,而世界上大多数铜矿都是露天矿。深井开采的成本比露天开采高得多,这意味着波兰铜业集团属于最贵的生产商。由于生产成本很高,波兰铜业集团容易招致金属价格跌至成本水平之下的风险。与竞争者相比,那些拥有较低成本的生产商不需要使用对冲,因为,在他们那里,金属价格不大可能跌至其生产成本之下。这里,供求法则发挥作用:如果铜价变得很低,具有高成本的生产商就会首先破产。这样将会限制供给,由此,价格就会开始再次上升。对于生产成本高的生产商而言,如果铜价在中期保持一个较低水平,他们就会面临失去流动性并破产的风险。对市场风险进行管理,可以让公司忍受一个时期的低价,开展旨在降低成本的适当的重构活动。

图 4-1 呈现的是按照生产成本水平划分的矿业公司。A 型公司(例如必和必拓、力拓)由于生产成本很低,采用自然方式保护其防范价格下跌,而 B 型公司[例如波兰铜业集团、瑞典的博利登(Boliton)公司]不具备这类自然保护条件。

根据投资组合理论,购买波兰铜业集团证券的投资者接受市场暴露风险,但是他们不接受该公司破产的风险[赫尔(Hull J.C.),2006]。对冲措施可以保护这家矿业公司在中期时段内防范这种情况。

对全球铜矿开采行业的分析表明,与行业内的其他公司相比,波兰铜业集团的竞争头寸相对较低。与开采、浓缩矿石、处理和管理生产程序废物相关的直接成本数量很大,把波兰铜业集团置于最后十分位数。[1] 就被分析的成本而言,与其他大型矿铜生产

---

[1] 分位数——它是描述统计序列中被分析样本特征的一个统计学概念。十分位数是 k/10 的分位数,k=1,…,9。因此,第一个十分位包括总体前百分之十的观察值。百分位数是 k/100 的分位数,k=1,…,99。

商,如智利国家铜业公司、必和必拓或斯特拉塔(Xstrata)相比,波兰铜业集团排名第一。

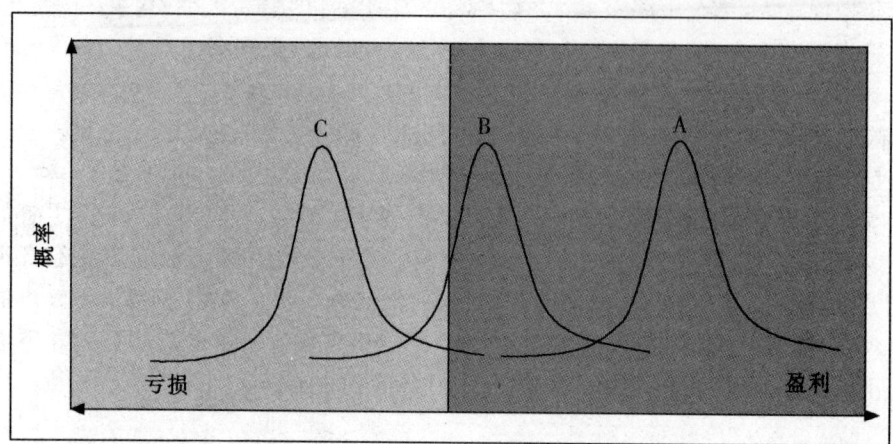

A——必和必拓,力拓;B——波兰铜业集团,博利登;C——新矿业公司,具有最高生产成本的小型采矿项目。
来源:作者自己制作。

图4—1　根据生产成本水平划分的矿业公司赢利/亏损概率

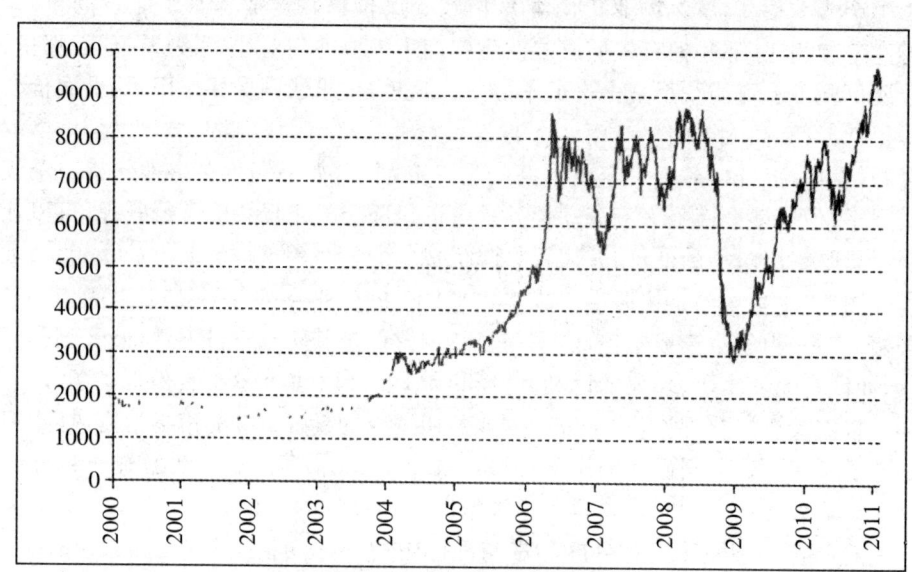

来源:2011年1月27日汤森路透"EcoWin Pro"数据库。

图4—2　伦敦金属交易所的铜价

铜价和银价与美元/波兰兹罗提汇率的高波动性

商品市场是金融市场相对较小的一部分。这意味着它的流动性不如货币市场,使得它更容易暴露给投机活动,因此价格移动更剧烈。我们可以从图4-2看出,在短短的2~3个月时间里,铜价能够发生几千元的变化。在2008年底,雷曼兄弟公司破产之后,铜价从8 900美元/吨的创纪录水平下跌至年底的2 800美元/吨。对活跃在这个市场上的公司而言,如此巨大的波动性是一个严重的金融威胁。2010年,12个月平价期权的铜价隐含波动性超过34%,银价的隐含波动性处于类似的水平。至于美元/波兰兹罗提汇率,2010年这一时期的隐含波动性超过19%。与此相比,欧元/美元汇率的隐含波动性为13%。

基本金属和贵重金属的价格是在多种因素的影响下形成的。除了物质供求之外,各种投资基金也扮演一个重要角色。他们拥有庞大数量的基金可供随意支配,这些基金被投资于能够生成相对而言最大利润的资产。这些基金非常细心地分析当前的金属市场形势与相关的预测。当他们做出投资决定时,他们考虑到世界经济的总体条件,尤其是美国、西欧、中国与东南亚的条件。这些地理区域的经济形势左右着铜消费量的很大一部分。一种相对新型的投资基金活跃在铜市场上,他们是交易所交易基金(ETF,Exchange Traded Funds)。交易所交易基金在股票交易所和黄金交易所非常流行,这种情形鼓励了投资者进入商品市场,商品市场的流动性越来越小,因此,更容易遭受操纵。迄今为止,在订立铜价有形市场的交易方面,交易所交易基金具有什么潜在影响,这一点还没有人进行分析。在未来几年中,交易所交易基金对铜价施加人为的影响,可能会加剧铜市场上已规划的赤字(例如,消费量大于生产量)。我们知道,交易所交易基金将不会使用从商品市场购买的原材料去制造产品,而只会把它们储存起来,意欲后来再次出售以获取利润。然而,诸如铜之类的金属能否提供一个具有竞争性的回报率,或者只是囤积的一种手段,人们已经表示了怀疑。

正如近年来所显示的,与货币联盟(欧元区)和美国相比,波兰的经济增长动力已经非常之高,这在中长期内对波兰货币具有积极的影响。在2008—2009金融危机之后,一些欧洲国家面临破产的风险,由此引发金融市场具有很高的不确定性。财政问题主要影响到冰岛、匈牙利、希腊和爱尔兰。此外,金融市场评价认为,葡萄牙和西班牙的财政问题可能存在很高的风险。如果金融市场的情绪突然发生变化,就会导致货币市场的趋势发生突破。自两德统一以来德国的经济增长速度最快,即便如此,德国也不能够平息那些边缘州产生的负面情绪。风险厌恶程度极大增加,能够为加强美元的地位创造有利条件,美元被视为欧元的抗衡货币(参见图4-3)。欧盟货币疲软,在东欧货币的汇率中得到反映,即匈牙利福林、捷克克朗以及更重要的波兰兹罗提。全球金融危机结束之后大约一年,兹罗提设法返回到一个长期升值的趋势,尽管这个趋势有可能被欧洲其中一个国家的破产风险所抵消。

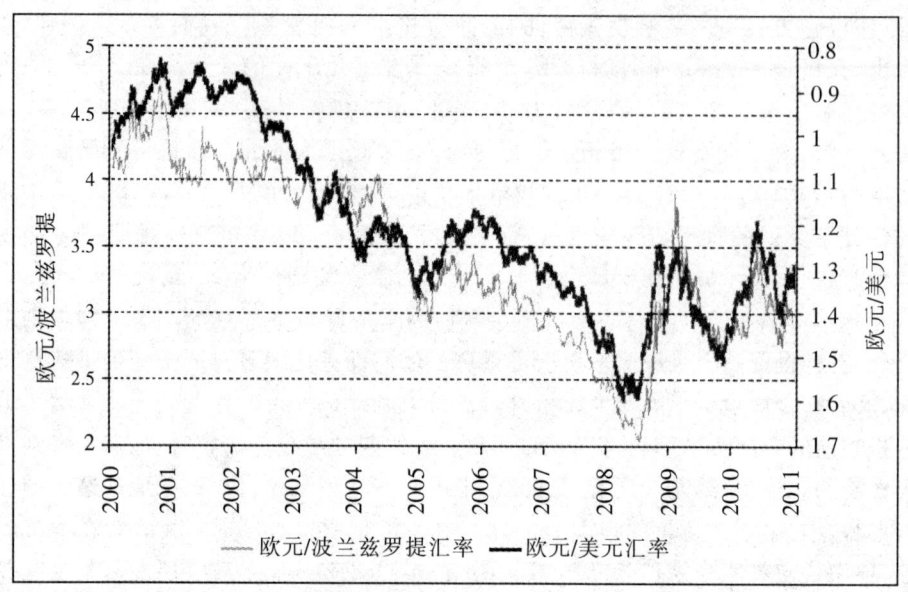

来源:2011年1月27日汤森路透数据。

图4-3 美元/波兰兹罗提和欧元/美元汇率(2000年1月—2011年1月)

波兰铜业集团经营结果对宏观经济条件的高敏感性

铜价和汇率的重要变化如何影响公司,这一点从对公司的财务结果的敏感度分析可以显示出来。平均年度铜价发生100美元/吨的变化,可以改变的财务结果大约1.7亿波兰兹罗提;而美元/波兰兹罗提汇率发生0.05波兰兹罗提的变化,可以改变的金融结果大约1.2亿波兰兹罗提。2008年下半年,铜的价格从超过8900美元/吨下跌至大约2700美元/吨,而美元/波兰兹罗提汇率从稍多于2.00上升至超过3.85。如果没有对冲此类变化的合适政策,那么标的工具的价格变化就可能导致公司进行痛苦的重组,这意味着造成众多消极的社会后果、投资限制以及相较于地方预算更少的税收等。

投资规划

考虑市场风险管理,还应当放在公司投资规划的背景中。如果公司规划把大笔资本用于未来投资,缺乏对冲市场风险的活动,可能导致公司无法执行这些项目。一个合理的解答是在高价格水平对冲未来投资回报。以这种方式可以减少价格下跌的风险以及由此引发的消极情景。决策者从一开始就知道商品的价格,因此他们能够带有高度的确定性去估算总项目收入。如果没有超出已规划的成本,他们就有可能实现积极的回报率。

赢利和亏损背景中的对冲

市场风险管理的组成成分是关于几年之内将会发生什么的战略思考,可以帮助抵御短期利润的诱惑。无论如何,它绝不是一种专门谋取利润的投机活动。对冲的目标是实现、维持一个可接受的风险暴露水平,该水平每一次都是由管理委员会具体确定。一家矿业公司如果规划了未来几年或几十年的金属生产方案,却没有使用对冲,那么它就会把整个当前和未来生产活动都暴露给价格波动。对冲使得我们能够减少这种巨大的暴露。

因此,我们评估价格/汇率风险对冲,不应当置于积极或消极的背景中,因为这不是它的目标。

市场条件对波兰铜业集团估值的影响

在着手对波兰铜业集团的价值进行分析之前,我们先呈现该公司的复杂结构。公司的核心活动是专注于铜生产。除了主营业务以外,波兰铜业集团还持有波尔康泰尔(移动电话公司),涛龙(电力公司),英特法利(酒店、疗养中心),卢宾市扎戈万别(足球俱乐部)等公司的股份。我们可以从图 4-4 中看出,虽然波兰铜业集团的股价很清晰地跟随铜价移动,但是该公司的市场资本化并非完全取决于世界市场中的铜价。因此,对波兰铜业集团的股票进行估值存在诸多难题。

传统的公司估值方法,例如贴现现金流分析或比较法,并非总是可靠。铜价的波动性非常高,相当于该集团收入的 80%,这就导致各个分析师得出的估值结果差别很大。当我们采取新的估值方法(例如实物期权)时,也会出现一个重大问题。由于托伦公司或波兰电信公司的利润具有反周期性的性质,实物期权估值法就涉及一些复杂因素。

波兰铜业集团在一个价格波动性很高的环境中运行。核心产品的价格暴露于波动性如此之高的环境,这样的生产商并不多见。波兰铜业集团的稳定性主要是由长远的对冲政策加以保证。保护公司防范消极的价格变化,这种做法帮助它实现每一年的预算目标并稳定现金流,使得决策者能够改善管理和投资活

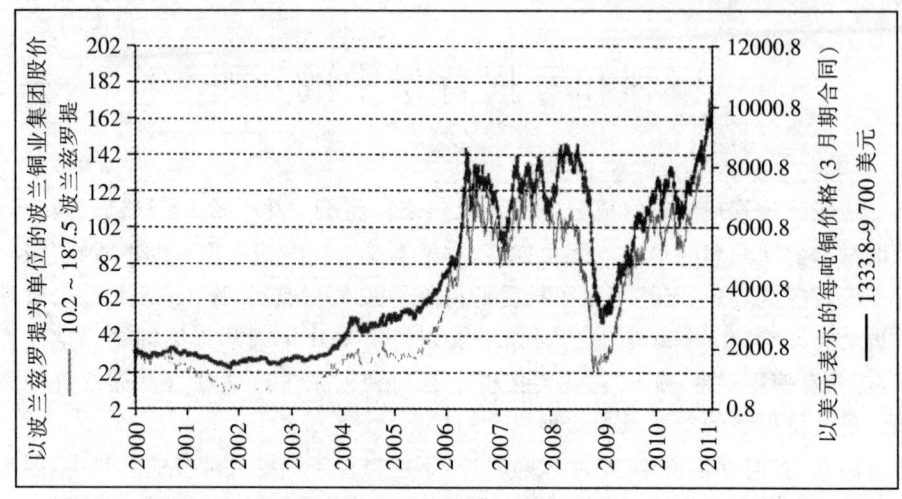

来源：2011年1月27日汤森路透"EcoWin Pro"数据库。

图4－4　波兰铜业集团的股价和铜价(2000年1月—2011年1月)

动。再者，波兰铜业集团在一个稳定的宏观经济和政治环境中运作。在采矿业，项目估值在很大程度上取决于开展生产活动的地点。通常，我们将其分为3～5个地区：

- 政治风险低——健全的司法，例如欧元区、美国；
- 政治风险中——原共产主义国家、新兴经济体，例如中国；
- 政治风险高——第三世界国家，不稳定的政府，例如赞比亚、委内瑞拉。

波兰被视为一个可靠的伙伴，这意味着风险溢价相对较低[麦克马洪(McMahon F.)、塞万提斯(Cervantes M.)，2010]。波兰铜业集团的估值只在很小程度上取决于国内因素。

鉴于对铜的需求日益增加，很多公司都在寻找新的投资和资源基础开发机会。多年以来，人们观察到一个令人震惊的趋势，即矿石中的铜含量正在减少。与先前几十年开展的项目相比，近年来开展的新项目涵盖的铜含量要小得多，这就增加了开采和加工原材料的成本。在世界范围，矿石中铜含量徘徊在0.7%～0.8%之间；而在波兰铜业集团，铜含量可达1.6%～2.4%，视开采的位置而定。波兰铜业集团勘探的矿藏是世界上最大的矿藏之一，约占全球铜资源的2.8%，这一点也非常重要。下西里西亚(Lower Silesia)地区的铜矿平均寿命超过30年，原因即在于此。

❖ **波兰铜业集团股票的贴现**

波兰铜业集团股票每股的价格为 171 波兰兹罗提,与该行业中其他公司相比,波兰铜业集团具有的基于比率的估值结果糟糕得多。市盈率为 10 倍,而企业价值倍数处于 5.5 倍的水平(参见表 4-1)。这个结果仅相当于该行业平均水平的 31.67%,尽管公司的股权回报率(ROE,译注:全称 Return on Equity)和资产回报率(ROA,译注:全称 Return on Asset)高于平均水平。2010 年第三季度之后,波兰铜业集团感到自豪的是,在该行业中净资产回报率指数为最高之一,达到 34.6%,而该行业平均值为 17%。

表 4-1 截至 2011 年 1 月 27 日的乘数法比率

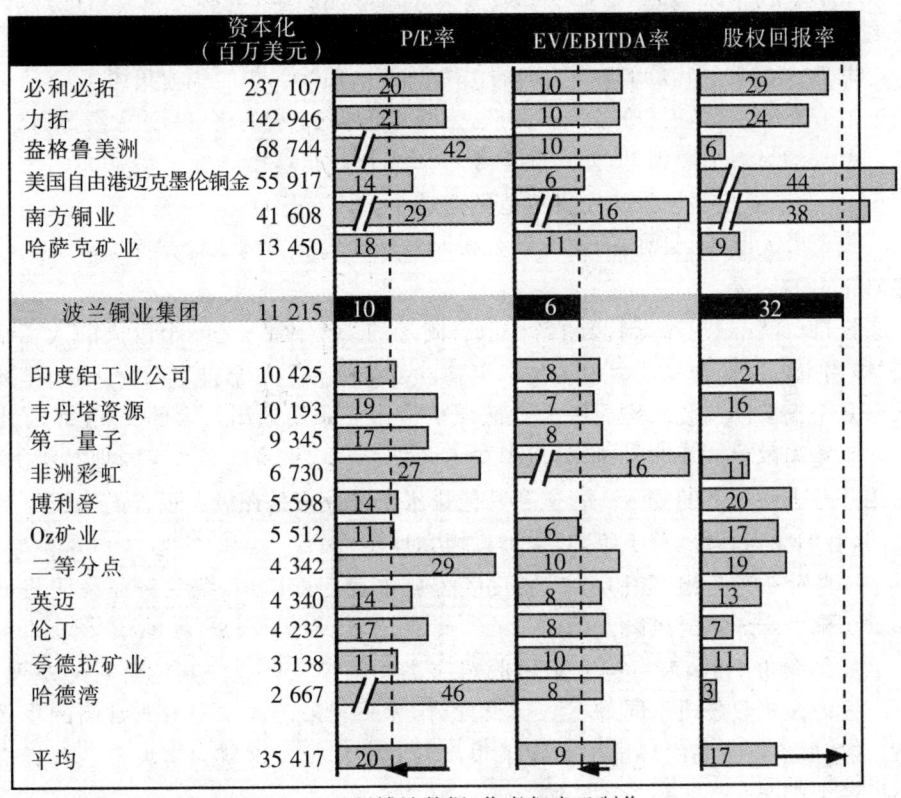

	资本化(百万美元)	P/E率	EV/EBITDA率	股权回报率
必和必拓	237 107	20	10	29
力拓	142 946	21	10	24
益格鲁美洲	68 744	42	10	6
美国自由港迈克墨伦铜金	55 917	14	6	44
南方铜业	41 608	29	16	38
哈萨克矿业	13 450	18	11	9
波兰铜业集团	**11 215**	**10**	**6**	**32**
印度铝工业公司	10 425	11	8	21
韦丹塔资源	10 193	19	7	16
第一量子	9 345	17	8	11
非洲彩虹	6 730	27	16	11
博利登	5 598	14		20
Oz矿业	5 512	11	6	17
二等分点	4 342	29	10	19
英迈	4 340	14	8	13
伦丁	4 232	17	8	7
夸德拉矿业	3 138	11	10	11
哈德湾	2 667	46	8	3
平均	35 417	20	9	17

来源:截至 2011 年 1 月 27 日彭博社数据,作者们自己制作。

这个贴现具有很多原因,其中最重要的有以下几点:
- (在波兰)没有有机的增长机会。

- 生产成本高(第90个百分位数),处于成本曲线末端(参见图4—2)。
- 被视为一家国有公司;2011年2月,波兰国资部持有波兰铜业集团股份的32%。
- 采矿条件艰难(800～1 200米的巨大深度)。
- 铁桥[泽拉兹尼摩斯特(Żelazny Most)](浮选废石堆)。
- 银业板块的作用被低估:波兰铜业集团每年生产超过1 200吨银(2010年世界第二位)。
- 工会处于强势地位(在公司中活跃着15家工会和48个工会组织)。

没有必不可少的增长机会,这是被最频繁引用的用于贴现的原因之一。充满悖论的是,在过去十年中,因为波兰铜业集团在波兰的存款极其丰厚,所以该公司在最大矿铜生产商中的排名一直有规律地下降,如图4—5所示。公司的成长和外向扩张常常被各种因素困扰:管理委员会频繁变化、效率低下、可用劳动力有限,露天开采缺乏经验,等等。

贴现的原因还有,员工加入工会的比率很高。2010年,波兰铜业集团1.85万名员工中1.5万人都是工会的会员。因此,公司人员加入工会的比率高达大约80%。

贴现的另一个原因是,公司缺乏生产多样化。与这个行业中最强大的公司相比,波兰铜业集团开采的原材料范围比较小。

投资者尤其感兴趣的问题涉及公司对自然环境的影响或旨在保护环境的法律修正案的后果。

铁桥(泽拉兹尼摩斯特)的名称取自附近的一个村庄,是一个巨大的人工水箱,被用来贮存铜开采过程中的技术废物。公司设计了一个排水系统,用来排放来自几个铜矿浮选废水堆周围大片区域的废水。水箱的周长大约15千米。由于在水箱周围建造新的台地,其范围在不断扩大。排水系统必须不断地被扩大、耐用并抗击地下水的侵蚀。管道和其他排水系统设施是在极为艰难的环境下铺设的,它们应当轻便,易于组装,抗击碰撞和地压。

一些分析师指出,2013年二氧化碳排放收费上涨以后,波兰铜业集团将面临增加铜生产成本的风险。

如果铜价上升,波兰铜业集团股票应当收窄涉及产业内其他公司的贴现。与产业内大多数公司不同,波兰铜业集团作为一家采矿成本相对非常高的生产商,在金属价格很高的环境中实现了很高的利润增长。这就为更大金融杠杆提供了一个机会。

为了增加公司的价值,该公司采取了各种不同的首创措施,旨在限制成本并维持赢利性成长。波兰铜业集团面临的关键挑战是,改变在有色金属市场上该公司股票的估值与其他竞争者之间的差异。

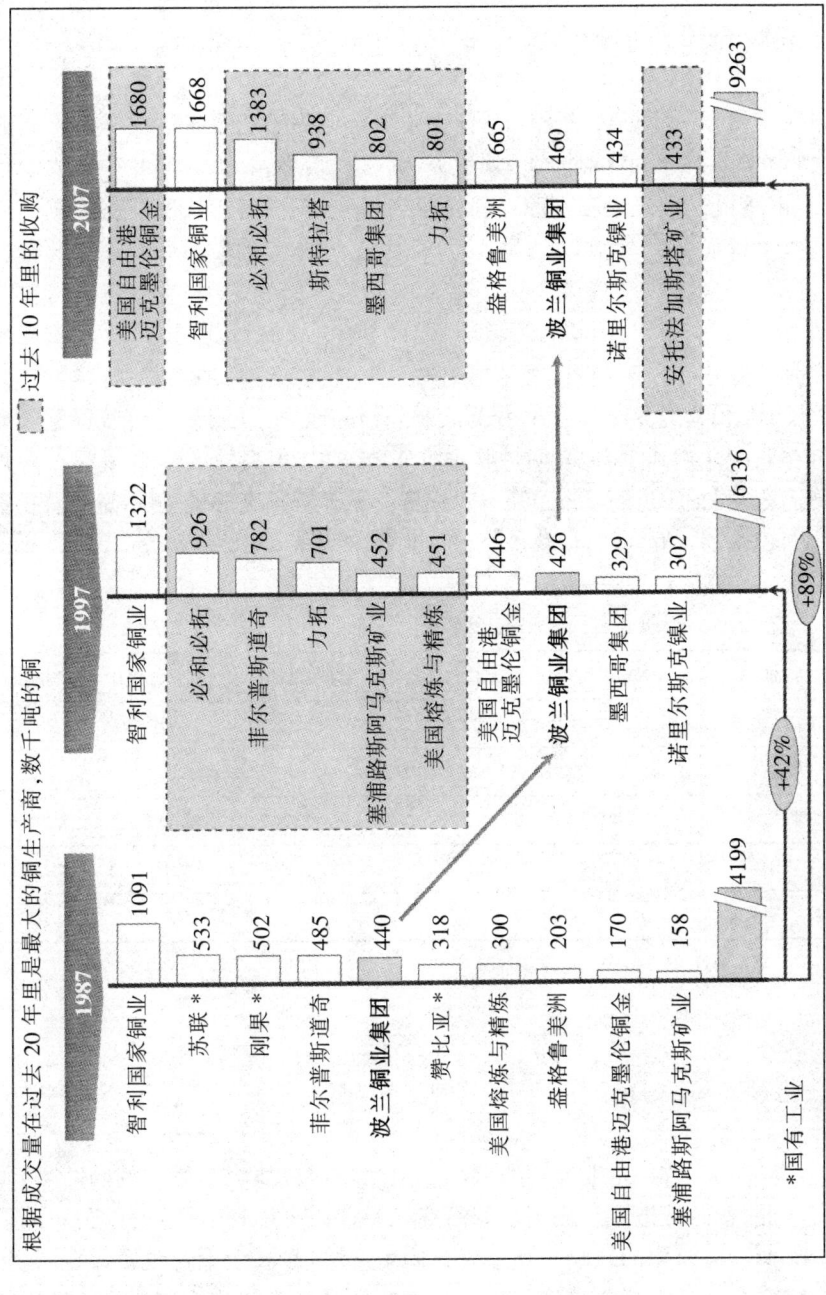

图 4-5 1987—2007 年间波兰铜业集团日渐恶化的地位

来源：波兰铜业集团的战略，2009 年 2 月。

❖ 公司中创造价值的方式

限制估值差异的主要方式之一是旨在减少产业中平均水平的成本,即,从成本曲线的第 90 个百分位数移动至第 79 个百分位数左右。因为深井采矿成本很高,如果不拓宽视野把眼光瞄准原材料供给来源多样化,就无法实现这一点。一个例子是波兰铜业集团实施的加拿大阿富通-阿贾克斯(Afton-Ajax)投资项目,该项目的平均 C1 现金成本为大约 2 200 美元/吨。至于波兰铜业集团在波兰的活动,开采成本为约 3 500 美元/吨。其中一个战略设想是,通过以较低成本投资于前景看好的采矿项目,每年把铜的开采量增加至大约 70 万吨。

为了减少估值差异,维持该公司作为股利公司的地位也很重要。在商品繁荣期间,平均年铜价变化达到 10%,表明每股收益(EPS)具有很高的敏感性,这是鼓励投资者投资于该公司最重要的因素之一。对铜价变化具有很高的敏感性,意味着投资者在铜价方面比在其他公司方面获得的利润更多(参见表 4-2)。

表 4-2 每股收益(EPS)对 10% 的铜价变化和相关系数的敏感性

公司名称	10%铜价变幅中 EPS 的变化	股价和铜价每日变化的相关系数
诺里尔斯克镍业	0.1%	41%
哈萨克矿业	8.4%	58%
安托法加斯塔矿业	16.5%	57%
第一量子	16.9%	60%
波兰铜业集团	26.4%	66%

来源:2010 年 9 月 29 日高盛公司报告。

结 论

在很大程度上,波兰铜业集团股票的估值是伦敦金属交易所铜价的结果,因为生产成本很高,而且把生产成本转嫁给终端受体的可能性有限,所以公司采取各种措施减少价格变化的风险。从管理方的角度看,在波兰铜业集团,对冲是积极保护公司防范波动性价格环境的工具。对冲价格风险的政策在公司已经连续实施了多年,确保来自核心活动的现金流的稳定性。2008 年第四季度,铜市场上突然出现价格暴跌,但是,即便在全球金融危机中,公司仍然设法实现利润

29.2亿波兰兹罗提(参见图4-6)。在这些价格条件中,来自该行业的很多公司都被迫寻找大量的储蓄甚或出售资产,包括权利和存款。当商品市场行情再次开始走高,多亏使用灵活的对冲战略,波兰铜业集团赶上了市场上升趋势。2010年的净利润显示出增加超过75%,达到45.7亿波兰兹罗提,而平均年铜价上升不到46%。根据波兰铜业集团管理委员会的预测,2011年,利润增长至111.9亿波兰兹罗提;与之相比,2009年整个银行业的利润为87亿波兰兹罗提,而2010年为116.7亿波兰兹罗提。

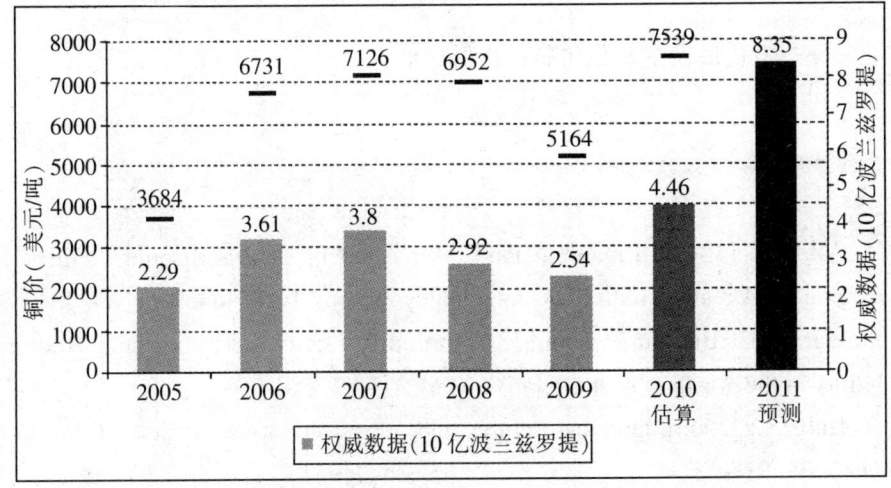

来源:波兰铜业集团公司,作者自己的计算。

图4-6 波兰铜业集团的权威数据与伦敦金属交易所的平均年铜价

波兰境内缺乏适量的铜矿藏,限制了该公司的成长机会,从而有规律地降低了公司在国际生产商中的排名。深井开采技术意味着成本极为高昂,导致公司需要使用对冲政策。股东们意识到了成长的局限性,把公司的价值估算得比其竞争者低出很多,尽管公司赢利能力很强。

为了改变波兰铜业集团的股价贴现,该公司应当降低开采原材料的平均成本,例如增加公司参与低成本采矿项目的活动。如果公司继续只根据其目前勘探的深井矿从事活动,那么就限制了降低贴现的可能性。涉足外国投资项目,这种做法可以给公司提供机会,在产量与市盈率或企业价值倍数两方面,缩小与产业内其他强大公司的差距。公司管理委员会一个永恒的优先点应当是降低成本,因为只有持久降低成本,才能使波兰铜业集团建立竞争优势。

自测题

1. 公司为何以及如何对冲未来现金流？
2. 为什么波兰铜业集团不能把高生产成本转嫁给终端受体？
3. 为什么波兰铜业集团在国际矿铜生产商中的排名有规律地下降？
4. 与行业内其他同类公司相比，波兰铜业集团估值中贴现的主要原因是什么？
5. 缺乏有机增长机会如何导致估值较低？

延伸阅读

1. Allen S. [2003], Financial Risk Management: A Practitioner's Guide to Managing Market and Credit Risk, John Wiley & Sons, Inc., Hoboken, New Jersey.

2. Garner C. Brittain P. [2009], Commodity Options: Trading and Hedging Volatility in the World's Most Lucrative Market, FT Press.

3. Hull J.C. [2006], Options, Futures and other Derivatives, Pearson Education, Upper Sadle River.

4. Reilly F.K., Brown K.C. [2011], Investment Analysis and Portfolio Management, 10th edition, South-Western College Pub.

第五章　原油市场变化对公司估值的影响：埃克森美孚公司实例

商品和服务的价格要么是对过去事件描述的历史数据，要么是对未来可能事件的预期。一个过去价格的信息传达的知识是，一项或几项人际交往活动根据这个比率受到影响。它没有直接传达任何关于未来价格的知识……关于过去价格的知识是这种经验的一部分，同时，它又是理解未来的起始点。

——路德维格·封·米瑟斯（Ludvig von Mises）

本章概要

▶以埃克森美孚公司为例说明宏观经济因素对财务业绩和公司价值的影响

▶原油价格的统计学特征

▶原油价格和埃克森美孚公司经营利润的预测

原油市场变化对财务业绩和石化公司市场估值的影响

2008—2009年发生的原油价格波动改变了石化项目和公司的所有估值参数,从收入、经营利润、现金流、资产价值、债务和股权以及所有绩效比率,到融资结构和融资成本以及无风险收益率和风险溢价。基本的估值问题可以归结为回答下面这个问题:我们处于波动性阶段或周期的哪个位置,要在那里停留多久。

不确定性、波动性和风险是经济的固有特征,它们是所有从事经济活动的参与者都必须面对的。在市场动荡的形势中,所有这些特征都具有一种动态,这使得我们不可能使用某种可靠的方法去评价某个投资项目,因为它需要我们对未来现金流的当前价值进行估算。这个困难同时也是一种危险,它涉及的是,关于未来价格、成本和利益以及利息(贴现)率①,我们如何给它们的不确定性引发的结果做出一个正确估值,根据弗里德曼的假说[弗里德曼(Friedman M.),1976],正是这一点构成估值问题的实质,因为它阻止企业家投资并导致经济衰退。

不确定性、波动性和风险是影响企业价值的关键因素,尤其是在原油价格上,这些特征是石油市场特有的。但是,在商品企业尤其是石化企业,这些企业的价值在很大程度上取决于原油市场条件。因此,在哪怕成熟、强势的石化公司的利润和现金流中,原油价格的波动性都得到反映。稳健的管理、适当的战略和商业选择,这些只能在很小范围内限制各种结果的流动性,它们主要取决于原油市场价格,因为该市场行为非常复杂,无法预测。对这些企业进行估值,我们不能依据前一年的绩效情况或者使用简单的外推法,尤其是,如果原油价格与公司价值评估之间的因果关系还没有得到厘清。[达摩达兰,2009]

一家石化公司销售开采的原油和天然气以及从开采物品的加工中得到的产品,由此获得收入。收入的数量取决于产品的成交量和价格(通常是由市场决定),它们构成一般经济条件的衍生工具。在经济增长时期需求有所增加,因而价格上升;在经济衰退时期需求和价格都比较低,并可能继续下跌。此外,需求增加并非总是伴随着原油生产会相应增加,这就加剧了价格上升的压力。与来

---

① 纽厄尔(Newell)和皮泽(Pizer)声称,在长期的基础设施项目尤其是关涉环境的项目中,利率具有偶然发生变化的不确定性,无视这一点,可能导致把贴现率高估两倍以上,由此低估预期的利益。

自其他经济行业的公司相比,更强大、更成熟石化公司对市场条件变化的反应更强烈,它紧紧跟随原油的市场价格而变。在石化行业内部,原油价格对收入的影响可能更强或更弱、更慢或更快(受微观经济因素和公司特征的影响),但是我们能够总是观察到一个连贯的趋势:价格上升伴随的是收入更高,而价格下降带来绩效业绩下降。

石化公司生成的收入的波动性影响利润的波动性。息税前利润的波动性很高,比息税折旧摊销前利润的波动性更高,因为石化公司的特征是,用于维持开采、运输和加工等基础设施必需的固定成本占有的份额很高,这些固定成本在经济衰退期间不可能轻易取消,在市场形势改善时不可能重新置办,而其他行业的公司可以做到这一点。息税折旧摊销前利润中贬值股票的波动性下降至低于息税前利润的波动性。净利润波动性比经营利润波动性更低,这一事实表明投资(通常是外部来源的投资)对市场形势具有适应性:在经济放缓和原油价格较低的条件下,各家公司投资于勘探、开采和加工的积极性较低,导致它们的金融成本下降,净利润下降更慢。然而,这并不是定规,因为投资执行期可能比经济放缓期更长,而各家公司可以应用各种各样的融资与投资战略。

经营利润的波动性导致现金流的波动性,而现金流是对公司价值进行估算的基础;它可能额外地取决于(通过年增长率和终值)一家企业可以直接或间接支配的非再生(固定)的原油和天然气矿藏规模的评估。石化公司绩效波动性在更大程度上取决于宏观经济因素,尤其取决于原油价格预测,而较少取决于公司的内部因素。在波动性周期的基准年对现金流进行错误地配置,就会导致对公司价值的低估或高估。绩效波动性是主要的原因。

2003—2009年,原油市场上发生的各种变化对石化公司财务业绩和市场估值造成什么影响,我们根据每年"福布斯全球2000"对世界最大上市公司的排名予以呈现。排行榜中各家公司的位置是它们在最大公司清单中位置的加权平均(等权),而这些最大公司的评估根据是它们的收入、净利润、资产和市场价值。表5-1包含世界十大石化公司的年收入、净利润、资产和市场价值的汇总。该表显示的是,根据按年度计的WTI[①]原油价格以及排行榜中的第一名和描绘市场变化动态的因素。

[①] 为了便于分析,我们采用库欣原油的价格,即为纽约商品交易所(NYMEX,the New York Mercantile Exchange)准备的OK WTI Spot Price FOB[在俄克拉荷马州库欣市(Cushing)(原油交货和收货的地点)确立的西得克萨斯中质原油(West Texas Intermediate Crude Oil)的现货价格]。

表 5-1 世界十大石化上市公司的财务业绩和市场价值汇总(单位:10亿美元)与2003—2009年福布斯全球2000排行榜第一名公司

	收入	净利润	资产	市场价值	"全球2000"排行榜第一名	原油价格(美元/桶油当量)
2003	1065.2	77.0	946.2	1122.9	埃克森美孚	31.1
2004	1385.5	120.2	1148.2	1551.8	埃克森美孚	41.5
2005	1601.6	166.0	1335.4	1728.3	埃克森美孚	56.6
2006	1762.1	187.1	1550.2	1873.1	埃克森美孚	66.1
2007	1947.4	208.6	1808.2	2599.4	埃克森美孚	72.3
2008	2339.8	212.5	1843.4	1455.2	荷兰皇家壳牌	99.7
2009	1747.3	139.9	2028.4	1734.3	埃克森美孚	62.0
2003—2008 变化	119.7%	176.1%	94.8%	29.6%		220.7%
2003—2009 变化	64.0%	81.7%	114.4%	54.5%		99.3%
2008—2009 变化	−25.3%	−34.2%	10.0%	19.2%		−37.8%
2003—2007 复合年增长率	16.3%	28.3%	17.6%	23.4%		23.5%
2003—2008 复合年增长率	17.0%	22.5%	14.3%	5.3%		26.2%
2003—2009 复合年增长率	8.6%	10.5%	13.6%	7.5%		12.2%
平均	1692.7	158.7	1522.9	1723.6		61.3
标准差	405.7	49.6	397.6	456.8		22.1
波动性因子	24.0%	31.2%	26.1%	26.5%		36.1%
峰度	0.515	−0.603	−1.404	2.373		0.744

来源:作者自己的研究,根据 www.Forbes.com "全球2000"排行榜;原油价格根据美国能源信息署(EIA)。

在我们描述的时期,原油的价格持续上涨至2008年中期,尽管在2008年后半期油价下跌,但是按年度计的价格仍然比上一年更高,并且是这一时期所有年份中最高的。与价格相似,十大石化公司的总绩效保持增长并于2008年达到最大值。然而,在2008年底这些公司的总市场价值比2007年底低44%,因为它反映了2008年12月人们对处于危机中经济的消极观点以及悲观投资者的态度,当时,原油价格达到创纪录的低点为大约32美元/桶油当量(boe)(与最大值相比下跌78%)。2008年以前,按年度计算,原油的价格已经上涨26%;净利润增长稍微缓慢(23%),而收入和资产增长更慢(分别为17%和14%),市场价值增长最慢(5%)。

然而,到2007年为止,市场价值的增长率(23%)堪比原油价格的增长率(24%),但是公司利润的增长率(28%)最快。平均资产增长率和收入增长率很高,却稍低于原油价格增长率(分别为18%和16%)。令我们感兴趣的还有,尽管原油价格大幅下跌,但是公司资产持续增长,这意味着投资不断增加(这一结论并非完全合理,因为十大公司的清单随时间变化而变化)。

原油价格变化对十大石化公司生成的净利润变化具有重大的影响。原油价格变化对整个市场估值造成了类似的影响:与市场估值相比,按年度计的原油价格被延后,而市场估值在更大程度上与当前价格相关,并反映证券交易投资者的行为和预期。

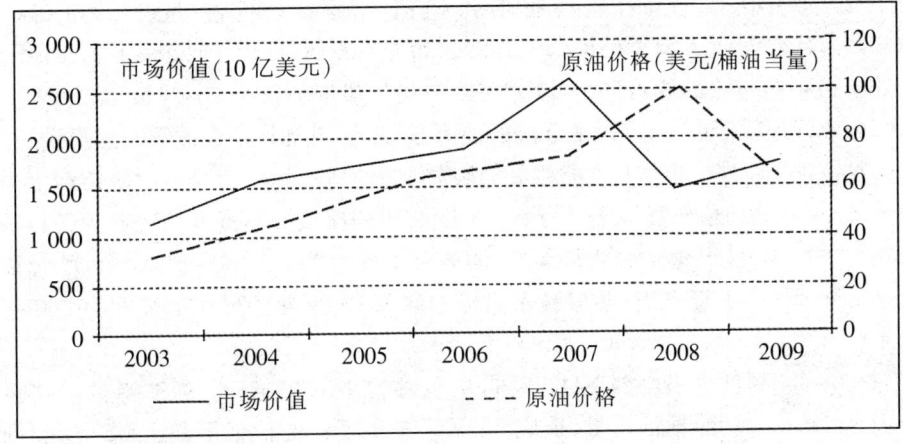

来源:作者自己的研究。

图5-1 世界十大石化上市公司的总市场价值与2003—2009年年度原油价格的变化

2003—2009年,美国埃克森美孚公司(Exxon Mobil)在全球石化公司排行榜摘取第一名多达六次,只有在2008年,它让位于荷兰皇家壳牌(Royal Dutch Shell)。这一时期的特征还有排名清单存在动态变化:中国石油因2003年业绩从第九位上升至第四位,俄罗斯天然气公司(Gazprom)从第十位上升至第五位,巴西国家石油公司(Petrobras-PetróleoBrasil)从第十三位上升至第六位。这三家公司的特征是具有迄今最高的成长动力和潜力,原因是它们拥有大量的碳氢化合物矿藏。这些企业的进一步发展取决于他们能否获取资本、改进管理质量以及获取技术和诀窍等,尽管如此,这些情况非常可能得以实现,更有甚者,这些企业得到它们政府的强有力支持。

以埃克森美孚公司为例说明宏观经济因素对财务业绩和公司价值的影响

宏观经济条件尤其是原油价格的变化对金融结果的波动与石化公司的价值产生什么影响,这一点我们可以从埃克森美孚公司的实例中看出来。该公司是实力最雄厚、最成熟、垂直一体化的公司,每年的财务业绩和公司价值(资本化和债务之和)的变化是因为原油价格等发生变化,如表5-2的描述。

2000—2008年(价格上升至最极大值的时期),年度原油价格增长了228%(每年16.0%),与之相伴的是,息税前利润涨势强劲——186%(每年14.0%),经营现金流(OCF, operating cash flow)增长较慢——160%(每年12.7%),净利润155%(每年12.4%),息税折旧摊销前利润增长更慢——152%(每年12.2%),年经营收入增长最慢——102%(每年9.2%)。由于2008年底原油价格处于多年期间的最低水平,所以公司的市场价值增加仅为30%(每年3.3%)。

企业管理质量很高,生成现金流的能力很强,使用自有基金进行金融投资,这些因素导致经营现金流增长非常强劲,比净利润的增长和经营收入的增长都更为强劲(2009年底的债务资本比率为0.08,2009年的净债务与资本的比率为-1%;2004—2008年,由于现金水平非常高,债务资本比率为-24%~-20%),尽管该企业实行了提高工资支出、增加股东回报的政策(2009年给股东的分配为260亿美元)。

2008年,原油价格剧烈下跌78%,从7月的147.27美元/桶油当量下跌至12月的32.40美元/桶油当量,造成2009年按年度计的价格下跌至62美元/桶油当量,下跌38%,结果造成收入相应地剧烈下跌34%,息税前利润、息税折旧摊销前利润和经营现金流剧烈下跌,下跌50%~60%(跌幅与价格跌幅相似)。

2008年7月以前原油价格持续增长,2008年下半年油价快速下跌,而2009年油价又恢复增长,把这些因素纳入考虑,放在一个较长时间范围来看,各种变化算不上那么剧烈。价格增长为104%(按年度计为8.2%),与之相伴的是收入增长最快即增长33%(每年3.2%),经营现金流增长较慢——24%(每年2.4%),息税前利润增长更慢——22%(每年2.3%),净利润增长9%(每年0.9%),而公司价值增长仅为5.5%(每年0.6%)。在这整个时期,息税折旧摊销前利润率很高,保持在11%~19%。然而,尽管2009年原油价格返回上行趋势,但是年底该公司价值仍然比前一年更低,2008年油价达到多年来的最低值,仅比9年前稍微高出一些(即高出5.5%)。公司市场价值如此之低,我们可以主要解释为,美国陷入很深的经济危机,由此引发投资者的态度非常悲观。

表 5-2 2000—2009 年间埃克森美孚公司按年度计的 WTI 原油价格以及收入、利润、经营现金流和公司价值的变化

	原油价格（美元/桶油当量）	埃克森美孚公司的金融数据（单位：10 亿美元）							
		收入	EBIT	EBITDA	净利润	经营现金流	资本化	总债务	公司价值	EBITDA率
2000	30.4	227.6	23.2	31.2	17.7	22.9	301.3	13.4	314.8	13.7%
2001	26.0	208.7	20.2	28.0	15.3	22.9	267.6	10.8	278.4	13.4%
2002	26.2	200.9	14.4	22.7	11.5	21.3	234.1	10.7	244.8	11.3%
2003	31.1	237.1	22.5	31.5	21.5	28.5	269.3	9.5	278.8	13.3%
2004	41.5	291.3	35.1	44.9	25.3	40.6	328.1	8.3	336.4	15.4%
2005	56.6	359.0	49.0	59.3	36.1	48.1	344.5	8.0	352.5	16.5%
2006	66.1	365.5	56.9	68.4	39.5	49.3	439.0	8.3	447.3	18.7%
2007	72.3	390.3	57.7	69.9	40.6	52.0	504.2	9.6	513.8	17.9%
2008	99.7	459.6	66.3	78.7	45.2	59.7	398.2	9.4	407.7	17.1%
2009	62.0	301.5	26.2	38.2	19.3	28.4	322.3	9.6	331.9	12.7%
2000—2008 变化	228.1%	101.9%	185.5%	152.0%	155.2%	160.4%	32.2%	-29.9%	29.5%	24.8%
2000—2009 变化	103.9%	32.5%	13.0%	22.2%	8.8%	24.0%	7.0%	-28.5%	5.5%	-7.7%
2008—2009 变化	-37.8%	-34.4%	-60.4%	-51.5%	-57.4%	-52.4%	-19.1%	1.9%	-18.6%	-26.1%
2000—2008 复合年增长率	16.0%	9.2%	14.0%	12.2%	12.4%	12.7%	3.5%	-4.3%	3.3%	2.8%
2000—2009 复合年增长率	8.2%	3.2%	1.4%	2.3%	0.9%	2.4%	0.8%	-3.7%	0.6%	-0.9%
平均	51.2	304.1	37.1	47.3	27.2	37.4	340.9	9.8	350.6	15.0%
标准差	24.4	87.3	18.7	20.2	12.1	14.2	84.0	1.6	83.4	2.5%
波动性因子	47.7%	28.7%	50.3%	42.6%	44.4%	38.0%	24.7%	16.4%	23.8%	16.5%
峰度	-0.059	-0.914	-1.612	-1.573	-1.660	-1.683	0.048	2.332	0.110	-1.323

来源：作者自己的研究、EIA 数据、埃克森美孚。

对这些数据的波动性进行度量,波动性因素的排序是:息税前利润最高(50%),净利润(44%)、息税折旧摊销前利润(43%)和经营现金流(38%)较低,收入(29%)更低,而市场价值(24%)最低。市场价值的正峰度表示分布很窄,比正常分布更为集中,而其他项目的负值表示分布更加平坦。

为了确定埃克森美孚公司财务数据的变化与主要宏观经济因素的变化两者之间的关系,我们使用线性回归和线性相关进行分析。分析使用的模型是:$y_i = ax_i + b$;其中,y_i 是该组财务数据集合的因变量,x_i 是该组宏观金融条件集合的预测变量,而 a 和 b 是线性方程参数。

因变量集合(即财务数据)包含的百分比变化有:基本活动的年经营收入、息税前利润、息税折旧摊销前利润、经营现金流、年终按年度计的股票价格以及公司价值(资本化和债务价值的和)。预测变量集合(即宏观经济因素)包括的百分比变化有:长期利率(10年期美国长期国债)、美国的GDP、通胀率、美元指数(对日元、欧元和英镑)以及 WTI 原油价格。用于分析的数据(因变量值和预测变量值的百分比变化)为期10年,即2000—2009年,具体分析见表5—3。

表5—3 2000—2009年美国宏观经济因素和财务数据、股票价格及埃克森美孚公司价值的年百分比变化

年变化	利率	美国GDP	通胀率	美元指数	原油价格	收入	EBIT	EBITDA	经营现金流	股票价格	公司价值
2001	−0.18%	−0.04%	−2.50%	7.45%	−14.5%	−8.3%	−13.0%	−10.2%	−0.2%	1.1%	−11.6%
2002	−0.97%	2.80%	1.44%	−11.17%	0.8%	−3.7%	−28.9%	−19.2%	−7.1%	−8.7%	−12.0%
2003	0.05%	4.32%	−0.65%	−14.59%	18.7%	18.0%	56.7%	39.2%	34.0%	−4.1%	13.9%
2004	0.13%	3.72%	1.34%	−3.92%	33.6%	22.9%	56.1%	42.3%	42.3%	25.3%	20.7%
2005	0.16%	3.68%	0.66%	3.98%	36.4%	23.2%	39.6%	32.1%	18.7%	28.6%	4.8%
2006	0.30%	3.40%	−1.84%	−2.28%	16.6%	1.8%	16.2%	15.4%	2.4%	12.2%	26.9%
2007	−0.65%	2.93%	2.19%	−11.30%	9.5%	6.8%	1.3%	2.3%	5.5%	27.3%	14.9%
2008	−1.44%	−1.18%	−4.26%	10.88%	37.8%	17.7%	15.0%	12.5%	14.9%	−0.7%	−20.7%
2009	1.29%	−2.42%	2.80%	−8.01%	−37.8%	−34.4%	−60.4%	−51.5%	−52.4%	−13.8%	−18.6%

来源:作者自己的研究,埃克森美孚数据,宏观经济数据根据圣路易斯联邦储备银行(St. Louis Fed Reserve)。

分析宏观经济因素的变化与埃克森美孚公司财务数据的变化之间的关联(见表5—4),我们可以得出有意思的结论。有些内容与预测相一致,而另外一些则有点出乎意料。

1. 收入、息税前利润、息税折旧摊销前利润和经营现金流(彼此之间)的变化以及与原油价格的变化之间存在很强的正相关(0.9~1.0)。

表 5—4　2000—2009 年美国宏观经济因素和财务数据、股票价格及埃克森美孚公司价值相关矩阵

变化	收入	EBIT	EBITDA	经营现金流	股票价格	市场价值	利率	美国GDP	通胀率	美元指数	原油价格
收入	1.00										
EBIT	0.92	1.00									
EBITDA	0.94	0.995	1.00								
经营现金流	0.94	0.95	0.96	1.00							
股票价格	0.63	0.58	0.62	0.56	1.00						
市场价值	0.48	0.66	0.67	0.56	0.66	1.00					
利率	−0.46	−0.14	−0.20	−0.38	−0.05	0.22	1.00				
美国GDP	0.66	0.71	0.73	0.70	0.57	0.82	−0.09	1.00			
通胀率	−0.30	−0.26	−0.29	−0.31	0.15	0.16	0.38	0.19	1.00		
美元指数	0.19	0.07	0.10	0.10	0.14	−0.36	−0.35	−0.37	−0.59	1.00	
原油价格	0.96	0.852	0.884	0.855	0.60	0.44	−0.55	0.51	−0.23	0.42	1.00

来源：作者自己的研究。

2. 美国的 GDP 的变化与息税前利润(0.71)、息税折旧摊销前利润(0.73)、经营现金流(0.70)和公司价值(0.82)的变化之间存在强的正相关,而值得注意的是,收入(0.66)和股票价格(0.57)的变化程度稍小。

3. 原油价格变化除了与收入、息税前利润、息税折旧摊销前利润和经营现金流的变化存在很强的正相关之外,还与股票价格变化(0.60)、公司价值(0.44)(其关联度可能令人惊讶)以及 GDP(0.51)和美元指数(0.42)的变化存在中等程度的正相关。原油价格变化与长期利率(−0.55)的变化存在中等程度的负相关,与通胀率变化(−0.23)存在弱的负相关。

4. 长期利率的变化与收入(−0.46)的变化存在中等程度的负相关,与经营现金流(−0.38)的变化以及与息税折旧摊销前利润(−0.20)存在弱的负相关,而与公司价值的变化存在弱的正相关(0.22)。

5. 通胀的变化与财务数据的变化之间存在弱的负相关(0.26～0.31)。从统计学意义上而言,通胀变化与股票价格变化和公司价值变化不存在相关(<0.2)。

6. 至于美元指数,我们观察不到它与财务数据变化存在相关(<0.2),它与公司价值的变化存在弱的负相关(−0.36)。

根据预期,财务数据的变化的特征是,它们与原油价格变化和GDP变化存在很强的正相关,与长期利率的变化存在中等程度的负相关,其原因是,以较少金融成本进行投资和投资贷款需求(在整个经济中)增加,导致收入、利润和经营现金流增加。公司价值的变化与GDP之间存在强的正相关,其原因在于,在一个稳定的经济时期(根据积极的GDP变化),人们对原油的需求增加,把原油用作一种能源和化学商品以及用作石化产品;原因还在于,投资者的行为得当,他们认为,在经济处于加速的环境中,石化公司是经济增长的主要受益者。

公司价值的变化与长期利率的变化之间存在弱的相关,其原因在于,埃克森美孚公司的杠杆很低(债务与资本化的比率在1.9%~4.4%之间振荡)。

一个重要(尽管是预料之中)的结论是:原油价格的变化与美国的GDP的变化之间存在中等程度的正相关(0.51),与美元指数的变化存在稍弱的正相关(0.42)。

根据以上分析,对该公司的财务数据而言,美元指数是中性的。对2000—2009整个时期而言,它是一个低的负相关(<0.2),但是在2008年金融市场动荡之前,它同样很低却为负值。这种相关性的缺乏在统计学意义上相当惊人,因为直觉会使我们预期在这方面应当存在更强的负相关。

理论上,美元汇率下跌意味着,对生产商而言收入更少,而对消费者而言原油价格更便宜,由此导致供给减少、需求增加,进而导致原油价格、收入和利润增长。美元汇率对公司价值而言也是一个严重的风险根源(相关度−0.36):公司价值随增长率下跌。美元汇率下跌是因为美国削减利率;这样通常引发金融市场做出反应,证券交易出现反弹,对公司价值产生积极的影响。

原油价格的变化与−0.23通胀率的变化之间存在负相关,令人惊讶;然而,直到2007年,这个定额为0.4~0.6。这种截然相反变化的原因最有可能在于2008年金融市场的大旋涡。

对财务数据宏观经济变化和埃克森美孚公司价值变化的影响进行分析(见表5−5),我们可以得出,GDP和原油价格这两个因素对公司的利润和价值影响重大并处于同一方向。

美国的GDP每变化1%(敏感度分析总是假设其他因素缺乏波动性),就会造成下列方面发生同样的变化:经营利润变化11.3%、经营现金流变化7.8%以及市场价值变化6.0%。原油价格每变化1%,就会造成下列方面发生同样的变化:经营利润变化1.32%、经营现金流变化0.94%以及市场价值变化0.31%。原油价格对GDP变化的高敏感度也非常有趣并且重要,高达6.07,这意味着

GDP 每增加 1%,就会导致油价增加 6.07%(0.51 相关度)。尤其需要关注的是与价格相比收入变化的斜率值(slope value),它小于 1,为 0.71,意味着价格增加 1%,与之相伴的是收入增加 0.71%,这种情况表明,价格上升销售量就下降。关于原油市场的有趣特征是,价格和需求的收入弹性很低。息税前利润比收入对价格变化的敏感性越大,表明企业的成本效益越高。

表 5-5 埃克森美孚数据对宏观经济条件变化的敏感度(斜率表示 a 回归线、重要性和适应性)

	收入	EBIT	EBITDA	经营现金流	股票价格	市场价值
利率	-10.73	-7.13	-7.65	-12.99	-1.01	4.90
是否为重要参数	否	否	否	否	否	否
相关系数 R^2	0.21	0.02	0.42	0.14	0.27	0.05
GDP	5.01	11.33	9.09	7.76	3.81	6.00
是否为重要参数	是	是	是	是	是	是
相关系数 R^2	0.43	0.50	0.30	0.49	0.21	0.67
通胀	-2.37	-4.38	-3.66	-3.54	1.06	1.19
是否为重要参数	否	否	否	否	否	否
相关系数 R^2	0.09	0.07	0.40	0.09	0.28	0.02
美元指数	0.39	0.31	0.34	0.29	0.25	-0.72
是否为重要参数	否	否	否	否	否	否
相关系数 R^2	0.03	0.00	0.42	0.01	0.29	0.13
原油价格	0.71	1.32	1.07	0.92	0.39	0.31
是否为重要参数	是	是	是	是	是	否
相关系数 R^2	0.93	0.73	0.22	0.73	0.15	0.19

来源:作者自己的研究。

从统计学意义而言,在描述财务数据和企业价值的变化中,只有这两个因素(即 GDP 和原油价格)构成的变量意义重大。

GDP 变化的线性回归模型描述的是,息税前利润和经营现金流的波动性为 50%,而市场价值变化的波动性为 67%。

除了 GDP 变化之外,原油价格变化也对经营利润和市场价值的波动具有重大影响。就公司价值的变化而言,当该变化取得 0.05 的置信水平(confidence level)时,如果说该变量无关紧要,那么我们不可能无视这个假设。另一方面,在经营利润的变化中,我们有可能无视该变量具有无关紧要的性质这个假设。这与理论一致,因为原油价格增长导致经营利润增长(其他条件均相同),而在市场价值方面,这种关系不是直线型的,因为市场价值的变化可能会被公司债务、现金流(尤其是投资)及其他经营成本和收入的变化扭曲。

分析表明,财务数据和市场价值对利率变化具有很高的敏感度。利率每增加 1%,导致收入减少 10.7%、息税前利润减少 7.1%,而市场价值增加 4.9%。然而,应当注意的是,从统计学的观点来看,预测变量的估算参数无关紧要(0.05 概率)。

原油价格的统计学特征

过去 20 年间,按年度计算原油价格的算术平均增长率增长了 8.7%(几何增长率为 5.9%),没有人假设认为,如果世界经济增长变得稳定化,这一明确增长的长期趋势可能发生转向。

原油价格具有的另一个重要特征是,从长期来看,它的波动性在变化,实际上是在增长的。过去 20 年间(见表 5—6),5 年时间段的平均价格增长几乎 4 倍,而标准差增长几乎 6 倍。

表 5—6 1990—2010 年原油现货价格的日波动性特征

时期	平均(1)	标准差(2)	斜率(3)	峰度(4)	波动性系数 (2)/(1)
1990—1995	20.11	3.93	2.27	7.09	20%
1996—2000	21.38	5.93	0.43	−0.43	28%
2001—2005	36.27	12.49	0.87	−0.34	34%
2006—2010	75.17	22.10	1.01	0.87	29%
1990—2010	35.81	24.43	1.70	2.72	68%

来源:作者自己的研究。

原油价格波动性的某些时期与其他资产的波动性类似,例如,20 世纪 90 年代原油价格的波动性较低而且相对稳定,股票市场(标准普尔 500)的形势与此相似,尽管人们已经证实这两个市场之间的相关度很低。

我们能够注意到,在某些时期,伴随价格增长的是波动性的增长、增高,例如从1998年10月至2009年9月这段时期,原油价格(类似于股票价格)持续增长(从11美元/桶油当量至37美元/桶油当量,几乎3.5倍),而日波动也保持在一个很高的水平。我们观察到,2005—2006年波动相对较低,这期间,油价在50~70美元/桶油当量的波段中移动。油价突破了80美元/桶油当量的水平(2008年2月),波动性增加并保持这种趋势直至接下来的小型校正。油价开始继续增长之后,直到超过连续心理门槛,波动性保持增长,直至2008年,油价到达了145美元/桶油当量的最高水平,然后下跌至32美元/桶油当量。直到油价返回到上行移动,波动性才开始降低并变得相对稳定,油价保持在70~80美元/桶油当量的波段,这种现象可以被理解为市场接受了这个价格。

我们应当从政治变化和经济变化的视角来解读原油价格波动性的统计学图景。政治变化包括社会动乱、革命、战争、政权解体等,经济变化包括全球增长、地区和国家的发展(尤其是中国和印度)、新型行业的创立、供求结构的变化。

原油市场一个特别重要的特征是,油价和需求收入弹性较低并持续下降,资源方面有限并且会枯竭,交货方面可能性有限,这些都是引起油价剧烈上升或下跌的原因所在。[波托茨基,2009]

原油价格波动也具有这三个重要特征,即长期价格呈上行趋势、波动性不断变化(历史趋势是增长)以及弹性较低并下降。在预测原油价格和制定金融战略时,应当考虑这些特征。

原油市场两个不稳定维度

对于原油价格的不稳定性,我们应当从一个合理的视角即从时间视角加以分析,并考虑不稳定因素的性质(基本面以及结合期货市场)。

时间视角包含短期、中期和长期视角,它们各自都是对价格波动性施加决定性影响的因素。这里,建立精确的时间段并不重要,更重要的是这类因素的性质及其运行的模式。

短期不稳定性来自于基于反映期货市场预期的价格波动性。这些预期不仅涉及经济过程,而且涉及一系列的领域(包括政治),并与短期重要因素(几天、几周或几个月)相联系,因此,在如此短的时间内,我们无法客观地觉察采矿与消费之间关系的变化。上述的影响非常复杂,难以描述,因为期货市场具有多种功能。基本功能有:交易原油、对冲价格风险、在考虑期货合同结构的时间功能时掌控采矿和交割过程以及发送关于短期资本投资的信息(包括各种投机交易)。

在某些时期(尤其是当心理因素占上风,例如恐惧和恐慌或者贪婪和狂喜),预期对价格的影响的性质可能不稳定,但是,从长远来看,它可以帮助恢复平衡并管理原油交易。预期可能涉及即将来临的政治、货币、社会、经济、地区和全球的变化,导致在金融市场(股票和债券)以及商品市场(贵金属、能源资源及粮食)之间资本流的修正。预期可以被"典型行为模式"(即,对趋势连续性的态度反复无常,例如源于技术分析)塑造,由此增强价格趋势或完全改变其方向。

中期不稳定性通常源自于两类因素的影响:产出、需求和价格的周期适应性以及强大休克的效应。这是适应产出和交付、消费和价格必需的转换而产生的后果。产出与消费之间的变化可以从这个视角加以鉴别和评价。从适应机制衍生出的价格波动具有几个月至几年的一段持续期,因为适应可能采取一个以年为周期的形式,其中蕴含对产出和消费的修正(发起或结束产出或者安装设备,都需要时间)。这些周期有可能被各种休克(社会、政治、经济或货币等性质的休克)打断或扭曲,其价格后果可能影响生产商和消费者的投资决策[卡利波(Calabre),1993]。

2007—2008年出现一次强劲的价格反弹,引起反弹的原因是需求大量增加而全球矿产停滞。而又是因为,采矿的国家低估了需求的增长或者蓄意限制了投资或产量,利用需求价格弹性较低并下降的情况,从而维持很高的价格。①

可能造成中期波动的还有,金融政策发生变化[汉密尔顿(Hamilton),2009](例如:2008年第一季度美国利率剧烈下调,这可能对在有形市场和金融市场中增加投资具有强烈的影响),或者美国在恰当的时间缺乏恰当的全国性反应(放开2008年早期的战略性原油股票,把利率维持在先前的水平,这样可能会帮助防止价格进一步增长)。

以汉密尔顿的观点,理解原油价格短期变化的关键原则是,在决定需求方面发挥作用的关键因素是收入而不是价格。尽管在过去60年里价格波动非常剧烈,但是原油消费紧紧追随着实际GDP增长(美国)。在这一时期发生过好几次适应性休克,尤其是在1970年,消费量下跌20%,而油价上升80%,1980—1982年的三年间发生两次衰退。

从长期来看,引起价格变化的原因是,满足需求方面存在基本的长期问题,而且原油应用的结构发生变化;它们的起因主要是较早时期的价格休克,其结果是限制在消费上的支出(从广义理解)而汽车购买总量下跌,从而影响整个产业分支(例如:汽车、航空及旅游)的经济形势。1990—1991年和2007—2008年,原油价格发生巨大变化,其原因(原油供给无法满足需求)和影响在宏观尺度

---

① 关于欧佩克(OPEC)战略以及生产商对消费者的战略影响的更多内容,参见波托茨基,2009。

(GDP下跌、衰退及失业增加)和微观尺度(破产和适应性行动)方面非常相似;此外,它们还导致未来需求发生永久性的变化。

每一种时间视角都反映出导致价格变化的不同因素的集合,然而,这并不排除它们之间互相影响。短期变化和以年度计的周期与长期趋势相互交叠。这种现象仅仅是统计学上的观察,还是各种视角因素的互相作用,依然没有定论。

原油价格不稳定的另一个方面在于,造成影响的基本因素还可以细分为各种分解因素,包括决定基本价格的供求关系因素(进一步分解,涵盖了趋势因素、非趋势供给因素和非趋势需求因素),还有由于供给不安全而决定红利的各种因素:地理政治风险和已投资资金(期货市场)。各种影响价格的因素的作用体系涵盖经济、金融、地质、技术及政治关系。

原油价格的长期预测

为了对原油价格进行长期预测,我们使用基于长期供求关系的各种复杂模型,它们取决于各种各样的因素:经济(GDP增长、利率、价格和收入需求弹性、产能、失业及通胀)、人口统计、地理政治、法规、工艺和技术因素,以及影响原油产出和消费、最终影响价格水平的消费者和生产者(尤其是欧佩克)的行为特征。长期预测对下列因素非常敏感:做出的假设、使用的方法和模型构建。这类预测并非有效,因为我们不可能对这么长时间范围内的事件进行预测,所以,它们应当被当作可能发生的未来价格波动的指标,而价格波动源自于全球原油市场条件中发生的变化。图5-2呈现的是2010—2035年这段时期的原油价格预测(来源于美国能源信息署相关资料),该预测依据三种未来前景。

基准情景假设,迄今的趋势存在连续性。根据假定的平均全球GDP增长每年2.4%(前几年因为经济衰退所以增长较慢,从2011年开始较快)、平均通胀率(2.2%)、长期利率(5.4%)以及失业率,原油价格将会平均增长2.56%,2035年达到133美元/桶油当量的水平。

高价格情景假设,GDP增长较快(按年度计3.0%),通胀、利率和失业率较低,2035年全球产量下降至7200万桶油当量/天(与2009年相比下降12%),这是由于政治(例如在俄罗斯和哈萨克斯坦)和经济(欧佩克)性质造成的限制性决定。不断增长的需求缺口将由非传统燃料弥补。在这一情景中,平均年价格增长为4.47%。在第三个10年,原油价格将会突破200美元/桶油当量。低价格情景假设,GDP增长率按年度计算为1.8%,走出经济衰退期需要时间较长,与

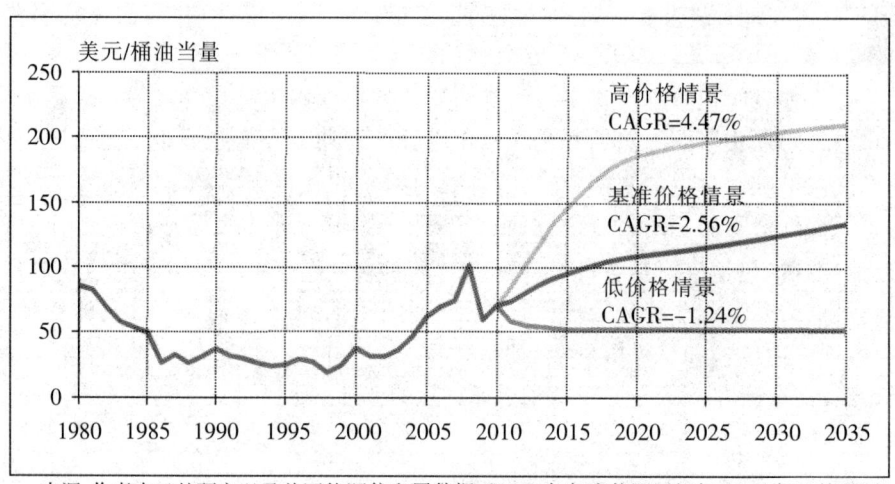

来源:作者自己的研究以及美国能源信息署数据:《2010年年度能源展望与2035年以前预测》。

图5—2　2010—2035年长期原油价格预测

基准情景相比就业率、技术和产量的增长较慢,由此导致通胀率和利率较高,而且资本市场的发展较慢。此外,我们还假设,不属于欧佩克的国家将会发展自己的生产,而欧佩克成员国为了增加市场份额将会增加产量,从目前的42%增加至2035年的50%(即便所有设想都成真,这也是一个非常乐观的情景)。那么,在最初6年间,原油价格将会下降至51～52美元/桶油当量。

原油价格和埃克森美孚公司经营利润的预测建议

不考虑假设的石化公司估值方法,未来的原油价格依然是关键参数。图5—3呈现两个例子,描绘直至2014年的主观价格预测情景:其中一个(标记为H)假设价格以每年7%的速率增长(来自过去20年的历史增长率),而另一个(标记为F)假设平均价格以每年13%增长(期货市场的趋势连续性)。

两种情景都假设原油价格增长(在各自的年份中增长率不同),这似乎可以证实全球经济和原油市场形势(主要是资源和产出能力)缓慢复苏的观点,但是,它也有可能证实其他情景,例如基于概率法的情景(根据指定事件概率出现的离散原油价格情景)。

对于这两种预测的情景,根据对2000—2009年线性回归分析的结果(变量参数$a=0.6889$,常量$b=1.8901$;$R^2=0.8092$),我们可以计算出埃克森美孚公司直至 2014 年的未来经营利润(见表 5-7)。

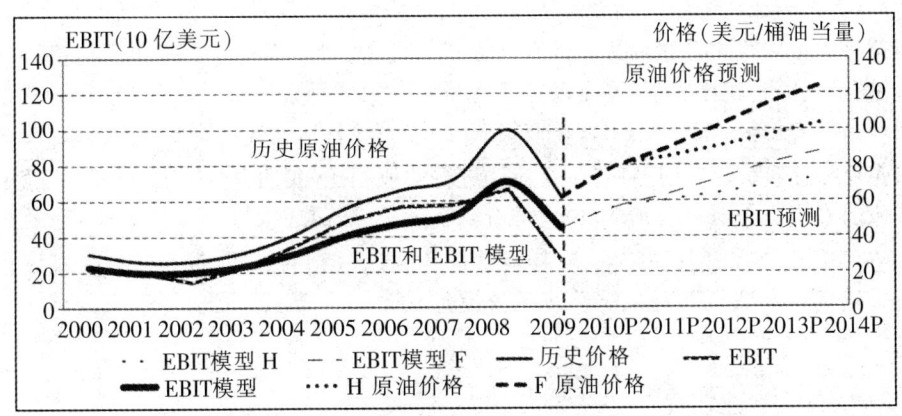

来源:作者自己的研究。

图 5-3 2010—2014 年埃克森美孚在两种情况下原油价格功能的 EBIT 模型趋势和预测

表 5-7 使用线性回归做出的直至 2014 年埃克森美孚原油价格(美元/桶油当量)和 EBIT(10 亿美元)的两个预测情景

预　　测	2010 年	2011 年	2012 年	2013 年	2014 年
价格预测(H)	77.0	82.4	88.3	94.5	101.2
EBIT 预测(H)	54.9	58.7	62.7	67.0	71.6
价格预测(F)	77.0	89.0	102.0	115.0	125.0
EBIT 预测(F)	54.9	63.2	72.2	81.1	88.0

来源:作者自己的研究。

类似的方法可以被应用于估算收入或自由现金流。在使用贴现现金流法或者例如 EBITDA 乘数法准备进行公司估值时,以这种方法评价的财务数据可以为我们服务,其波动性相对较低,但是在很大程度上,根据风险和增长潜力不同,同行业内各家企业具有不同变化。采取适当的贴现率是一个单独的问题:货币当局(例如:欧洲中央银行、英格兰银行或波兰国家银行)使用基于布莱克-舒尔斯(Black-Scholes)模型的隐含波动性决定法,以此估算未来的货币条件(例如:用于估算预期的利率、通胀和资产价格)。

使用一种方法对公司估值应当与使用另一种方法估值加以对照,因为根据市场形势和公司特征不同,各种方法可能高估或低估公司的价值。通过使用期权估值理论估算原油和天然气资源的方法对公司进行估值,应用这种方法时需要掌握公司持有资源的详细信息(这种信息并非总能获得),估值对隐含波动性的价值非

89

常敏感。在高波动性的时期(例如 2008—2009 年),使用这种方法估值可能导致非常高的数据,比使用贴现现金流法更高,尤其是考虑到某些不那么成熟的企业,它们持有大量碳氢化合物资源并具有巨大成长潜力,例如俄罗斯天然气公司或巴西国家石油公司(相比之下,埃克森美孚公司是一家成熟的企业,资源较少),尤其是那些尚待发展的公司。由于这个原因,在较低当前价格和较高波动性的时期,与成熟企业相比,以及与使用贴现现金流法进行估值相比,我们对持有大量碳氢化合物资源的未成熟企业进行估值,应当带有一个溢价。[达摩达兰,2009]

使用几种方法着手估值,这样能够使我们以可靠的方式,带着批判眼光评价所采用的各种假设和被估算公司的价值。

结 论

已做出的各种分析表明,在石化公司的财务业绩和估值与经济增长率(GDP)和原油价格之间存在强或很强的相关性,它受下面这个条件制约:原油价格本身与 GDP 存在中等程度的相关。在统计学意义上,GDP 和原油价格是造成财务业绩和公司价值变化的唯一重要的宏观经济因素,尽管如此,其他宏观经济因素(包括长期利率、通胀和美元指数)发生变化对各种经营条件(包括原油价格、公司的财务业绩和市场估值)的影响也很重要。

原油价格和它的预期波动性是对所有财务数据和公司估值施加影响的关键因素。作为一种经济现象,原油价格产生波动的三个重要特征是:长期趋势表现为上行,在长期内滋生的波动性不断变化以及价格和收入需求弹性很低并继续下降。这三个特征使我们得出结论:在中、长期内,价格将会增长并且有可能发生剧烈的反弹和下跌。

对石化公司进行可靠的估值,需要我们在采用方式、方法和假设时,做到目光长远、小心谨慎,因为根据市场形势和公司特征不同,各种方法可能会高估或低估价值。在高波动性时期,通过使用期权估值理论估算原油和天然气资源的方法对公司进行估值,可能导致非常高的数据,比使用贴现现金流法更高。这首先涉及某些不那么成熟的企业,它们持有大量碳氢化合物资源并具有巨大成长潜力(相比那些持有较少资源的成熟公司),尤其是那些尚待发展的公司。由于这个原因,在较低当前价格和较高波动性的时期,与成熟企业相比,以及与使用贴现现金流法进行估值相比,我们对持有大量碳氢化合物资源的未成熟企业进行估值,应当带有一个溢价。使用几种方法着手估值,这样能够使我们以可靠的方式,带着批判眼光评价所采用的各种假设和被估算公司的价值。

自 测 题

1. 造成石化公司的财务业绩和价值发生变化的宏观经济因素是什么？
2. 原油市场的三个重要特征是什么？
3. 造成原油价格在短期、中期和长期时间范围内发生波动的因素是什么？
4. 在持有较小资源的成熟企业和持有大量碳氢化合物资源的未成熟企业的情况下，使用贴现现金流法和期权法进行估值，原油市场条件（当前价值和隐含波动性）以什么方式对其产生影响？

延伸阅读

1. Damodaran Aswath [2009], *Ups and Downs: Valuing Cyclical and Commodity Companies, Stern School of Business*, New York University.

2. Hamilton James D. [2009], *Causes and Consequences of the Oil Shock of 2007–2008*, Working Paper 15002, National Bureau of Economic Research, Cambridge, MA, USA.

3. Potocki Wojciech [2009], *Mechanisms Shaping Crude Oil Prices, in: Capital Flows In the Global Economy*, Andrzej Szablewski (ed.), Oficyna a Wolters Kluwer business, Warsaw.

4. The Energy Information Administration [2010], *Annual Energy Outlook 2010 With Projection to 2035*.

第六章　动荡经济中的房地产估值与企业估值

根据阿克洛夫（Akerlof）教授的观点，房地产市场中周期性的上升或下跌是系统性非理性的一个很好的范例。人们相信，他们房产的价值将会增长，这就是他们买房的原因。但是实际上，他们购买的只不过是虚幻。阿克洛夫把这种现象称为"蛇油"（snake oil），意思是某种不存在的东西。

——韦特尔德·加多姆斯基（Witold Gadomski）

本章概要

▶ 动荡的经济

▶ 观点和理论的再定义

▶ 房地产市场与人口形势

▶ 信息不透明综合征和会计违规的根源

▶ 企业估值标准化的必要性

考虑到全球市场动荡多变、商业关系不断集中,对房地产和企业价值的决定因素进行鉴别,这一点变得越来越复杂。对全球的决定因素(determinant)进行度量正变得愈加困难。这不仅适用于新兴的市场,而且适用于成熟的市场。在波兰,由于资本市场的发展,评估师正在这个领域获得越来越多的经验,即使如此,他们在估值中仍然没有充分考虑全球因素。房地产估值尤其如此。这种情形对估值的精确性具有消极影响,因而把被估值房地产的投资者和所有者都暴露于风险之中,增加他们做出错误决定的风险。这种风险不受现行的房地产估值的法律法规限制,这些法律法规不同于企业估值的原则。使情况更糟糕的是,当我们把估值原则应用于作为企业财产的房地产时,这些原则一般不适用。由于会计制度存在各种瑕疵,包括企业可以自由决定采用哪些会计方案和原则来度量资产,这种形势就更加严重。在基于公允价值、历史价值或被估算价值的会计方法中做出选择,这种机会在很大程度上限制了会计数据的可比性,可能会成为会计欺诈(fraudulent accounting)(被错误地称为"创造性会计")的根源。由于这个原因,超国家的团体已经发起行动,旨在消除资产估值中的违规行为。根据欧盟委员会《绿皮书》,"从使用者角度,审计员应当在资产负债表日就资产负债表的各个成分及其估值向股东们提供高水平的保障"。使用灵活方法进行估值已经造成了负面的经验,有鉴于此,欧盟委员会希望"探索'回归基本'的情形,重点关注对资产负债表进行实质性核查,较少依赖合规和系统工作,即那些应当主要属于客户责任、大体上由企业内部审计覆盖的任务。审计员能够揭示哪些成分可以被直接核查,哪些成分需要依靠职业性的判断、内部模型、假说和管理说明。为了提供一个'真实公正的观点',审计员应当确保实质胜于形式"。[《绿皮书》,2010,7—8页]

在现代,基于信息技术的经济变化和社会变化速度之快前所未有,其结果是经济在更大程度上具有了"动荡经济"(economy of instability)的性质,特征为产品的生命周期和赢利周期更短。管理层级中的职业、工作和职位变得越来越不稳定。超国家的合并与收购催生一个新的员工群体——"公司游民"或"公司吉卜赛"。"目前公共生活与私人生活中,即便是在最私密的范围内,正在发生的现象是凑合(makeshift),或许少数几个知识领域除外。"[托夫勒(Toffler A.),2002,88页]

日渐全球化的世界正在变得越来越"游移"(itinerant)[克沃德克(Kołaodko G.),2008]。与此相对,房地产根据定义是无法移动的。因此,现代经济面临的最严峻挑战之一是,如何理性、有效地协调这两种相反的趋势。房地产和投资从其性质上要求人们具有一个更大的视角。这就是为什么房地产和商业估值应当与某个地区和国家的长期战略发展以及长期特定发展规划综合考虑。这种要求通常还没有得到充分实现,主要是因为波兰国内缺乏看得见的战略政策。

对企业和房地产进行度量的根本基础是生成收入和收入预测的潜能,而现在这些潜能在更大程度上承载着不确定性的风险,在这些情势下,如何对企业和房地产进行估值?因此,问题在于,最耐久的资源(即房地产)是否以及在何种程度上受到经济中新倾向的影响,首要的是变化动态令人难以置信,尤其是技术和社会中的变化。这些变化使得未来与当今迥异,其速度之快,无法比较,所以,就当今世界的塑造过程而言,使用回顾性分析变得越来越有问题,更不用说未来的情形。因此,在日渐不稳定的环境中,尤其是考虑到经济发展正在日益虚拟化,我们如何对房地产和企业进行估值?问题在于:这种正在发生的变革迫使估值方法发生什么变化。

动荡的后工业经济

发达国家日渐去工业化,工业文明日渐萎缩,一种新的后工业文明正在取而代之,在这些变革中,文明范式的全球变化得到了表达。作为这个过程的结果,不仅一般的经济模型,而且管理、投资、贸易、交易、工作、就业、消费,甚至政府模式和家庭模式,都在快速失去它们的相关性,被新的标准所取代。大多数的通讯、生产和贸易交换方法正在经历着一种变革[托夫勒.A、托夫勒.H,1996]。估值也是如此。在依据工业模型的商业估值中,具有决定性重要的是技术潜能,而在目前则是知识潜能。度量前者要比度量后者容易得多。在基于知识的经济中,知识变成了"一般替代物"(universal substitute)。知识可以被用来创造财富,并可以使知识自身增值。与有形的商品和资源相比,知识不会枯竭,但是难以度量。

对知识进行度量和记录,是一个格外复杂、困难的问题。与此同时,在决定企业的投资和发展战略方面,知识却变得日益重要,对整个经济也是如此。知识和信息是财富的一种特殊来源,与传统来源截然不同:知识不会被耗尽;如果你把它出售,你依然占有它。与工业生产或农业生产相比,信息、知识以及符号思维领域开始生成更多的财富,原因即在于此。这样就创造出巨大的生产力潜能。它如此巨大,甚至传统意义上所谓的小型企业都能够生成、代表巨大的经济价值。有时候,相对较小的企业快速获得大量资本,大规模扩展它们的经营范围,原因即在于此。谷歌(Goolge)是这类企业的一个惊人的范例。谷歌创办于1998年,两名学生使用一台笔记本电脑,主要运用数学知识,但是几乎没有有形资产。目前,谷歌的市场价值在2 000亿美元左右波动,是1923年创立的迪斯尼公司价值的几乎3倍。然而,迪斯尼公司花费了超过80年时间才获得自己现在的市值,而谷歌在仅仅几年时间里就取得了现在的市值。脸谱(Facebook)是企业价值创造的另一个显见的范例。2004年,马克·扎克伯格(Mark Zuckerberg)用借来的1 000美元创办了这个门户网站,2011年初,网站的价值飙升至500亿美元。这表明,在企业价值创造领域正在发生着革命。然而,与此同时,对价值的来源进行度量和鉴定正在变得愈加困难。

使用我们所知道的会计准则和模型来解决这个问题,它们的工具作用无法令我们满意。知识作为一种资源,在各种无形资产中只是部分地被披露出来。在企业并购中,知识在企业收购方(或其独立的部分)的资产负债表中被反映为一项商誉,但这只是事后行为。因此,信息已经被延误很久。更糟糕的是,关于某个经济实体的价值和条件,目前采用的知识披露系统可能会给我们制造出虚假的印象。这是因为,智力资本的总支出主要都被当作成本,而不是被当作投资,这意味着——至少在短期内——它们对实体的金融结果具有消极影响,从而也影响到企业价值。

在基于知识的经济中,发生的各种变化动态性太强,我们几乎很难拒绝雷沙德·卡普钦斯基(Ryszard Kapuściński)的观点:"过去不是变成历史,而是立即变成考古……我们感觉不到与之有情感联系。这是现代人最大的弱点、最大的不幸:他在历史中无处停泊,因为过去的事件从他的意识中消失。"[舒尔茨(Szulc)、卡普钦斯基,2002]在这些情形中,不仅是过去而且是现在,它们看起来越来越不通透,越来越混乱,不可理喻,尤其是考虑到信息来源的数量日益增多,因技术和通讯的发展而激增。其后果之一是,伦理系统功能紊乱,价值系统受到侵蚀。一般而言,在商业活动和人类生活中,可供塑造价值系统的参照点正在变得模糊并开始消退[什托姆普卡(Sztompka),2000,2007]。

在过去几十年间,金融行业和现金流已经越来越脱离实体经济,而实体经济自身也许是危机的病菌,这一事实加剧了价值系统的侵蚀[泰普斯科特(Tapscott)、威廉姆斯(Williams),2008]。正如约翰·鲍格尔(John Bogle)挖苦道:"在过去两个世纪,我们国家已经从农业经济先是转移到制造经济,再到服务经济,现在又到主要是金融经济。但是根据定义,我们的金融经济是从我们的生产性企业创造的价值中演变而来的。"[鲍格尔,2008,47页]虽然持有这个观点的作者没有质疑金融行业创造的附加值(例如:以就业的形式),但是他指出,金融系统为其自身谋利越多,投资者获得的就越少,投资者"在投资食物链的底端摄食,今天这个食物链极为昂贵"。这表明,我们需要把金融行业的功能合理化,它应当服从于宏观经济效率。就其目前的形态,"它从我们的社会抽走价值"。[鲍格尔,2008,29—48页]约翰·鲍格尔得出的结论是："我们已经走向了另一个世界,在这里,我们太多人看起来不再做任何事;我们仅仅是交易纸片(彼此之间来回交易股票和债券),而支付给我们的金融赌场庄家一笔真实的财富。在这个过程中,我们创造更加复杂的金融衍生工具,而其中蕴含的深不可测的巨大风险已经被融入金融系统,这样,我们不可避免地增加了更多的成本。"谈及当前的危机和超国家公司(包括银行)的行为,鲍格尔诠释温斯顿·丘吉尔的话,"从来没有付给那么多人那么多钱,却得到那么少。"[鲍格尔,2008,38页]这暗指估值的功能紊乱,同时其结果也是如此。

现代世界的症状是所有权与管理权分离,从而控制与管理分离,这一症状使得公司估值和评价更加复杂。约翰·鲍格尔是一位金融市场及实践领域的专家,他强调:"我们旧的所有权社会已经成为过去,再也不会回来。在它的位置上,我们拥有了一个新的代理权社会……因此,我们拥有各种机构,他们的行为正如亚当·斯密曾经警告过的,将会以一种非常不同的方式处理他人的金钱,而这种方式他们在处理自己金钱的时候做梦也想不到。""我们投资者与投机者合谋,还有什么不能控制?我们不能控制股票市场的回报,债券市场的履约。没有我们的任何帮助,他们也得去做……投资银行,基本上都是相对较小的公司,他们绝不可能在一个资产……组合中使用过33倍的杠杆率。他们不想因为不知道如何评估那些资产而受到责备,但是,如果你购买一笔不能被估值的资产,你还能因此去责备谁?因此,华尔街从私人所有权迁移至公共所有权,这是倒退了一大步。"①

处于十字路口的经济和估值

全球的文献对各种观点和理论作出了一个深刻的再定义。再定义强调的是,我们必须重新审视一些旧的理论,在已经变化并正在发生剧烈变化的现实中,它们失去了适切性并且失灵。在经济理论中,人们对各种流派在实践中的合理性和有用性存在争议和讨论,几乎永无止境,尽管如此,这些争论在近年来已经变得相当热烈,在21世纪第一个十年全球经济危机的影响之下尤为如此。

经济学家指责彼此的错误,他们引起了全球经济系统中出现严重、飘忽的不

---

① "当我在20世纪50年代进入这个企业,大约8%的股票是被金融机构拥有,92%被个人拥有。今天,机构拥有的不是8%的市场而是74%。个人拥有其余的26%……我很遗憾,但还是要说,这些机构正把照管自己的金融利益放在第一位,然后才是照管委托方的金融利益,而实际上按照约定他们应当把照管委托方的利益放在第一位。"参见史蒂夫·福布斯(Steve Forbes)采访约翰·鲍格尔(鲍格尔第一个创造了零售指数基金)http://www.forbes.com/2009/01/09/intelligent—investing—bogle—transcript—Jan12_5.html。

平衡和混乱。保罗·克鲁格曼(Paul Krugman)摘得诺贝尔经济学奖(2008)的桂冠,他直白地问道:为什么经济学家没有得到教训?他指的是,与此相伴生的是"赌场经济"和"影子银行系统"以及"萧条经济的回归",等等(萧条经济的回归和2008年的危机)[克鲁格曼,2009,2008]。在同名的书中,他分析了在过去十几年中困扰全球经济的几次金融危机,首先指责新自由主义以及新自由主义的代表"芝加哥学派"[这是愚蠢经济学,2009]。这个流派的评论家还有其他诺贝尔奖获得者,包括约瑟夫·斯蒂格利茨(Joseph Stiglitz)和乔治·阿克洛夫。然而,对新自由主义和芝加哥学派的批评触发了来自学界人士和从业者的尖锐回应甚至斥责。该流派的捍卫者之一是罗伯特·卢卡斯(Robert Lucas)[卢卡斯,2009]。克鲁格曼的观点尤其遭到约翰·考克兰(John H. Cochrane)的强烈否定。考克兰是金融学教授,芝加哥学派的一个代表人物("保罗·克鲁格曼怎么错得如此离谱?")。他指责克鲁格曼不加批判地过分相信国家干预主义等("还在寻找免费午餐")[约翰·考克兰对克鲁格曼的回应,2009]。在斯蒂格利茨最新的书中,他持有的观点是,所谓的全球经济危机的发生并非是一件简单的事情。它是由华尔街制造的,华尔街对待经济理论采取教条的方法,认为市场可靠性的论点是无可争辩的[斯蒂格利茨,2010]。

关于经济的争论凸显了"没有哪一个理论比另一个理论更好",强调这个看法的人有罗伯特·斯基德尔斯基(Robert Skidelsky)。① 斯基德尔斯基是著名经济学家,经济学教授兼贵族院议员。然而,与此同时,这位作者又说"芝加哥经济学派从来没有像今天这样脆弱"。以他的观点,"活该如此"。

关于经济学的最新争论不仅指出了定性分析变得日益重要,而且指出了高估数学模型却低估历史经验造成的危害。乔治·阿克洛夫和罗伯特·希勒(Robert Shiller)对当前危机和经济恶化的原因进行了分析,由此揭示出,无视历史,包括无视两次大战之间的那场大危机,就下结论,会造成消极的结果。

虽然全球危机引燃了关于经济科学所起作用的争论,但是,我们已经早早地认识到了必须重新审视、修改甚至重新定义一些旧的理论。保罗·萨缪尔森(Paul Samuelson)指出,比较成本理论已经失去了。米尔顿·弗里德曼是一位货币主义者和保守派的宗师,他承认自己错了,把货币供应当作终极目标和调节经济决策的原则,这种观点没有完全通过检验。他还承认,自己拿不准今天是否还会跟过去一样固执地为自己的观点辩护[《货币主义者的自白》,2003]。我们

---

① 斯基德尔斯基,《凯恩斯对古典主义:第二回合》:"芝加哥经济学派从来没有像今天这样脆弱——活该如此。但是,除非诸如克鲁格曼的政策凯恩斯主义者愿意破解经济理论的既约不确定性的含义,否则对芝加哥学派的攻击绝不会成功。"罗伯特·斯基德尔斯基——《凯恩斯对古典主义:第二回合》,mht文件。

能够发现,理论家们的观点已经发生了转移,这在一些著名经济学家的出版物中清晰可见,例如:诺贝尔奖获得者贝克(G. Becker)、斯蒂格利茨、约翰·肯尼斯·加布雷斯、菲尔普斯和卡尼曼(Kahnemann)[加布雷斯,2005;斯蒂格利茨,2004]。

专家们的剧烈变化和矛盾评价不可避免地转化为对经济理论的再定义[弗雷德曼(Frydman)、戈德堡(Goldberg),2007]。经济学是依赖某些规则和模式的一门科学。在这种情况下,"真理就是谎言,而必然性背叛我们"[《货币主义者的自白》,2003,3页]。正如罗伯特·希勒强调的,新古典经济学使用数学模型进行研究、分析和预测市场,在这种条件下,数学模型已经不够充分,因为它们没有把投机泡沫的存在考虑进去。"有些经济学家使用所谓的新古典经济学,他们无法明白泡沫的机制,因为他们假设,市场是理性玩家根据知识做出决定并计算商品理性价值的地方。"[《经济中情绪的重要性》,2009]。对他们进行估值需要采取一种整体方法,不仅考虑经济问题,还要考虑社会、心理、生态及空间问题。2006年诺贝尔经济学奖得主埃德蒙德·菲尔普斯指出,这种方法是弗雷德曼和戈德堡提出的"不完善知识经济学"概念的主要优势之一。① 由于现代社会毫无疑问的标志之一是日益增长的不确定性和易变性,在这种情况下,没有剩下别的东西,只有承认谬误是一种自然状态;充满悖论的是,如果我们这样做,我们反而增加了把谬误最小化的机会。"人类对信号、信息、指令和冲动做出的反应具有不可预测性,我们不可能从中提炼创造出一种合理的经济学。"[《经济不确定性》,2008,3页]因此,不确定性越大、犯错误的风险越大,我们就越有必要制定长期战略。"为了让经济学家圈子相信,他们没必要假装能够发现根本发现不了的东西,不值得信任那些新创造、发表的模型,它们注定只会失败,我们已经建议一种建立经济模型的新形式。当今,没有人愿意去走一条根据定义永远无法给我们提供确定性的道路。然而,在社会科学中——经济学是一门社会科学——永远也不可能有确定性。谁要是寻找普遍的确定性,他注定会失败……即便是最著名的专家也不能使我们摆脱不确定性。"[《经济不确定性》,2008,3页]因此,我们必须把不确定性这个因素看成是塑造经济系统和战略过程中无法割舍的成分。在不确定性的条件下,长期战略就变得不可或缺,哪怕只是被用来鉴定造成假设出现偏差的原因,并把它们融入(当前的和战略的)经济决策。这在房地产估值中尤为重要。根据定义,投资决策在这个行业会产生长期后果。

---

① "不完善知识观点的另一个标志是它具备固定政策规则的资格。必要的一点是,经济学一个结构与另一个结构的最优规则并不相同。对于宏观经济学的其他方面,人们必须对各种问题进行重新思考,其方式为,使得市场参与者和政策制定者永非完善的知识变成分析的有机组成部分。"——引自埃德蒙德·菲尔普斯给弗雷德曼和戈德的《不完善知识经济学:汇率和风险》一书撰写的前言。

估值的全球维度

随着全球化不断增强,社会和经济生活的各个参与者之间相互依存的网络日益紧密,各个投资者之间也是如此。全球化的企业和全球的投资者可以任意支配的创造商业价值的因素和方式越来越多[沙布莱夫斯基主编,2010]。价值迁移等的可能性正在扩大,全球因素对当地的房地产和商业价格的影响正在增强。这一点又受到会计实践变化的促进,包括主干公司中会计功能逐渐集中化,而在附属公司则局限于关键的任务。①

房地产行业对整个经济及其基本指标具有强大的影响,这些指标也被用来对企业的房地产进行估值(例如贴现率、外汇等)。房地产市场的形势如果有利,可以对整个经济产生多方面的利益;以此类推,这个市场的危机通常会扩散肆虐整个经济。房地产市场以及这个行业出现危机会对整个经济和商业运行造成什么影响,罗伯特·威斯科特(Robert Wescott)的观点是一个很好的例证。威斯科特是美国前总统比尔·克林顿的顾问,他在2006年底估算,2001—2005年,美国64%的经济增长和80%的就业增长都是由房地产市场引发的(尽管它在GDP中的份额仅占5%)[皮耶希(Piech),2007]。这表明,房地产市场的形势是整个经济的驱动力,但是,这个行业的危机也会导致经济发生巨幅下跌和巨大动荡,以及导致经济状况急剧恶化,包括企业和家庭状况恶化。因此,房地产估值是一个复杂同时又是关键的问题。

有足够的证据表明,房地产行业与经济和社会生活的其他领域密切相关。最重要的是房地产行业与货币政策之间的关系。实践表明,虽然房地产市场中所有现代经济危机都根源于房地产市场,但是所有这些危机的共同特征和背景都是因为中央银行的信贷政策过度宽松。这就导致房地产价格增加,证券市场估值过高。在这种情况下,市场被迫做出校正(即逆转过程),由此导致房地产价格和证券交易所指数下跌,进而引发整个经济衰退。这已经被所谓的奥地利学派的经济周期理论所证实,该理论把房地产市场和一般经济的发展周期性质与利率政策和中央银行的活动联系起来[萨克斯(Sachs),2008]。

另一个例子是房地产市场与人口形势的关系。各种分析证明,人口的年龄

---

① 这反过来又促成了激进会计(aggressive accounting)(又被称为"创造性会计",但并不十分准确),操纵由会计账簿形成的公司形象朝着经理人的预期和需求倾斜。

结构中老年人持有的股份越高,房地产市场危机的复苏过程就越发困难、越发迟滞。这是因为,这个年龄段的人们更倾向于出售而非购买房地产。结果,房地产的供给增加,在危机期间没有需求加以平衡,从而影响房地产估值。

截至最近,所谓的"人才流失"对美国而言曾是非常典型的特征;而因为危机,进入美国的劳动力迁移已经萎缩。这个事实更加深了房地产市场的不利趋势。[《人才流失》,2008]道威尔·梅耶斯(Dowell Myers)研究房地产市场和人口统计之间的相互关系,根据他的观点,在接下来的十年或更长时间,房地产市场能否会恢复到危机之前的水平,似乎令人怀疑。

由于在全球化、网络化的货币和资本市场,各种各样的金融创新不断发展,房地产市场虽然就其性质是由地方资产和不动资产构成,地方房地产市场的变化也获得了一种全球维度,在全球范围得到了反映。房地产市场变化引发的后果具有全球性特征,因此,我们应当使用诸如早期预警系统对这个市场进行密切、小心地监控。在这里,尤其重要的是对货币和资本市场的参加实体与交易证券进行控制。最近的全球危机表明,这些控制机制并不可靠、不充分。主要的评级机构错误地评估(高估)了拿出抵押的个人的信用等级以及抵押担保债券的等级。[《谁在评级》,2008]

尽管全球化不断推进,但是房地产和商业估值的一个要素依然被边缘化,也就是外部性(externality)问题,这个问题造成估值中出现昂贵的错误。这些错误进而造成非理性的投资决策,结果,生态问题和社会问题往往被忽视,然后,问题以惊人的速度堆积起来,其反映是诸如贫民窟在众多聚居地的外围蔓延。印度学者通过对一个汉堡包制造过程涉及的成本进行分析(把外部成本加以考虑)等方法,对估值中外部性的重要性做了完美的诠释。这些分析表明,如果把生态成本考虑进去,一个汉堡的价格应当为200美元。① 这些问题在房地产和商业估值领域也造成了困难。②

---

① 拉伊·帕特尔(Raj Patel)是名作《虚空的价值》一书的作者,谈及这些问题,他提出的假设是,价格不是价值的最恰当指标。他指出:"我们支付的还有,由于森林被毁、气候变化加剧,生物多样性消失和物种灭绝。几年前,研究者做了一项研究,他们从中计算出我们过度消费的成本。如果我们继续加剧不断增长的债务、臭氧层的破坏、迁移以及减少气候变化效应的成本(例如大海干涸或土壤贫瘠),那么结果是发展中国家的人民要比我们支付更多。我们亏欠他们大约5万亿美元,而这还是根据非常保守的估算。此外,在美国,每花费5美元,其中就有1美元是被用于治疗糖尿病人。这些成本不是我们在收银台支付,而是经由我们的医疗保险系统支付。"

② 他们在书中写道,食品便宜是个假象,原因即在于此。在美国,食品很便宜,是因为我前面刚刚说过的那些节约:"从生态成本到劳动力成本。但是,归根结底,支付账单的是人民,而不是公司。"[《一切都可归结为吃饭》,2010]

全球信息功能紊乱

正确估值的一个关键先决条件是,经济政策和经济增长参数的信息要可用、透明。然而,伴随着日益推进的全球化,经济与市场联系也变得日益复杂化,这种复杂性无法促进透明度。恰恰相反:全球危机已经揭示,关于房地产市场以及相关生意中的交易,信息变得越来越不对称。

信息复杂性和非透明性的症状在会计中格外显见。目前,会计准则非常复杂,甚至这个领域的专家们都难以阐释和理解资产负债表法的某些条文的经济逻辑。这表明,尽管会计账簿的可靠性是公认的,但是其功能非常错综复杂且缺乏规范。

在约瑟夫·斯蒂格利茨的一本书中有一章为"创造性会计",这个标题非常有见地,他探讨了现代会计一些危险的缺陷。他强调,企业的财务报表变得越来越复杂(事实上极其复杂)因而不透明,这就促成了各种各样的会计操纵行为,有时候甚至表现出"艺术性"的症状[斯蒂格利茨,2006]。斯蒂格利茨指出,考虑到目前的会计法规,会计师确实具有大量的机会去捏造公司及其财务报表的会计形象。

对资产负债表法中的条文进行分析,我们可以得出的结论是,公司结果的形象非常频繁地被会计师加以捏造——尽管从使用的会计原则的角度来看是可靠的——与经济现实几乎没有关系,在这个意义上它远离经济现实,剩下的只有一点,经济现实的概念依据的是理性原则,而这一点是被经济学、人类行为学和哲学承认的。来源于经济生活的事实,诸如会计欺诈,企业和证券估值与现实不一致,评级机构建立的评级有误,经理人的薪酬异常高,分阶段破产——所有这一切都证实了会计是靠不住、骗人的。有一句经常被重复的论断:"这个工具(即会计)本身没问题,但是工具的使用者使用方式不当"。但是这句话也难以得到我们的赞同。然而,从广义而言,只有我们不屈从于采用这样的简单化和估值化,在企业和商业会计的运行中,这些违规行为的根源才有可能被揭露出来。应用早期预警系统会有很大的助益。鉴于以下事实,早期预警正在变得格外重要:有关该主题的文献表明,会计原则正在日益复杂化、易变化,而与之相关,经理人在不违背会计原则的情况下根据自己的意愿"捏造"公司的形象,这种做法相对容易。这类行为的例子不胜枚举,其中就有使用合并、收购和证券的估值捏造金融结果。

会计违规的另一个根源是,企业与评级机构或审计公司之间存在业务关系。目前采用的规则是,被控制或被审计的实体需要支付给主计员或审计员相应的费用,这样自然无法做到客观地评估。根据实证分析,约翰·鲍格尔强调,企业与审计公司或评级机构之间存在"高尔夫"联系。他强调,会计争取职业独立的战争从来没有打赢。[鲍格尔,2008]约瑟夫·斯蒂格利茨痛斥这种现象,把它叫做"美国的旋转门":"有人从华尔街走进政府,然后又返回华尔街。"①这就是他们为何形成了共同的世界观,用斯蒂格利茨的话说,阻碍了金融系统的有效改革。这显示出某些极为消极的特征,社会学家称之为"非道德宿命论"[什托姆普卡,2007]。

某些类型的期权,包括购股期权(根据其性质,这个工具带有的风险有可能歪曲企业的价值,这是因为,根据使用期权可接受的会计原则,我们有可能把一家企业的条件装扮得比它事实上好得多),结果被证实是含有危机基因、破坏性的价值度量工具。由于企业和资产价值存在这样的歪曲体现,股票交易可以被比作——正如阿克洛夫所称——卖"蛇油",也就是某种不存在的东西[阿克洛夫、希勒,2009]。这就是阿克洛夫如何解释房地产市场危机的原因("人们相信,他们房产的价值将会增长,这就是他们买房的原因。但是实际上,他们购买的只不过是虚幻——蛇油")[加多姆斯基,2008]。约翰·鲍格尔强调"创造性会计"这个词非常令人误解,他相信,"创造性会计"与"会计欺诈"之间仅有细细的一线之隔[鲍格尔,2008,109页]。他强调:"银行忘记了审核他们自己的资产负债表。你知道,当我们年轻的时候,应该说当我年轻的时候,资产负债表是人们要审核的第一件事情。而现在,他们审核自己的损益表,使用正当的或违规的手段尽量谋取更多收益,他们通常使用正当的或违规的手段那样做,因为那里面维系着他们的补偿金、他们的年终奖金、他们的股票期权,他们想要立即使用并出售股票。"[福布斯·斯蒂夫采访约翰·鲍格尔,2009]约瑟夫·斯蒂格利茨等描述的"信息不对称"现象支持了这种行为。②

波兰的企业估值与房地产:方法与法律的矛盾

企业和房地产估值具有复杂性和多面性,这使得我们需要雇用来自各种知识领域的专家和代表组成的整个团队:技术、经济及法律等学科。根据估值的功能不同,专家们可以扮演各种角色(鉴定人,独立专家,买方或卖方的顾问,订立销售与购买交

---

① 然而,直到现在,全球对危机的反应仍然与高盛公司及其伙伴的意图完全一致。政府必须让自身背上债务,发行价值数百万元的新债券。而对银行而言,这意味着数亿元的应收款。在纽约的贝尔斯登(Bear Stearns)公司和雷曼兄弟公司倒闭之后,专门从事这种类型交易的举足轻重的银行仅剩高盛银行一家。

② 因为分析市场具有信息非对称的特征,斯宾塞(M. Spence)、斯蒂格利茨和阿克洛夫被授予2001年诺贝尔经济学奖。

易、银行协议、保险合同过程中的谈判代表,诉讼中的专家证人,等等)。

由于估值具有跨学科的性质,关于程序和准则,存在各种方法和各种成套的术语。它们通常具有异质性,适用于各自专门的职业,未必相互兼容。考虑到企业和房地产估值中存在这些不一致现象,出现异质性是很自然的。然而,人们对基本范畴和参数的理解不同,可能导致(实践表明,这种情形确实导致)估值中存在各种各样的不一致、矛盾、误解甚或错误。这类错误带来的后果可能代价高昂,它们涉及的目标和业务越大,代价越高。关于房地产和企业市场的投资决策如果建立在虚假的前提上,它们通常都具有持久性、多面性。

基本问题在于"价值"具有歧义,而价值又是企业和房地产估值的基本范畴。这是一个非常复杂的范畴:在各种科学学科与不同生活领域中,人们对价值的看法和定义不同。在最广泛的意义上,价值可以被表述为,"价值"反映某个客体受到利益相关者期望并欣赏的特征。然而,哲学家、社会学家或医生眼中有价值的东西未必对应于经济学术语中的价值。再者,这些价值之间往往存在冲突(例如,房地产的商业用途有时候与生态学或健康保护的规定格格不入,无法调和)。

价值的各种范畴与企业和房地产估值中使用术语的差别相交叠,这是因为各个学科专门的法律条文和准则非常多元化。① 因此,一个客体(包括房地产)的价值不是绝对的。根据估值的目的和基础以及应用的方法不同,同一个客体或权利的价值也可能发生变化。例如,我们可以区分个体(投资)价值与市场价值。这强调说明,我们对估值结果的理解及其正当性非常重要。我们需要记住的是,估值实现一系列的功能,不仅有信息方面,而且还关系到谈判或化解冲突。

在法律法规中,尤其是在《会计法案》和《房地产管理法案》以及相应的实施法案中,反映了这个问题的意义,以及给估值带来某种秩序的尝试。私有化企业的估值受到单独的法规管理。②

遵照《波兰会计法案》第 28 条(第 4 章"资产和债务的估值以及金融结果的鉴定"),资产和债务需要至少截至资产负债表日以前被度量并被更新③。

与此同时,这一条表明,关于选择何种资产估值的基础和方法,存在相当大的自由度。因此,下列项目受到度量:

---

① 例如:欧洲评估师联合会(The European Group of Valuers' Association)第 4 号文件涉及房地产估值的基础专门有一条准则,该准则命名了价值的 13 种不同范畴,包括市场价值、市场租赁价值、欧盟市场价值、最高和最佳使用价值、公允价值、现存使用价值、在用价值、替代使用价值、负面价值、折旧重置成本、抵押贷出价值、企业价值及股权价值。
② 2003 年 8 月 5 日的部长会议(Council of Ministers)条例修订了国有公司和企业的分析范围,它们的订购、准备、接受和融资,在这些条款下,它们可以免受这些条款约束(1997 年 6 月 24 日的《波兰法律杂志》以及 2003 年第 147 号第 1430 条)。
③ 1994 年 9 月 29 日的会计法案(修订后的《波兰法律杂志》2009 年第 152 号第 1223 条)。

（1）固定资产和无形资产：依据它们的购买价格或制造成本，或再评估的价值（根据固定资产的再估值），减去摊销或勾销（write-off）和减损支出。

被归为投资的不动产和无形资产：根据适用于固定资产和无形资产的原则，否则，以它们已被确定的市场价格或公允价值。

（2）在建固定资产：以与它们的收购或制造直接相关的总成本数量减去减损支出。

（3）除了（1）提到的资产之外，被归为固定资产的其他业务和投资中的股份：以它们的购买价格减去减损支出或以它们的公允价值；购买价格可以比照市场价格被再估值，再估值不一致问题可以得到解决。

（4）附属业务中的股份：根据第3项制定的原则，保留的权利有：被归为固定资产的股票可以根据股权法加以估值。

（5）短期投资：以它们的市场价格（价值），否则，对没有被确定公允价值的活跃市场的短期投资而言，以更低的购买价格或市场价格（价值）。

（6）有形营运资产：以它们的购买价格或制造成本，不高于它们截至资产负债表日的净销售价格。

（7）赠予的应收款项和贷款：以保守方式确定的应付的数量。

（8）债务：以应付的数量；通过让与除现金和现金等价物以外的金融资产或用它们兑换金融工具以合约形式安排的金融负债——依据它们的公允价值。

（9）储备金：以可靠方式估算的、合理的数量。

自有股份（股票）：以它们的购买价格。

（10）股权（自有基金），除自有股份（股票）及其他资产以外的股权（自有基金）与负债：以名义价值。

我们进行估值时，可以使用资产负债表法中规定估值方法的替代方法，这是应对现代世界极具动态变化带来的挑战。然而，与此同时，这种可能性会带来额外的风险，人们在进行比较分析时有可能操纵价值、增加障碍，这在全球经济危机期间得到了证实。这些问题目前正在超国家层面得到讨论，例如欧盟和欧盟委员会。

企业和资产估值程序非常复杂，价值的范畴同样复杂、多样，而估值的方法也具有复杂性，这些使我们有必要把估值标准化。这里，国家的和国际的房地产估值准则以及国家的和国际的会计准则，它们都发挥着非常重要的作用。

虽然这些法规着眼于给企业资产和房地产的估值带来某种秩序以及增加估值的透明度，但是它们远远不能限制估值出错的风险。在对房地产和为编制资产负债表而准备的其他资产进行估值时，尤为如此。《国际会计准则第36号》（IAS 36）是资产负债表重估的监管基础之一。该文件规定，每当有前提表明一个资产的经济价值可能已经减少时，就应当计算它的价值。因此，这通常蕴含着有必要对其进行额外分析。当一个资产的价值非常有可能在未来生成的经济利益仅是预期的一部分或根本没有生成利益,它的价值就被减值,我们有理由计算减值费,以此调和来自会计账簿的该资产的价值与净销售价值。假如我们无法确定净销售价值,可以使用其他方法计算的公允价值。计算回收价值或减值价值,必须是截至每个资产负债表日。计算减值价值应当依据被预测的现金流。然而,这是一个耗时、昂贵的解决方案。为了评估减值的程度,我们必须接触商业规划(包括现金流预测),以及掌握能够事先警示商业受到威胁的早期预警系统和工具。根据《国际会计准则第36号》,未来现金流的估算应当包括:

(1) 预测资产连续使用产生的现金流。

(2) 连续使用资产(包括为使用资产的现金流出)必然产生现金流入,则现金流出的预测可以直接归属(或根据一致合理的基础配置)到该资产。

(3) 在资产的使用年限到期时,处置资产而收到(或支付)的净现金流(如果有的话)。

估值(尤其是那些为了财务报表而准备的估值)中违规风险的根源还有,可适用的法律规章的条款存在着无数的不一致或不精确之处。这尤其反映在:

(1) 资产负债表法(即会计系统法规)与税法越来越不一致(例如,在资产负债表法与税法中,有形资产、摊销/折旧及市场价值的定义存在冲突)。

(2) 关于不动产(real property)评估与企业和房地产估值的定义不一致。

(3) 为了基于收入的估值而选择的预测期存在问题。①

(4) 关于准备估值的授权存在能力是否胜任的争论。②

(5) 房地产和企业估值具有很多变量的性质,计算这些变量的方法多样化。

(6) 对房地产和企业缺乏或没有尽职审慎分析。③

在房地产和企业估值领域,术语各式各样,定义相互矛盾,这种情形无法提高它们的正确性。遗憾的是,差别并不局限于术语。在房地产和企业估值中,从对估值采用的范畴(收入、税收、成本、支出,等等)和程序的理解方面也能够看得出来。基于收入的企业估值建立在多情景预测的基础上,估值结果以值域

---

① 国际会计准则中推荐的预测期(最多5年)与房地产估值准则中推荐的预测期(5~10年)不同,由此出现标准收入和残余价值(residual value)的问题。根据《房地产管理法案》第11章:"第1节:当贴现现金流法被采用时,房地产价值被计算为在采纳的预测期各年中被估值的房地产衍生的被预测的收入产生的贴现现金流的总和,增加部分为房地产的贴现残余价值。残余价值代表为了对现金流进行贴现而采纳的最后一年刚结束时的房地产的价值。第2节:第1节提到的年份数量取决于被估值房地产的收入被预测将要发生变化的时期。"

② 根据《国际会计准则》,房地产的投资公允价值应当由有资质的评估师进行评估。因此,评估师与专家之间是什么关系,这个问题尚未明确。

③ 房地产管理行业相对很少全面使用尽职审慎分析。

(range)而非特定价值的方式呈现,与此相对,房地产估值在鉴定研究中可能不会以值域的方式呈现。因此,我们应当考虑到影响估值的因素的复杂性——这种做法是否(在某些情况下)造成一种过分僵化的情形,从而造成在对一个客体及其实际价格之间的估值比例失调的风险。①

虽然资产估值就其性质而言是一个经济问题,但是在进行房地产估值时,技术性职业(建筑工程师、大地测量师,等等)的影响清晰可见。这主要是因为,从历史来看,旧的经济系统依据的不是自由市场原则,在这个系统中,估值只在非常有限的程度上从属于市场机制,它首先建立在被估值建造物的材料相关的参数和技术参数之上。"技术方法"支配一切,这对正确解读经济范畴具有消极的影响,不仅体现在估值实践中,而且体现在法律法规和专业规章中。

与此同时,经济和技术变化多端,它们的性质动荡不安,这加剧了经济不稳定的症状,其后果是增加了全球经济和社会决定因素在企业和资产(尤其是房地产)估值中的权重。这表明,调整估值方法以适应市场中占主导地位、不断变化的规定和条件,这一点绝对必要。

结　　论

对估值的法规和方法进行分析表明,我们有必要加强旨在解决以下问题的工作:限制企业和房地产估值中的错误风险,增加估值的透明度。对房地产和企业估值伴生的风险规模进行限制,这需要在国家和国际层面上灵活掌握、开拓进取,包括:

(1) 筛选估值适用的定义和术语,包括给"收入"下一个精确的定义。
(2) 加强旨在减少内容的工作:
——资产负债表法与税法之间的不一致。
——关于不动产评估与企业和房地产估值方面定义的不一致。
(3) 对涉及房地产和企业估值的国家法规与全球法规进行全面的分析。
(4) 思考房地产和估值的多变性是否合乎情理(正如企业估值那样)。
(5) 规定房地产和企业估值中评估师、专家、审计员和评级机构的能力和责任范围。

关于在国家层面的行动,关键之处在于:
——加大为包含房地产市场和估值的数据建立一个综合数据库这方面的工

---

① 如上所述,违规的另一个根源可能是因为缺乏一个关于房地产市场的综合数据库和数据交流,这样的数据库综合了监测的结果与各个(国内和国外)专业中心的研究成果。

作力度。

——加强关于系统监控法庭和行政过程的工作,即涉及房地产估值和房地产权益的争议。

这样将会增加估值的正确性和透明度,它是采取理性化、事关财产的决策不可或缺的,包括所有者和经理人。理性化的决策进而转化为宏观经济福利。

自测题

1. 动荡的后工业经济的主要特征是什么?
2. 经济学中的观点正在哪些方向被再定义?
3. 全球变革对房地产估值的影响是什么?
4. 房地产缺陷的根源是什么?
5. 举例说明房地产和企业估值中的不一致情形。
6. 如何限制与房地产和企业估值相关的风险?

延伸阅读

1. Galbraith J.K. [2004], *Economics of Innocent Fraud: Truth For Our Time*, Houghton Miffl in Harcourt.

2. Frydman R., Goldberg M.D. [2007], *Imperfect Knowledge Economics: Exchange Rates and Risk*, Princeton University Press.

3. Mączyńska E. [2004], *Bilansowa wycena nieruchomości przedsiębiorstw* [in:] *Wartość przedsiębiorstw*, J. Duraj (ed.), Płock.

4. Mączyńska E. [2005], *Wycena przedsiębiorstw Zasady, procedury, metody*, Wyd. SKwP.

5. Stiglitz J. E. [2010], *Freefall: America, Free Markets, and the Sinking of the World Economy*, W. W. Norton, New York.

第七章　使用贴现现金流法的公司估值

使用贴现现金流，我们通过反映任何一个资产预期现金流风险度的比率，贴现该现金流，以此估算这个资产的价值。在某种意义上，我们度量的是一个资产的内在价值。

——阿斯沃斯·达摩达兰

本章概要

▶ 贴现现金流法估值过程

▶ 财务和战略分析

▶ 未来自由现金流预测

▶ 贴现率预测

▶ 贴现未来自由现金流和终值

▶ 估值结果说明

▶ 贴现现金流法的局限和缺点

▶ 使用贴现现金流和比较法对尤特绅卡控股股份公司进行估值

贴现现金流的实质

本章呈现的是使用贴现现金流法对企业和股权进行估值。该方法不仅是自由市场经济中使用的最流行的收入估值法之一,而且还被用作企业估值的基本现代工具。**自由现金流**(free cash flow)现在被认为是度量一家企业金融条件(即企业产生收入的潜能)的最好标准。

柯普兰、科勒和穆林[1994]提到了**贴现现金流法的特征**,足以证明该方法为什么流行、普遍:它可以让我们度量某个企业的整体价值(考虑其所有的组成部分),它使得股东(价值驱动者)更容易确定和理解价值的来源;它与资本预算过程一致,而资本预算过程被大多数公司采用;它非常灵活,足以应对大多数复杂的情形,与此同时,借助于现代信息技术工具,我们可以相对快速、容易地实施这种方法。

根据达摩达兰[2007],使用贴现现金流法对企业进行估值,取决于四个因素:从到位的资产中生成现金流的能力、这些现金流的预期增长率、企业到达稳定期需要花费的时间长度、加权平均资本成本。

在为了兼并和收购、首次公开募股(IPO, initial public offerings)、重组及投资决策等而进行的估值之中,贴现现金流法具有广泛的实际应用。使用贴现现金流法计算的企业或股权价值被称为内在价值(intrinsic value),与之相对的是市场价值,市场价值是由某个时间的市场确立的。贴现现金流法是乘数法的替代方法。

贴现现金流估值过程

使用贴现现金流法对企业进行正确估值的过程,应当在五个主要阶段中加以实施[柯普兰、科勒、穆林,1994;费尔南德斯,2002]。图7-1呈现的是使用贴现现金流法计算企业价值的各个阶段。

❖ 被估值企业的财务和战略分析

对每家企业进行估值之前,首先应当进行财务分析和战略分析。根据财务

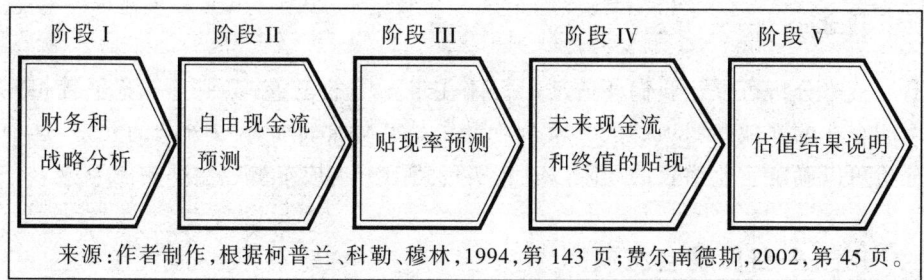

图 7-1　使用贴现现金流法计算企业价值的阶段

报告披露的现成的历史数据,我们对企业的财务状况进行分析,由此我们能够评估该企业在未来的经营效率和条件。通过战略分析,我们能够识别某个实体的强项和弱项,以及它所处环境中存在的威胁和机会。它还决定企业的未来战略,使企业有可能以最优的方式使用其内部资源,应对竞争中不断变化的条件。

财务分析

财务分析在于收集并细心研究财务报表(至少最近 3～5 年的报表),该报表是由损益表、资产负债表及现金流表组成。我们收集的数据是企业过去采取的投资、经营和金融决策的结果,因而反映出该企业从事活动的效率。**乘数分析**被认为是一般财务报表分析的延伸。分析过程中计算出的乘数是,资产负债表中横向和纵向截面列出的资产与负债的相关项目的比率,以及金融结果与财务报表所选项目的比率。该分析包括的数据还有:现金流、从外部文件(例如证券交易所的统计资料)获得的信息以及资产负债表和收入表中的各个项目。根据这些来源,我们有可能计算出二三十个乘数。然而,如何选择这些内容,应当取决于分析的目标和分析师的经验。

财务分析
- 损益账户分析
- 平衡表分析
- 现金流报告分析与投资活动分析
- 金融活动分析
- 信用排名分析
- 风险类型分析

战略分析
- 产业分析
- 竞争地位分析
- 价值链分析
- 企业主要竞争对手的市场地位分析
- 价值增长主要来源(价值驱动力)的确认

来源:作者制作,根据费尔南德斯,2002b,第 45 页。

图 7-2　财务和战略分析

战略分析

战略分析可以让我们评估某个实体在市场中的位置,识别它与竞争者相比可能存在的强项和弱项。把一家企业看作是其外部环境不可分割的元素,这种分析可以确定企业增长的局限以及它实现超出资本成本的收益率的能力。

❖ 未来自由现金流预测

通过对财务报表、市场结构、所选行业中的竞争位置及发展前景进行全面分析,以及在尽可能采访企业的代表之后,我们接下来能够预测各个参数。推荐的做法是,首先估算资产负债表项目和损益表项目,然后在此基础上计算自由现金流[柯普兰、科勒、穆林,1994]。这是因为,如果对它们进行直接估算,就有可能导致财务报表中各个元素之间的相互关系出现错误,事实上会扭曲估值的结果。对财务报表的各个头寸进行估算之后,接下来一步是计算现金流的值。

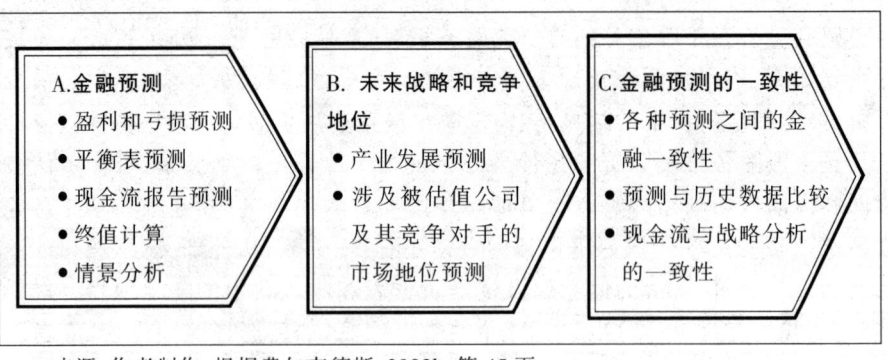

来源:作者制作,根据费尔南德斯,2002b,第45页。

图7-3 阶段Ⅱ:未来自由现金流预测

文献通常区分两种类型的现金流以及贴现现金流模型中相应的变量[达摩达兰,2006]:

• 股权自由现金流(Free Cash Flow to Equity,FCFE)或股权现金流(ECF)。

• 公司自由现金流(Free Cash Flow for the Firm,FCFF)或自由现金流(FCF)。

费尔南德斯还区分了资本现金流(Capital Cash Flow,CCF),尽管在实践中它很少被使用[费尔南德斯,2002]。根据费厄拉的观点,资本现金流法(他的术语是现金流比资本,Cash Flows to Capital,CFC)正在变得日益流行,尽管只存在于理论家中间[费厄拉,2008]。对资本现金流法做过描述的还有尼塔(B. Nita)[2007]和梅里奇(M. Melich)[2005]。表7－1呈现的是三种贴现现金流模型各自的基本公式。

表7－1 根据三种贴现现金流模型(二阶段模型)计算股权价值和企业价值

FCFE	股权价值	$\sum_{t=1}^{n}\frac{FCFE_t}{(1+c_e)^t}+\cdots+\frac{FCFE_n}{(1+c_e)^n}+\frac{TV}{(1+c_e)^n}$
FCFF	企业价值	$\sum_{t=1}^{n}\frac{FCFF_t}{(1+WACC)^t}+\cdots+\frac{FCFF_n}{(1+WACC)^n}+\frac{TV}{(1+WACC)^n}$
CCF	企业价值	$\sum_{t=1}^{n}\frac{CCF_t}{(1+WACC_{BT})^t}+\cdots+\frac{CCF_n}{(1+WACC_{BT})^n}+\frac{TV}{(1+WACC_{BT})^n}$

标记:$t=1$(预测期的第一年),n——预测期的最后一年,c_e——股权成本,TV——终值,$WACC_{BT}$——加权平均资本成本(税前)。
来源:作者制作。

股权自由现金流(FCFE)模型

股权自由现金流模型可以让我们根据应付给股东(所有者)的贴现现金流计算企业的股权价值。这些是扣除任何或全部的经营费用、投资需求、税收债务和利息债务以及分期信贷之后的现金流。股权自由现金流计算模型见表7－2。

大多数公司利用债务为他们的投资活动进行融资。股权自由现金流的公式包含**资金流出**(financial outlays),这就蕴含着对附息债务的新、旧本金分期偿还,附息债务即银行信用、贷款、金融租赁及债券债务。**资金流入**(financial inflows)意味着新的债务。假设被估值的实体在未来将主要使用股权,尽管在过去并非如此,那么评估师根据基于信用协议(贷款协议、租赁协议)的本金分期偿还进行预测,但是低估新的债务,估值就会存在风险。

公司自由现金流(FCFF)模型

这个方法的本质在于,通过对应付给所有融资方的未来现金流进行贴现,计算企业价值。这些现金流已经扣除了经营花费、资本支出和税收(不考虑税盾效应),但是尚未支付所有者的股权。(见表7－3)

表 7-2 使用股权自由现金流法的公司估值

价值(单位:千波兰兹罗提)	2011年预测	2012年预测	2013年预测	2014年预测	2015年预测	2015年以后预测
净利润	16414	19442	23102	28166	33940	33940
(+)折旧	6204	8022	9384	10359	11381	
(-)资本支出	19697	19179	9926	10907	10953	
(-)净运行资本(NWC)的变化	-7165	2907	2776	2036	1274	
(+)资金流入	200	400	350	300	200	
(-)资金流出	2925	88	45	76	61	
FCFE	7361	5690	20089	25806	33233	33940
	$FCFE_{2011}$	$FCFE_{2012}$	$FCFE_{2013}$	$FCFE_{2014}$	$FCFE_{2015}$	$FCFE_{>2015}$
终值						409276
股权成本(参见表7-4)	13.80%	13.80%	13.80%	13.80%	13.80%	11.00%
贴现因子	0.879	0.772	0.679	0.596	0.524	
贴现 FCFE	6468	4394	13631	15387	17412	
贴现 FCFE 总和	57292			q=2.5%		
贴现终值	214440					
股权价值	271732					
股票数量(单位:千)	5000					
每股股权价值(单位:波兰兹罗提)	54					

标记:F——预测;NWC——增加或减少,例如:净运行资本(库存+交易应收款-交易债务);NWC 变化——NWC 增加,例如:2012 年 NWC 变化等于 NWC_{2012} 减去 NWC_{2011}。

来源:作者制作。

表 7－3　使用公司自由现金流法的公司估值

价值(单位：千波兰兹罗提)	2011 年预测	2012 年预测	2013 年预测	2014 年预测	2015 年预测	2015 年以后预测
EBIT	20270	23876	28659	34980	42041	42041
有效收入税率	20.2%	20.2%	20.2%	20.2%	20.2%	20.2%
有效收入税(1)	4095	4823	5789	7066	8492	8492
息前税后经营利润(NOPLAT)(EBIT－收入税)	16175	19053	22870	27914	33549	33549
(＋)折旧	6204	8022	9384	10359	11381	
(－)投资支出	19697	19179	9926	10907	10953	
(－)净运行资本的变化	－7165	2907	2776	2036	1274	
FCFF	9847	4989	19552	25330	32703	33549
	$FCFE_{2011}$	$FCFE_{2012}$	$FCFE_{2013}$	$FCFE_{2014}$	$FCFE_{2015}$	$FCFE_{>2015}$
终值						409374
WACC	13.76%	13.75%	13.74%	13.73%	13.73%	10.94%
贴现因子	0.879	0.773	0.679	0.597	0.525	
贴现 FCFF	8657	3856	13285	15134	17180	
贴现 FCFF 总和	58112		$q=2.5\%$			
贴现终值	214132					
企业价值	272244					
(＋)截至 2010 年 10 月 31 日现金和现金等价物	200					
(－)截至 2010 年 10 月 31 日附息债务的价值	－2300					
(＋)其他非经营资产	0					
股权价值	270144					
股票数量(单位:千)	5000					
每股股权价值(单位:波兰兹罗提)	54					

(1)有效收入税(就税务而言)：这里历史上为 20.2%，这也是适用于未来年份的比率。如果评估师没有这个信息,可以使用账面税。

来源:作者制作。

资本现金流(CCF)模型

资本现金流可以被当作使用贴现现金流法计算现金流价值基础的第三类现金流。它们的计算是上面定义的股权自由现金流与所谓的债务现金流(debt cash flows,CFD;见表7-4)的总和。另一方面,债务现金流组成利息支付(金融收入与成本的差额)的总和,不考虑某个时期内的税盾效应和债务变化。上述关系可以被表述如下[费尔南德斯,2002b,378页]:

$$CCF = FCFE + CFD = FCFD + D \times c_d = FCFF + D \times c_d \times T \quad (7.1)$$

其中:

CCF——资本现金流;

CFD——债务现金流＝财务收入－财务成本＋资金流入－财务支出;

D——企业的债务(附息债务);

c_d——债务成本;

T——收入税率。

不考虑所选的贴现现金流法(股权自由现金流或公司自由现金流),上面呈现的每个变量应当导致某家企业中同一种股票的价值的估算结果相同,如表7-2、7-3所示,不过,在实践中,公司自由现金流法最为常用。

❖ 贴现率预测

除了自由现金流预测之外,计算资本成本是贴现现金流估值的关键元素。计算贴现率,尤其是在使用假设现金流类型时选择不当,由此产生不精确的结果,这一切都可能成为估算企业价值产生错误的根源。

根据货币时间价值理论(time value of money theory),**资本成本**(cost of capital,也被称为机会成本)的定义是投资者需求的能够在特定风险类别的替代投资上得以实现的最小回报率[茨瓦纳 A.(Cwynar A.)、茨瓦纳 W.(Cwynar W.),2006]。对一家企业而言,这意味着,如果该企业不能保证其投资者需求的回报率,那么投资者就会开始撤回他们的资金,转而投向具有类似风险却具有更高回报率的替代投资机会。因此,我们可以说,从投资者的角度而言,该成本是他需求的回报率;而从企业的角度而言,该成本是企业必须设法避免的资本外流[杜迪茨(Dudycz),2005]。因为企业通常是经由股权和债务进行融资,所以资本成本应当把所有者和债权人预期的回报率考虑进去。

在第二章中,我们详细描述了资本成本(贴现率)的计算过程,但是,为了计算表7-2和7-3呈现的贴现率,其过程如下面的表7-4所示。

表 7—4 贴现率计算

项　　目	2011 年	2012 年	2013 年	2014 年	2015 年	2015 年以后
股权份额(S_e)	99.3%	99.2%	99.0%	99.0%	98.9%	98.9%
债务份额(S_d)	0.7%	0.8%	1.0%	1.0%	1.1%	1.1%
无风险收益率(R_f)	6.3%	6.3%	6.3%	6.3%	6.3%	5.0%
股权风险溢价(ERP)	6.0%	6.0%	6.0%	6.0%	6.0%	6.0%
贝塔(β)	1.3	1.3	1.3	1.3	1.3	1.0
税率(T)	20.2%	20.2%	20.2%	20.2%	20.2%	19.0%
股权成本$C_e = (R_f + \beta \times ERP)$	13.8%	13.8%	13.8%	13.8%	13.8%	11.0%
债务成本(C_d)	7.8%	7.8%	7.8%	7.8%	7.8%	6.5%
WACC $[C_e \times S_e + C_d \times (1-T) \times S_d]$	13.76%	13.75%	13.74%	13.73%	13.73%	10.94%

来源：作者制作。

为了消除误差，我们必须考虑的主要问题是，根据现金流的类型不同选择合适的贴现率。对企业自由现金流而言，合适的贴现率是**加权平均资本成本**（WACC）；而对股权自由现金流而言是**股权成本**（C_e）。

❖ 贴现未来自由现金流和终值

为了对自由现金流进行估值，评估师应当假设某家企业存在一段特定的时间，因为我们不可能在一个无限时间范围内详细地计算自由现金流。为了解决这个问题，我们的分析通常被划分为两个时期（二阶段模型）：一个精确界定的预测期，以及其余（终）期，后者也被称为残余价值[蒙克辛丝卡、凯泽维茨（Kasiewicz），1999]或终值[费厄拉，2008]。

对终期的现金流价值进行恰当的估算，由此获得高质量的结果[1]，需要计算详细预测所覆盖的那个时期以及选择计算终值的适当方法。

关于详细预测所覆盖的合适时长，企业估值的理论和实践并没有提供明白无误的提示。在那些在估值领域具有长期经验的国家，这一时长通常被限定在

---

[1] 我们应当优先考虑终值估算的精确性，因为它在整个企业估值中所占的份额相当重要，可能在 30%～100% 之间波动，而在使用高科技的行业中，其份额可能多达 125%。参见柯普兰、科勒、穆林，1994；凯泽维茨、蒙克辛丝卡，1999。

7或8年[赫尔布林(Helbling),1991]。与此同时,需要强调的是,这一时长少于7年的情形非常罕见[柯普兰、科勒、穆林]。然而,在波兰的实践中,情况非常不同。由于波兰的经济形势具有不稳定性,因此预测期通常被缩短为4或5年[雅基(Jaki),2008],或者具体为5年[波罗维奇(Borowiecki)、雅基、凯兹梅利克(Kaczmarek),1999]。通常,这种情况是由评估师个人做出决定,因而有可能损害估值结果的客观性。为了在某种程度上限制评估师界定详细预测期的自由,我们认为,它取决于两个因素[扎泽茨基,1999]。第一个因素是我们能够详细估算被估值企业的金融规划中各个项目的时间长度。这里,至关重要的是必需数据的可用性与分析师的知识水平。另一个因素是被估值企业的特殊性及其财务状况。在计算预测期的时候,我们需要检查是否考虑到:商业的周期性、假设的投资、任何重组或重构计划或类似的任何其他规划项目。根据费厄拉的观点,选择详细的预测期实际上在每一种情况下都是一种折中做法[费厄拉,2008]。

评估师应当运用常识,确保预测期对应于他能够预测的被估值实体的未来那段时期。然而,同样重要的还有,他需要考虑**被估值企业的发展阶段**(公司越年轻,预测期就越长)以及某个产业的发展周期。

每一次估值都要求我们**审慎地估算终值**,因为它通常组成企业总价值的相当大的份额[柯普兰、科勒、穆林,1994]。费厄拉也指出,我们有必要细心计算终值,因为在他看来,终值的贴现形式(贴现终值,DTV,discounted terminal value)通常组成经营活动估值的一半[费厄拉,2008]。可能的情形是,在处于初创阶段的科技公司中,贴现终值组成企业价值的比例甚至超过100%,因为来自预测期的贴现自由现金流的总和是负值。计算终值的最流行方法是无限长一段时期内的可持续增长模型(高登模型),该模型假设自由现金流将会在这段连续期内以一个恒定的比率持续增长。

$$TV = \frac{FCF_{T+1}}{r-q} \qquad (7.2)$$

或者

$$TV = \frac{FCF_T(1+q)}{r-q} \qquad (7.3)$$

其中:

FCF_T——预测期最后一年的公司自由现金流;

FCF_{T+1}——专门指定的预测期之后第一年的常态化公司自由现金流;

r——在详细预测期之后的固定年贴现率(r=公司自由现金流模型的加权平均资本成本或者r=股权自由现金流模型的股权成本);

q——预期的无限期内的公司自由现金流增长率。

仅当$q<r$时,该公式才成立。

❖ **估值结果说明**

使用贴现现金流法估值的最后一步是，通过检查所做假设的可信度来验证获得的结果，即，为了促进决策过程，就已获得价值的变化对基本参数变化的反应进行敏感度分析，并对各种结果进行解释。

对某个企业的股权价值进行估算，这是上面讨论的估值阶段（财务和战略分析、自由现金流预测、资本成本预测及终值预测）的一个成果。

只有对计算结果进行仔细验证，我们才能计算最终的股权价值。我们必须确保，所获得的结果与所做出的假设一致，并反映出预测中确定的价值驱动力。检查计算结果是否正确的一个好办法是，把已估算的价值与该企业的市场价值或其同侪进行比较。假如我们发现了相当大的不一致，那么我们必须找出原因，检查估值过程中所做的假设是否正确。为了获得被估值企业的综合图景，有助益的做法是进行**敏感度分析**。它表明估值结果取决于假设变量的水平。事实上，评估师有可能比较各种情景，找出存在的相互依存关系。

估值的主要目标是向投资者、企业所有者及其他决策者传递信息。因此，除了价值计算之外，估值最后阶段的一个重要元素是**解释估值结果**，旨在促进决策过程。尤其是，我们必须考虑并分析各种可能的情景，确定其中影响价值的各种因素。同样重要的还有，我们必须评估估值模型中包含的主要参数发生变化的水平和概率，因为它们可能对企业价值具有相当大的影响，因而影响决策过程。

贴现现金流法的局限

贴现现金流法获得了很大的普及，但是它也招致了一些批评。这个估值模型的局限包括［卡梅拉－索温丝卡，1998；扎泽茨基，1999］：

• 主观性：对被估值企业的未来结果进行估算，这样做非常困难，在某些情况下甚至不可能，因此，估值结果在很大程度上取决于评估师。

• 在确定贴现率方面具有武断性。

• 把基于估算的通胀率纳入考虑：未来现金流应当反映通胀的影响，而通胀——作为一个被估算的价值——额外地扭曲了预测。

• 难以计算未来现金流中某些资产的贡献值。

• 所做出的假设在性质上不切实际。

使用贴现现金流法而不加以适当的校正,这种做法是行不通的,而且在下列情况下将会大大地扭曲估值结果[达摩达兰,2006]:

• 处于困境的公司,因为它们生成负现金流,我们可以设想它们在未来还会生成负现金流。对于这样的公司,它们破产的概率很大。

• 周期性公司,它们的收益和现金流往往追随经济形势,即,经济繁荣时上升,而经济衰退时下跌。

• 带有未实现资产的公司,这些资产不产生任何现金流。根据经典的贴现现金流法的原则,这类资产的价值在估值中不予考虑。

• 带有专利权或产品期权的公司,它们不产生任何现金流,而且根据预期在不久的将来也不会产生现金流。这些资产在估值中通常不予考虑,即便它们对公司而言很有价值。

• 处于重组中的公司,在重组的过程中,很多主要的因素影响到估值变化。这些因素包括:某些资产的出售、新资产的收购、资本结构的变化或股利政策的修正。

• 卷入合并与收购的公司。这里尤其值得注意的是,并购的企业能够产生协同效应;而在恶意收购的情况下,协同效应和人力资源发生变化对被收购公司的未来情况可能会造成不利的影响。

• 私人公司,我们即使使用大多数现成的模型也不可能对其资本成本进行估算。

尽管存在无数的批评声音,他们强调必须完善贴现现金流法,或者只把它当作战略决策的几个基础之一,但是反对者似乎同意,这个概念本身是正确的,而且从实践的角度来看确实非常重要。

尤特绅卡控股股份公司的估值

❖ 公司描述

下面呈现一个案例分析,拟定该案例分析时,我们依据的是马辛·斯迪巴科夫(Marcin Stebakow)撰写的对该公司的分析报告以及该集团的财务报表。这次估值拟定的时间截至2010年11月29日。

尤特绅卡控股股份公司(Jutrzenka Holding SA,以下简称"尤特绅卡")是波兰食品工业中最大的公司之一。该公司在比得哥什、波兹南、卡利什等地拥有生产工厂,制造糖果类食品;在卡利什附近的奥帕图韦克拥有一家生产工厂,制造软饮料;在威克罗提拥有一家生产工厂,制造厨房用具。

集团雇用大约 1 750 工人,日常生产大约 250 种糖果、调味品、坚果和干果、茶及软饮料。尤特绅卡控股股份公司的产品目前不仅在欧盟成员国销售,而且出口到中东欧、美国、加拿大和中东。

❖ 尤特绅卡控股股份公司主干公司的股东结构

尤特绅卡控股的主要股东包括创始人杨·考兰斯基(Jan Kolański)先生以及被控股公司泽沃普莱克斯,该子公司生产调味品和糖果类混合产品。2009年,股东大会为了赎回或转售,决定买回公司的股份。为了这个目的,公司可能配置最多 5 800 万波兰兹罗提,用以购买不多于其股票资本的 10%。购买股票的价格可以是不超过 4.00 波兰兹罗提、不低于 0.50 波兰兹罗提。管理委员会买回股票的授权有效期止于 2014 年 6 月 19 日。

❖ 市场和竞争

在波兰,大约有 140 家甜品制造商。2010 年,这个市场的价值为 640 万波兰兹罗提。在接下来几年中,市场价值的增长速度可能为每年 5.0%~7.0% [斯迪巴科夫,2010]。波兰目前的甜品消费是大约人均 4 千克,即,与英国(7 千克)、奥地利和荷兰(8 千克)以及瑞士(11 千克)等国相比低很多。糖果市场的销售呈现季节性。我们可以观察到,需求最旺盛的是秋季和冬季。

华沙证券交易所列出了这个行业的三家公司。尤特绅卡的直接竞争者是瓦维尔(Wawel)和梅什科(Mieszko)[制造业和 B2C(商家对客户)贸易]。华沙证交所上市的第三家公司是奥特穆胡夫(Otmuchów)[制造业和 B2B(商家对商家)贸易],可以被视作尤特绅卡的间接竞争者。

2010 年 1—3 季度,尤特绅卡实现了销售利润率 6.6%(与之相比,2009 年同期为 9.6%)。梅什科生成的利润率处于 4.7% 水平(前一年为 3.8%),瓦维尔处于 14.2% 水平(前一年为 12.5%)。(见表 7—5)

表7-5 2010年1月1日至9月20日尤特绅卡公司与其竞争对手所选范畴和财务比率的比较

项 目	尤特绅卡	尤特绅卡：糖果部门	瓦维尔	梅什科
收入	443.6	299.9	251.3	184.0
销售利润	29.4	32.6	35.8	8.7
EBITDA	42.5	47.5	43.3	18.6
EBIT	23.9	32.6	35.2	10.7
净利润	18.6	24.8	29.1	7.0
销售利润率	6.6%	10.9%	14.2%	4.7%
EBITDA率	9.6%	15.8%	17.2%	10.1%
EBIT率	5.4%	10.9%	14.0%	5.8%
净利润率	4.2%	8.3%	11.6%	3.8%
股权收益率	5.1%		22.5%	10.4%

来源：斯迪巴科夫，2010，第22页。

❖ **主要风险因素**

尤特绅卡面临以下金融风险：
• 市场风险，包括商品价格风险（可可、糖、面粉）、购买商品和资源交易结算及其安全保障伴生的外汇风险。
• 商业风险，包括：业务放缓的风险，尤其是在快速消费品的市场；激烈的价格竞争，因为一个市场新玩家赫然出现，例如日本的乐天集团(Lotte Group)，乐天已经从卡夫公司(Kraft)购买了数家生产工厂和威德尔品牌；软饮料板块的失利，无法实现正的经营赢利。

❖ **使用贴现现金流法对尤特绅卡控股股份公司的企业价值、股权价值和每股价值进行估值**

斯迪巴科夫采用的贴现现金流模型所做的假设如下（见表7-7）：
(1) 预测期：10年，即2010—2019年。
(2) 收入预测：
• 综合销售收入将会在2010年增加4.5%（与2009年相比），为6.06亿波兰兹罗提（见表7-6），其中：

表 7-6 尤特绅卡控股股份公司 2008—2009 年的所选金融范畴以及 2010—2013 年预测(单位:百万波兰兹罗提)

金融范畴	2008	2009	2010	2011	2012	2013
收入	534	580	606	653	704	748
EBITDA	-4	79	64	81	94	123
EBIT	-27	53	39	56	67	73
纯利润/净亏损	-35	33	30	43	53	59

来源:斯迪巴科夫,2010,第 1 页。

——糖果板块将会生成 4.18 亿波兰兹罗提(每年下降 0.8%);
——软饮料板块销售额达 6 860 万波兰兹罗提(每年增加 42.0%);
——调味品板块将会生成 1 150 万波兰兹罗提(每年增加 8.8%)。

根据预测,在后续的年份里,销售结构将会发生变化。糖果板块仍将占据主导,但是"海伦"(Helena)牌饮料的份额将会从 2010 年的 11.3%增长至 2019 年的 19.1%,变得日益重要。最终,我们设想,在预测期内调味品的份额将会达到 17%～18%。

(3)成本预测

• 2010—2012 年,销售成本将会随着营销和后勤的花费而增加,但是净销售赢利也会随着销售量的增加而提高。

(4)根据假设,2010 年,毛利润率将达 38.2%,2012 年将增加至 38.8%。在糖果板块,优化产品组合、集中最强品牌;在软饮料板块,赢利水平继续增加;在配送系统,完善系统的功能。这些做法将使得公司取得更好的成果。息税前利润率从 2009 年的 9.1%下跌至 2010 年的 6.5%,在这之后,根据预测,在后续的年份里息税前利润率将会增加,2012 年达到 9.4%的水平。

(5)净营运资本的变化

软饮料板块的重要性日益增加,这将会有助于提高库存周转率(inventory turnover)和贸易负债周转率(trade liabilities turnover),在预测期内,我们把两种周转率水平分别确定为 33 天和 43 天。

(6)投资

2010—2013 年的总投资费用将达到 1.166 亿波兰兹罗提,而在预测期的最初几年里,该费用将会超过减值费用;尤特绅卡控股将会实现有机增长,因此,预测没有考虑收购问题。

(7)加权平均资本成本预测

股权成本(无风险收益率:10 年期长期国债收益率,即 6.14%;截至 2011 年 3 月 11 日,上述债务证券的收益率为 6.35%;β 因子=1.0;风险溢价:5.0%)。

表7-7 使用贴现现金流法对尤特绅卡控股股份公司的估值模型（单位：百万波兰兹罗提）

项 目	2010	2011	2012	2013	2014	2015	2016	2017	2018	2019
销售收入	606.4	653.2	703.9	747.1	788.6	823.6	852.2	875.4	894.1	909.1
EBIT	39.2	55.9	66.5	73.2	80.1	84.7	89.2	93.7	96.1	97.7
税率	19%	19%	19%	19%	19%	19%	19%	19%	19%	19%
EBIT税	7.4	10.6	12.6	13.9	15.2	16.1	16.9	17.8	18.3	18.6
息前税后经营利润	31.7	45.3	53.9	59.3	64.9	68.6	72.3	75.9	77.8	79.1
（＋）折旧	24.4	25.3	27.4	30.3	32.2	33.4	34.3	34.3	35.5	36.6
（－）投资支出	－11.6	－36.1	－36.2	－32.6	－29.8	－29.6	－30.8	－33.4	－35.0	－36.6
（－）净运行资本的变化	4.9	－12.8	－9.1	－7.8	－7.5	－6.3	－5.2	－4.2	－3.4	－2.7
FCFF	49.4	21.6	35.9	49.2	59.8	66.1	70.6	72.6	74.9	76.4
贴现因子	0.991	0.893	0.804	0.724	0.652	0.586	0.527	0.475	0.427	0.384
贴现FCFF	49.0	19.3	28.9	35.6	38.9	38.8	37.2	34.5	32.0	29.3
贴现FCFF总和	343.4									
终值	760.6					q＝1%				
贴现终值	292.3									
企业价值	635.7									
附息债务	96.8									
现金和现金等价物	26.5									
用于购买自有股票的现金	2.5									
净债务	67.8									
股权价值	567.8									
股票数量（单位：百万）	143.359									
每股股权价值（单位：波兰兹罗提）	3.96									

来源：作者制作，根据斯迪巴科夫，2010，第5页。

债务成本：1.5％（信用溢价）＋无风险收益率。

(8) 终值（TV）

根据高登模型计算的终值。

增长率 q——预测期之后的公司自由现金流增加＝1.0％。

(9) 贴现终值＝终值乘以 2019 年的贴现率。

(10) 净债务的计算方法如下：截至 2009 年 12 月 31 日的附息债务（9 680 万波兰兹罗提）－截至 2009 年 12 月 31 日的现金和现金等价物（2 650 万波兰兹罗提）－截至 2010 年 9 月 30 日的用于购买自有股份的现金（250 万波兰兹罗提）计算的结果为，净债务达 6 780 万波兰兹罗提。

下面呈现的是估值结果：

- 2011—2019 年公司自由现金流的贴现价值为 3.434 亿波兰兹罗提。
- 预测期之后的终值为 7.606 亿波兰兹罗提，经过贴现（即乘以预测期之后的贴现率）——2.923 亿波兰兹罗提（贴现终值）。
- 结果，上述两个贴现项目的总和等于截至 2010 年 10 月 29 日的企业价值，为 6.357 亿波兰兹罗提。企业价值中，公司贴现自由现金流占 54％，贴现终值占 46％。
- 从企业价值中扣除净债务，我们得到股权价值，为 5.678 亿波兰兹罗提。
- 股权价值除以股份的数量（1.43359 亿股）等于每股的股权价值，为 3.96 波兰兹罗提。

❖ 使用乘数法对尤特绅卡控股股份公司进行估值

在作者的报告中，他还基于 2010—2012 年的预测，选择具有类似商业活动的国内外公司，使用比较法对该公司进行估值［斯迪巴科夫，2010］。为了对尤特绅卡进行估值，他确定的最合适的同侪是在证券交易所上市的三家公司，即梅什科、奥特穆胡夫和瓦维尔。作者使用了三个市场乘数：市盈率（P/E）、企业价值/息税折旧摊销前利润（EV/EBITDA）、企业价值/息税前利润（EV/EBIT），每个乘数被赋予的权重为 33.3％（见表 7－8）。

❖ 计算尤特绅卡控股股份公司单股的最终价值

在我们所探讨的这份分析报告中，尤特绅卡控股股份公司单股的最终价值是两种估值方法结果的算术平均值（见表 7－9）。

表 7-8 使用比较法对尤特绅卡控股股份公司的估值

项目	截至 2010 年 10 月 28 日的股票价格	2010 年	2011 年	2012 年	2010 年	2011 年	2012 年	2010 年	2011 年	2012 年
		P/E			EV/EBITDA			EV/EBIT		
奥特穆胡夫	15.9	16.7	13.6	12.0	10.6	8.0	7.0	13.6	10.6	9.1
梅什科	3.5	13.1	11.9	10.4	7.3	6.5	5.8	12.0	10.6	9.3
瓦维尔	465.0	15.5	13.4	12.0	10.2	8.8	7.8	12.5	10.7	9.4
算数平均值		15.1	13.0	11.5	9.4	7.8	6.9	12.7	10.6	9.3
尤特绅卡	3.6	17.4	11.8	9.8	8.5	6.4	5.2	13.8	9.3	7.4
尤特绅卡的净利润(单位:百万波兰兹罗提)		29.6	43.4	52.6						
尤特绅卡的EBITDA(单位:百万波兰兹罗提)					63.6	81.3	93.9			
尤特绅卡的EBIT(单位:百万波兰兹罗提)								39.2	56.0	66.5
尤特绅卡的股票数量(单位:百万)		143.4	143.4	143.4	143.4	143.4	143.4	143.4	143.4	143.4
根据乘数法的估值(1)		3.1	3.9	4.2	4.2	4.4	4.5	3.5	4.1	4.3
年权重		33.3%	33.3%	33.3%	33.3%	33.3%	33.3%	33.3%	33.3%	33.3%
根据乘数法的股票估值(2)		3.75			4.35			3.95		
权数		33.3%			33.3%			33.3%		
尤特绅卡每股股权价值(单位:波兰兹罗提)		4.01								

(1)例如,尤特绅卡 2010 年的 P/E 值的计算方法如下:15.1×29.6 百万波兰兹罗提÷143.4 百万股=3.1。

(2)根据 P/E 乘数法我们直接得到股权价值,但是使用基于 EV 的乘数法我们得到企业价值。

来源:作者制作,根据斯迪巴科夫,2010,第 7 页。

表 7—9　尤特绅卡控股股份公司每股价值的估值和计算总结

尤特绅卡控股股份公司每股的估值	校正前的每股价值	权重	校正后的每股价值
贴现现金流法	3.96	50%	1.98
乘数法	4.01	50%	2.01
尤特绅卡的每股价值（单位：波兰兹罗提）			3.99

来源：作者制作，根据斯迪巴科夫，2010，第 3 页。

结　论

- 贴现现金流法是当今最流行的企业估值方法。这种方法具有很多优点，但是也存在一些缺点。在优点当中，最重要的是：我们可以在市场发展预测的背景下，就企业在现金方面生成现金流的潜能进行估值；我们可以对企业资产[资产负债表中披露的与未披露的（例如品牌）]生成现金的能力进行评估。贴现现金流法的批评家指出，关于财务报表和资本成本预测的假设在性质上带有很大的主观性等，这样可能导致太过高估企业价值。

- 评估师还应当坚决捍卫自己做出的每一个假设，尽量不要依仗下面这个借口：这是评估师中间盛行的做法。估值的一个非常有争议的成分是，例如贴现终值（DTV），当估值的第一个元素（即贴现的公司自由现金流的总和）为负值，贴现终值甚至可能在企业价值占据的份额超过 120%。因此，重要的是审慎地监控企业价值中的贴现终值（或股权价值中的贴现终值）。投资者不再无条件地相信下面这种说法：我们是在购买未来。

- 结果，贴现现金流应当被看作只是为了计算企业价值或股权价值而使用的方法之一。即使评估师使用数个金融预测情景（例如：乐观的、稳健的及悲观的情景），预测工作也带有很大程度的主观性。从业者如果来自管理私募股权基金的公司，那么使用贴现现金流法应当非常谨慎，更加注重市场法。[《国际私募股权和风险资本估值指南》(International Private Equity & Venture Capital Valuation Guidelines)，21 页]

- 在未来现金流的各种模型（股权自由现金流、公司自由现金流、资本现金流）中，公司自由现金流模型在实践中的应用最为频繁。每一种模型最终都会得出股权价值。

自测题

1. 贴现现金流法的优点和缺点是什么？
2. 使用贴现现金流法进行公司估值有哪些内容？
3. 未来现金流模型有哪些，它们是如何被计算的？
4. 计算终值的方法有哪些？
5. 我们可以向尤特绅卡控股股份公司估值的作者追问哪些关键性的问题？

延伸阅读

1. Damodaran A. [2010], *Applied Corporate Finance,* John Wiley and Sons, Hoboken, New Jersey.

2. Damodaran A. [2009], *The Dark Side of Valuation: Valuing Young, Distressed, and Complex Businesses,* 2nd edition, FT Press.

3. Fernandez P. [2002], *Valuation Methods and Shareholder Value Creation*, Academic Press, San Diego.

4. Koller T., Goedhart M., Wessels D. [2010], *Valuation: Measuring and Managing the Value of Companies*, 5th edition, McKinsey & Company Inc., John Wiley and Sons, Hoboken, New Jersey.

第八章 使用股利贴现法的商业估值

假如为了股东的利益,股利收益没有支付给股东而是以复利形式全部被再投资,那么,正如评论家指出的,这类收益应当在后来某个日期生成股利,否则,这笔钱就浪费了。

——约翰·伯尔·威廉姆斯(John Burr Williams)

本章概要

▶ 股利、股份回购与现金流和利润的关系

▶ 未来股利预测

▶ 商业估值的基本股利贴现模型

▶ 高登增长模型

▶ 股利增长的多阶段模型

把现金还给所有者：
资本利得、股利和股份回购

根据股东大会的决定,现金股利是准备支付给公司的利益相关者或股东的净利润的一部分[《波兰商业合作和公司法》(Polish Code of Commercial Partnerships and Companies),2000]。我们区分普通、附加、特殊和清算的现金股利。股利也可能是有形的(例如:公司有形资产的项目)或者采取公司股份的形式。**现金股利**(Cash Dividend)是股利的基本形式。股利的支付方式为,在股东大会批准公司的年度财务报表之后,美国每季度支付一次,英国每年支付两次,而波兰和欧洲大陆每年支付一次。此外,一种叫预付股利(Advance Dividend)的新形式出现了,预付股利是在财政年度结束之前支付,每年支付两次,所以类似于英国的模式(例如波兰国家保险股份公司、派卡欧毕批银行以及阿帕驼股份公司)。

再者,现金股利与公司股票的不同类型相关。《波兰商业合作和公司法》区分了以下类型:

- **普通股票**(主导的类型);
- **记名优先股**(preperential registered shares,比普通股票可能高出 50%,但是取决于先前支付的普通股票股利);
- **沉默股票**(Silent shares),在股东大会上不具有任何投票权,但是,假如公司的规章具有如下的规定(可能被赋予优先权),赋予它们在普通股票或优先股票之前参与股利支付,那么它们赋予股票所有者参与超出普通股票和优先股票的剩余现金股利(理论上没有限制)。

公司可以为股利支付创造储备资本(reserve capital),其数量可以在三个会计年度内被花光。

现金股利代表其所有者有权参与公司的净利润分配,而公司并没有真实的法律义务去支付这些股利。在纽约证券交易所和华沙证券交易所挂牌的公司中,大约有三分之一支付各自的股利,但是只有那些最大的公司能够确保按期支付。自从 19 世纪以来,有 60 多家美国公司一直坚持按季度支付它们的现金股利[梅奥(Mayo),1997],包括埃克森美孚公司(从 1882 年以来)、礼来公司(从 1885 年以来)、宝洁公司(从 1891 年以来)、可口可乐公司(从 1893 年以来)及通用电气公司(从 1899 年以来)。从历史而言,使用贴现股利进行商业估值的方法是第一种具有非常广泛应用的方法——在贴现现金流法流行之前。

从企业的视角来看,"股利是公司为了购买公司股份而支付给投资者的价格。它代表使用股东资本的成本"[斯耶宾丝卡(Sierpińska),1999,171页]。

对公司的管理委员会而言,股利是一种特殊类型的合同,代表他们因股东给他们提供资本而欠有股东的可支付债务。对投资者而言,股利是他们投资资本的总回报(股东总回报,Total Shareholder Return,TSR)的一个关键部分。在没有资本利得(capital gain)的情况下,股利是购买公司股份的首要利益,最能代表所有者与企业之间的关系。

应当强调的是:"股利越来越取决于现金流和净利润:现金流代表公司支付股利的能力;净利润是特定会计实践的结果,未必反映公司的实际支付能力。"[布莱厄姆(Brigham)、豪斯顿(Houston),2005,211页]

在这个领域的文献中,人们一般承认,从长期来看,现金股利将会遵循利润[达摩达兰,2011]。股利的波动性比利润的波动性低很多。然而,观察一下在过去五年里波兰的几家大公司向其股东支付高额股利的情形,你就可以清楚地看到每股收益(EPS,earnings per share)以外的因素对支付的股利价值具有什么影响。

以花旗波兰商业银行(Bank Citi Handlowy SA)(波兰派卡欧银行也同样)为例,所有者没有收到2008年的现金股利,尽管该公司发布了净利润报告。在非常不稳定的全球金融系统中,该银行遵照波兰国家银行和金融监管委员会的指令,决定增加股权。在其他时期,股利支付率超过净利润的75%,2009年达到97.7%(参见表8-1)。

表8-1 2005—2009年花旗波兰商业银行每股股利、股利收益率、股利支付率

项 目	2005	2006	2007	2008	2009
每股股利(波兰兹罗提)	3.60	4.10	4.75	0.00	3.77
每股收益(波兰兹罗提)	4.73	5.03	6.31	4.60	3.86
年终股票价格(波兰兹罗提)	66.5	86.8	99.9	48.00	75.4
股利收益率(%)	5.40	4.70	4.80	0.00	5.10
股利支付率(%)	76.1	81.5	75.3	0.00	97.7

来源:www.citibank.pl。

以波兰铜业集团为例,我们也很难精确地指出股利支付与利润生成之间的相互依存关系。2007年和2009年的股利支付率下降,这是因为该公司实施投资规划,并非是因为每股收益大幅下跌。(参见表8-2)

表8-2 2005—2009年波兰铜业集团每股股利、股利收益率、股利支付率

项目	2005	2006	2007	2008	2009
每股股利(波兰兹罗提)	10.00	16.97	9.00	11.68	3.00
每股收益(波兰兹罗提)	10.51	17.40	19.67	13.83	12.70
年终股票价格(波兰兹罗提)	62.50	89.00	105.80	28.12	106.00
股利收益率(%)	16.0	19.10	8.50	41.50	2.80
股利支付率(%)	95.1	97.5	45.8	84.40	23.60

来源:www.kghm.pl.

因拥有公司股份而获得的利润,以三种形式被转移给股东:作为资本利得、作为股利、作为股份回购。

通过对美国500家最大公司的现金分配进行研究,毫无疑问地揭示出一个新的规律[高盛公司,2005],该规律表明,2006年,这500家公司在自有股份回购方面投资了4 100亿美元,在现金股利方面投资了2 200亿美元。这意味着,在美国的公司中,**股份回购**(own share repurchase)已经变成了把现金返还给所有者最重要、最基本的形式。大公司(沃尔玛、IBM、微软、英特尔、雅虎以及更多公司)为了赎回而投资于股份回购的数量高过它们投资于现金股利的两倍之多。

在波兰的大中型企业中,似乎也在出现类似的趋势,尽管那些最大的公司[麦尼卡股份公司(Mennica SA)、博雷舍夫股份公司(Boryszew SA)、阿荀拉股份公司(Agora SA)、慕迪麦迪亚股份公司(Multimedia SA)、波尔法库特诺股份公司(Polfa Kutno SA)等]并非如此。有数不清的强烈诱因鼓励企业进行股份回购,例如:增加每股收益、捍卫公司抵御恶意收购、税率优惠、改变资本配置的结构和增加资本配置的效率、使用过剩现金购买被资本市场低估的公司股份。

公司可能回购其自有股份,为的是:赎回股份(首要目标);把股份保留在公司内部,有可能将来再出售给投资者;把股份作为公司激励计划的一部分出售给公司的经理们。

公司追求的股份回购计划很有吸引力,因为这种形式具有灵活性,借此可以把现金返还给所有者,股东可以做出更多选择(他们可以决定是否需要出售股票,而股利对所有股东而言是法定的)。如果公司有过剩现金,那么股份回购:

• 可以减少这种过剩现金的水平[因此,对所有者而言,这种做法比管理委员会的投资项目更为安全,投资项目具有某些事先(*ex ante*)优势,但是事后(*ex post*)未必赢利];

• 如果发生赎回行为,那么可以减少流通中的股票数量;

• 通常导致股票价格更高,因为公司为其自有股份创造需求。

发展公司自由股份回购计划,可以有助于形成一种新的指标:股东的现金回报(Cash Shareholder Return, CSR)(公式参见 8.1),代表赋予股东的现金(现金股利和股份回购)与股权自由现金流的比率。该指标可以作为其他传统的货币政策措施的补充,例如股利收益率(每股股利比市场股票价格)和股利支付率(每股股利比每股收益)。

$$CSR = \frac{股利 + 股份回购}{股权自由现金流} \tag{8.1}$$

这个指标表明,赋予公司所有者的自由现金流的哪一个部分被以现金股利和投资于股份回购的现金的形式转移给他们。

把这个新的度量指标考虑进来,我们可以得出的结论是,自由现金的水平加上**公司未来可以负债的潜能**与账簿中发布的净利润数量相比,前者对公司支付股利和回购其自有股份的能力具有更大的影响。然而,这并不影响对投资者而言股利收益的重要性,因为投资者评估公司的目的是为了投资。股利收益率可以拿来与下列内容相比:其他股票的收益率、其他证券例如债券的收益率、银行存款的利率。

股利收益率是公司股票中预期投资回报率的一个重要组成部分。2010 年,在波兰,公司公告支付给股东的最高预期股利收益率如下:派卡斯公司——12.65%、布迪麦克斯公司——9.36%、波兰电信股份公司——8.65%、热维茨公司——7.53%、阿索克商业公司——7.20%、华沙证券交易所——6.77%、埃莱克特罗蒂姆公司——6.64%、阿米卡公司——6.44%、波兰铜业集团——6.38%、花旗波兰商业银行——5.90%以及波兰国家保险公司——5.40%。它们超过长期银行存款利率,在大多数情况下超过 10 年期国债收益率(6.25%)。我们还应当指出,2011 年 1 月,华沙证券交易所发布了一个指数,该指数代表 30 家具有定期股利支付能力的公司。2010 年,这 30 家公司的股利收益率是 4.3%,相当于波兰 20 家最大银行 6 月期存款的平均水平。

未来股利预测

在 21 世纪第二个十年的开端,对未来的每股股利进行预测,已经变成了一件极为复杂的事情。除了先前我们知道的各种条件诸如经济和产业周期的阶段、技术革命或公司生命周期之外,一些新的因素已然出现:资本市场、商品市场和货币市场具有很高的波动性;价值和资本从高度发达市场向新兴经济体(主要是巴西、俄罗斯、印度和中国)迁移;经济危机和债务危机对成熟市场具有跨越效应(surmounting effect);最后,公司为赎回而回购自有股份花费的现金日益增加,这种做法现在被视为把价值向公司所有者转移的一种形式,与传统的现金股利法并行不悖(在很多公司,回购已经成为把现金返还给所有者的优先做法)。

因此,对未来股利进行预测,我们分析的视角应当借鉴经验研究的理论结论中包含的推荐做法以及某些实践的做法和局限。这样的方法才能够使我们更加全面地描述未来股利预测的问题。

金融理论家通常把他们涉及公司股利政策的结论与以下三个变量联系起来:投资资本回报率(ROIC,return on invested capital)、资本成本及公司生命周期的阶段。弗朗西斯(J. C. Francis)[弗朗西斯,2000]强调了涉及股利政策和股利预测的五个重要结论:

• 成长型公司不应当支付股利。根据我们的理解,成长型公司是指投资资本回报率超过资本成本的公司。在这种情况下,公司应当把利润进行再投资而不是支付股利。在实践中,股东们要求从公司的价值增长中衍生的价值能够恒定、持续地转移给他们。因此,实践的做法与理论的推荐做法并不吻合。

• 衰退型公司应当支付股利。这类公司投资项目的投资资本回报率无法超过资本成本,所以应当把它们的全部利润支付给所有者。这类理论上的推荐做法不仅涉及正在衰退的公司,而且涉及成熟的、有时甚至是正在成长的公司,它们在未来数年里将不会拥有任何有吸引力的投资项目,尽管这类项目在未来可能会被付诸实施,例如技术革命的结果使然。

• 在一些典型的公司(处于静态平衡的状态),股利政策不会影响股票价值。只有当投资资本回报率等于资本成本时,这种情形才会存在。

• 我们应当区分公司规模的增长与公司价值的增长。如果公司把所有的利润都用于再投资,但是投资资本回报等于资本成本,"未来股利和资本成本的现值等于为公司发展而保留用于融资的利润的现值……如果利润的100%被当作股利支付,那么公司能够通过发行新股而非保留利润去扩大规模"[弗朗西斯,2000,507页]。

• 对每股股利的预测是根据无数的简化和假设,而它们又会发生频繁的变化。尤其是,这一点涉及下面的情形:公司没有外部的基金来源;投资资本回报率和资本成本变化显著;公司恒定地生成利润(即不会招致亏损),按规定支付股利(非常有趣的是,波兰派卡恩奥尔兰国营石油公司和派卡欧银行在此前十年间并不是每年支付股利),追求一种基于股利支付的政策。很明显,这类假设已经做了严重简化,没有现实支持,但是为了理论思考,我们需要这样做。

对标准普尔500指数涵盖的500家大型美国公司50年间的利润增长和股利进行分析,我们得出了几个重要的结论[达摩达兰,2011]:

第一，股利追随利润，较高的利润导致接下来的年份里的股利较高，较低的利润可能导致股利较低，当然并非总是如此。

第二，公司不情愿减少股利，每当它们的利润下跌，它们总是尽量维持股利水平不变，希望未来获得更高的利润。

第三，这样导致的结果是，尽管利润波动，但是股利的波动性较低。

第四，股利政策的变化在很大程度上取决于公司的生命周期以及由此造成的增长率、生成的现金及有吸引力的投资项目不同。

对波兰公司的股利政策进行分析，可以得出类似的结论。在波兰，**增强股利的宏观经济重要性的问题**尤其重要。根据初步估算[亚当奇克（Adamczyk），2011]，2011年，波兰国家预算将会收到的股利大约是44亿波兰兹罗提，收到的股利税收大约是27亿波兰兹罗提（而这只是来自于华沙证券交易所挂牌的公司）。由于上述数据代表最小价值，这意味着从股利和税收得到的收入（proceeds）将至少占2011年国家预算收入的2.6%，其趋势处于上行。我们可以假设，2011年的股利将会超过2010年的股利峰值，在华沙证券交易所挂牌的公司，2010年的股利超过180亿波兰兹罗提，处于波兰的最高值。2012年支付的股利注定也会超过2011年的股利，正如与2010年同期相比，2011年上半年公司的利润增加了22%。

然而，我们应当指出，利润预测可能出现某些事先的错误来源，它们也会影响到每股股利预测。这些错误来源包括如下内容：

- 假设公司的成长是线性的，而公司的成长通常与"阶梯模型"（stepped model）一致：一段剧烈增长的时期之后，是一段稳定或下降时期，然后返回到增长；
- 价格赢利水平和生成现金的总量是恒定提高的；
- 没有考虑公司成长阶段中不可预测因素的影响，这些因素不受公司或当地经济的左右；
- 缺少公司发展的几个变量；没有考虑各种类型的风险，包括塑造公司形态的风险；
- 在资本市场上的存在期的时长不足（一般需要超过10年），因此不能够与金融行业建立适当的沟通关系；
- 不能证明公司采纳的商业战略是建立在事先的基础上；
- 认为公司的管理效率是恒定提高的（而错误是与管理伴生的），主观/积极的因素（"我们想要公司的战略取得成功，我们一直在努力去实现战略；我们能做到"）左右着我们的心理，而不是在实施规划时采取批判的、客观的态度。

最后但并非不重要，有很多因素影响管理委员会和股东制定股利政策，最重要的因素如下：

- 限制股利支付的形式：贷款协议（并非一种罕见的现象，例如2008年波兰国营石油公司曾经经历过);遵循股票资本完整性的规定;现金的可用性,分析股权自由现金流＞股利加股权自由现金流＜股利,并考虑是否应当拿出一笔贷款去支付股利。

- 投资可能性。
- 资本的替代来源。

——当新股发行的成本很高(资本市场有一个消极信号),公司应当选择限制股利支付并保留利润用以增加资本。

——分析公司运用债务替代资本的能力,当公司情愿接受较高的负债(而债务成本并没有显著增加),那么,尽管利润波动相当大,公司还是应当维持一个恒定的现金股利。

- 管理方意欲保持对股利政策的控制权,尽管这方面的决策权实际上应当留给公司的股东们,而在实践中,管理委员会与股东往往意见不一致。

实践中,在一个稳定的长期 GDP 增长的环境中,你可以预测每股股利按年度计算大约为 8%,这是基于三个假设:

- 按年度计的 GDP 增长率大约为 3.5%(波兰过去 20 年里的平均年增长率);
- 按年度计的通胀率大约为 2.5%(波兰货币政策委员会的目标水平);
- 公司增长率超过 GDP 和市场增长率至少 2 个百分点。

股利贴现模型

❖ 假设

我们将从下面这个基本的假设出发:潜在的投资者购买公司的股票,意欲把股票"永远"保留,例如流传给他的继承人。如果公司继续其经营活动,即设法避免破产或被清算或被接管,那么,"公司股票价值的计算方法与所有金融资产价值的计算方法相同——是预期未来现金流的当前价值"[扎泽茨基,1999]。

预期现金流的价值取决于:

- 在未来的年份里收到的现金股利;
- 未来的股票出售价,该价格还取决于实施的股份回购和赎回计划。

然而,如果股票的购买者不想出售股票,那么股票的价值取决于收到的现金股利流量。"资本利得不是价值的来源,而只是公司生成过剩现金的能力发生积极变化的结果。"[扎泽茨基,1999,98页]因此,股票的价值被定义为预期未来现金股利的当前价值。

该领域的文献描述了下列股利贴现模型,这些模型试图对涉及各种股利支付情形和政策做出某些概括,被用于股权估值和股价估值之中:

——零股票增长模型;
——恒定股票增长模型(高登增长模型);
——多阶段增长模型:二阶段模型和三阶段模型;
——双态模型(bimodal model)。

❖ 基本估值模型

基于股利贴现法的基本股票估值模型[布莱厄姆、豪斯顿,2005,第377页]如下:

$$\hat{P}_0 = \frac{D_1}{(1+c_e)^1} + \frac{D_2}{(1+c_e)^2} + \cdots + \frac{D_\infty}{(1+c_e)^\infty} = \sum_{t=1}^{\infty} \frac{D_t}{(1+c_e)^t} \quad (8.2)$$

其中:

$\hat{P}_0$——预期股票价值;

D_t——t 期间内的预期股利;

D_1——第二年的预期股利;

D_2——第三年的预期股利;

D_0——当年的预期股利;

c_e——需求的股票回报率,考虑三个元素:真实回报、预期通胀与风险。

达摩达兰[2002,322页]提出了一个类似的公式:

$$股票价值 = \sum_{t=1}^{t=\infty} \frac{E(D_t)}{(1+c_e)^t} \quad (8.3)$$

其中:

$E(D_t)$——预期每股股利;

c_e——股权成本。

❖ 恒定股利模型

这是一个有用的模型,可以根据在未来时期里股利的平均价值来估算未来股利,或者把平均未来股利价值看作是一种永久的养老金。该模型假设,支付的股利价值将会保持稳定,因此,股票价格被估算为经由规定回报加以贴现的每股现金股利。

零增长股票：

$$P_0 = \frac{D}{c_e} \tag{8.4}$$

其中：

P_0——预期股票价格；

D——预期股利；

c_e——股权成本。

如果我们有可能可靠地估算未来的平均股利支付率，那么这个模型非常有用。因为它很简单，所以它可以为其他更复杂的股权估值方法建立一个参照点。

❖ 恒定股利增长模型

如果我们预期存在一个恒定的年股利增长率，那么可以使用**高登增长模型**[高登，1959]，它是在理论和实践中都最流行的股利增长模型。该模型主要适用于处在成熟增长阶段的公司。我们可以预期，这类公司支付的股利增长的决定因素是实际 GDP 增长＋通胀＋超出 GDP 的主要公司的股利增长。

因此，我们似乎有理由假设，预期年股利增长可能为大约每年 5％～8％（每年 GDP＋3.5％，每年通胀＋2.5％，＋高于 GDP 的 2 个百分点）。

该模型假设，股利增长率(g)比股权成本更低，即 $g<Ce$。随着增长率与股权成本之间的差额减少，公司的股权及其股票价格变得极高。

恒定增长模型＝高登增长模型

$$\widehat{P}_0 = \frac{D_0(1+g)^2}{(1+c_e)^2} + \frac{D_0(1+g)^2}{(1+c_e)^2} + \cdots + \frac{D_0(1+g)^\infty}{(1+c_e)^\infty} = \frac{D_0(1+g)}{c_e-g} = \frac{D_1}{c_e-g} \tag{8.5}$$

高登公式(8.5)采取了四个与模型相关的假设：

- 贴现率是股权成本(c_e)，为股利未来的流量提供其当前价值；
- 在未来，股利将会以一个恒定的股利增长率(g)无限地增长；
- 公司的风险水平是恒定的；
- 资本市场通过参照未来股利流量客观地确定股票的价值。

相较于单个公司的股票，高登增长模型更适用于把股权市场作为一个整体的情形[茨瓦纳、祖拉克(Dżurak)，2010]。然而，该模型的优势在于它的简单性。如果我们做出的假设正确，并在未来得到确认，那么该模型可以使我们得出正确的股票估值。

股票估值——花旗波兰商业银行的实例

按照普通股东大会的决议，2009 年，花旗波兰商业银行支付的每股股利为

3.77波兰兹罗提①,该银行规定的回报(c_e)可以被估算为12%,考虑以下内容:无风险收益率、零息利率为5.5%,风险溢价为4.0%,年通胀率为2.5%。

如果我们假设投资者预期一个恒定的股利增长率为每年8%,那么预期股利将为:

3.77×1.08=4.07(波兰兹罗提)和2014年的5.54波兰兹罗提(D_5),相应的公式为[布莱厄姆、豪斯顿,2005年第1卷,378页]:

$$D_5 = D_0(1+g)^5 = 3.77 \times 1.08^5 = 5.54(兹罗提)$$

使用恒定股利增长模型(高登增长模型),我们能够计算所谓的内在股票价值,基于以上的假设,内在股票价值将会是101.75波兰兹罗提②。

$$P_0 = \frac{D_1}{(C_e - g)} = \frac{4.07}{0.12 - 0.08} = 101.75(兹罗提)$$

❖ **多阶段股利增长:二阶段模型和三阶段模型**

每家公司都会经历几个不同的成长阶段,它们涉及的相关因素很多,诸如技术进步、经济周期、对新产品的新兴需求、与竞争对手相比具有更高的创新能力或更有效的客户获取(customer acquisition)能力。在这些情况下,我们进行估值,应当根据二阶段股利贴现模型。

二阶段股利贴现模型:

$$P_0 = \sum_{t=1}^{n} \frac{D_0(1+g_1)^t}{(1+c_e)^t} + \sum \frac{D_0(1+g_1)^n(1+g_c)^t}{(1+c_e)^{n+t}} \qquad (8.6)$$

其中:

D_0——基准期内的股利价值;

g_1——第一阶段内的股利增长率;

g_c——第二阶段内的股利增长率;

n——第二阶段内的年表;

c_e——股权成本。

斯泽潘科夫斯基(P. Szczepankowski)[2007]恰如其分地指出:一家具有可变增长率的公司的价值决定因素包含下列内容:超常的增长率,而非稳定的增长

---

① 日期为2010年6月28日的《银行普通股东大会第2010/29号决议》规定的2009年利润分配方案。在2009年的利润中,492 586 692.00波兰兹罗提是被指派给股东的现金股利,单股股利为3.77波兰兹罗提。130 659 600股被赋予了股利。股利权益(dividend entitlement)日期被确定为2010年7月5日,支付日期为2010年8月30日。2008年没有支付股利。根据日期为2009年6月18日的决议,2008年的总利润被指定用于增加该银行的自有基金。来源:www.citibank.pl/Poland/homepage/polish/raporty.htm。

② 截至2010年12月31日和2011年2月28日,花旗波兰商业银行的单股价格是93.50波兰兹罗提。

率;超常增长率的时期的长度;实施发展项目的赢利水平;公司股权成本中显示的相关风险的程度。

图8—1呈现的是,以花旗波兰商业银行为例,基于二阶段股利贴现模型对该银行进行股票估值的过程:

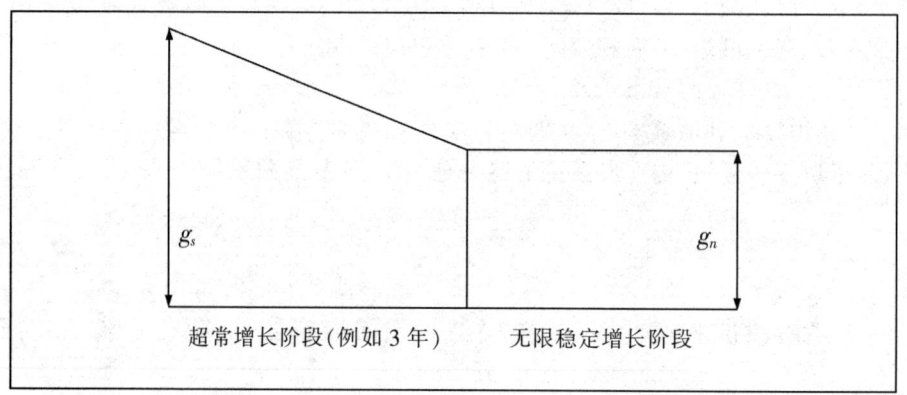

来源:达摩达兰,2002,第339页。

图8—1 基于二阶段模型的预期增长

让我们采取以下假设:
- c_e——投资者需求的回报率,它是水平恒定为12%的贴现率;
- g_s——接下来3年里按年度计的利润增长率和股利为12%,此后为6%(g_n);
- D_0——2010年8月30日支付的2009年度最后一次股利为每普通股3.77波兰兹罗提。

在此情况下,股票估值的过程如下[布莱厄姆、豪斯顿,2005,第一卷,387页]:

- 第一阶段:第一、二、三年的股利价值估算按年度计增长率为12%,第四年按年度计增长率为6%。
- 第二阶段:计算了第四年(D_4)的股利之后,我们需要根据下面的公式计算P_3的值:

$$\widehat{P}_3 = \frac{D_n}{c_e - g_n} = \frac{5.61}{0.12 - 0.06} = 93.50(兹罗提)$$

93.50波兰兹罗提代表第三年之后的现金流,即股票所有者可以出售单股的价格。此外,我们还应当考虑第三年内的总现金流,即:

$$D_3 + P_3 = 5.30 + 93.50 = 98.80(兹罗提)$$

- 第三阶段:在后续的年份里,我们拿规定的回报率(12%)对现金进行贴

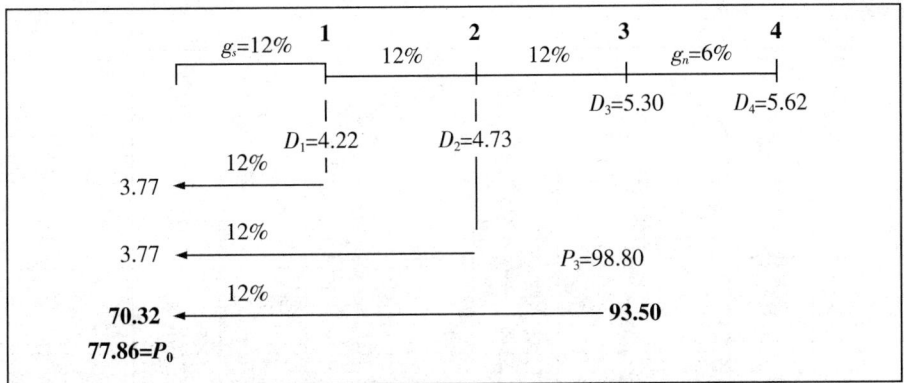

来源:作者的计算,根据的假设和公式参见布莱厄姆、休斯顿,2005,第387页。

图8-2 使用二阶段模型的超常增长估算的股票价值

现,这样就得到与股利以及预期股票价值相关的现金流总现值(PV, Present Value),即:

$$3.77+3.77+70.32=77.86(兹罗提)$$

根据上面描述的假设,上面的合计代表基于二阶段模型得出的花旗波兰商业银行的股票价值。

三阶段股利增长模型是二阶段模型的扩展,模型中的每一个元素都对应于一个增长阶段。与现实相比,三阶段模型对股利增长提供了更全面、更精确的估算。然而,如果各个增长阶段股利先是超常增长,然后是正常增长,以及各个阶段的实际序列和时限不同,对此进行估算将会产生很多不确定性和困难,三阶段模型无法消除这些问题。

我们还应当考虑到后续年份中可能出现的下降情景(负股利增长)(见图8-3)。

外国公司和波兰公司无数的事例证明,这类情形绝非例外。波兰派卡欧银行的股利政策(如图8-4所示)是这方面的例证。有人可能会问,2010年和2011年以及此前几年的股利支付发出的信号是否表明,该银行回归到超常股利增长政策。该银行现在可能是这样,但是未来一些时期将会证明情况可能有所不同。

三阶段股利增长模型:

$$P_0 = \sum_{t=1}^{n} \frac{D_0(1+g_1)^t}{(1+c_e)^t} + \sum_{t=1}^{m} \frac{D_0(1+g_1)^n(1+g_c)^t}{(1+c_e)^{n+t}} + \sum_{t=1}^{\infty} \frac{D_0(1+g_1)^n(1+g_2)^m(1+g_c)^t}{(1+c_e)^{n+m+t}} \quad (8.7)$$

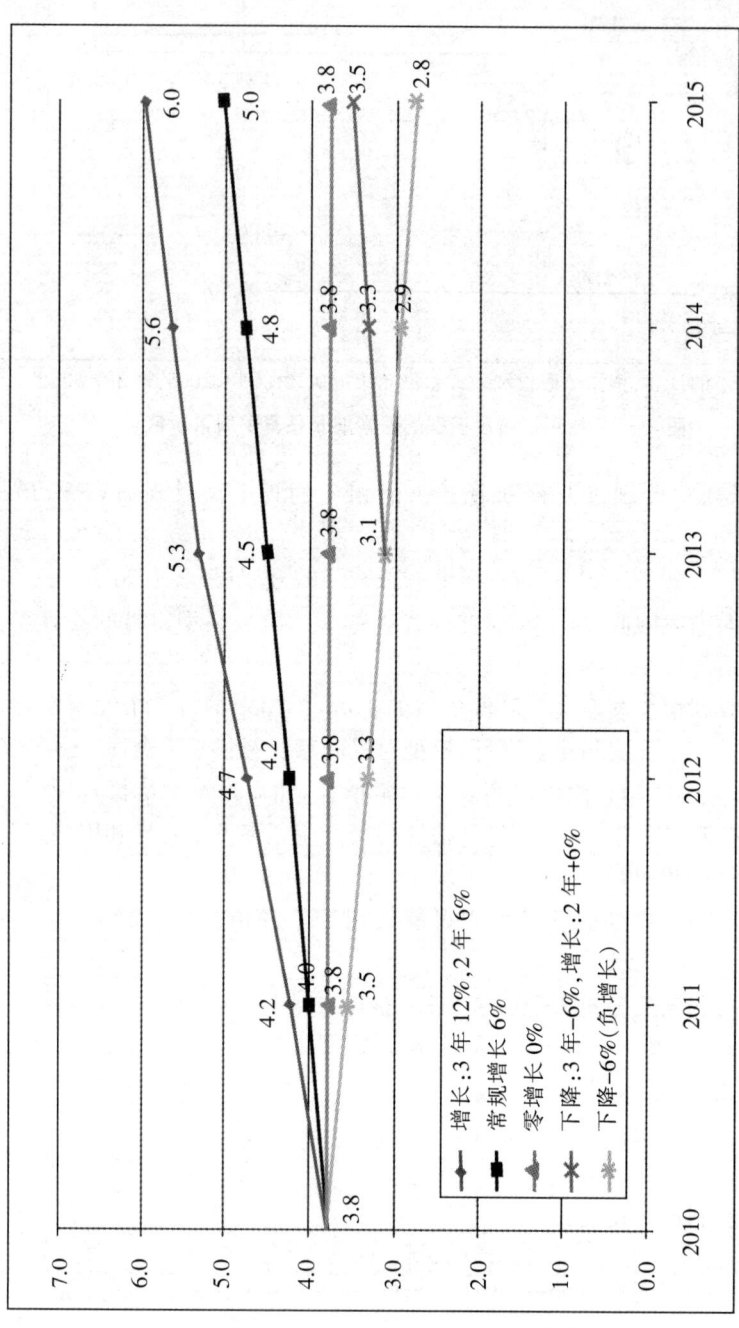

图 8-3　花旗波兰商业银行股利增长率的可能情景

来源：作者自己的资源。

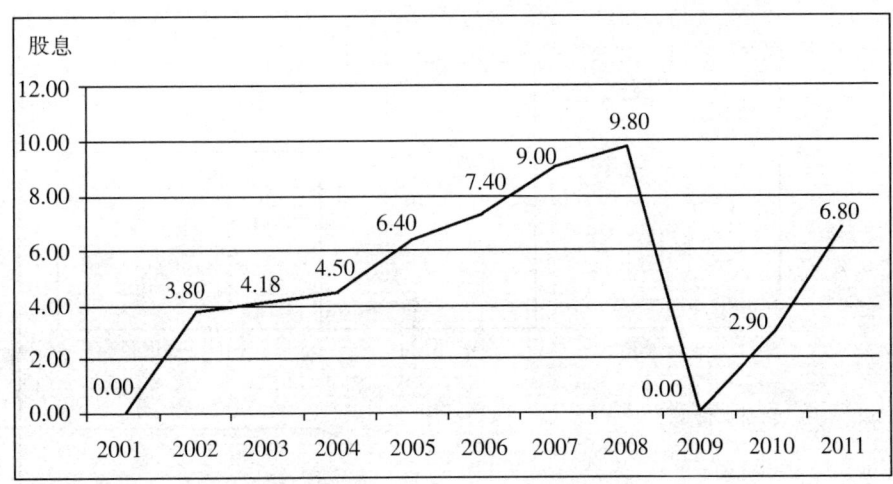

来源：作者自己的资源。

图 8—4　2001—2011 年波兰派卡欧银行每股股利（单位：波兰兹罗提）

其中：

D_0——基准期内的股利价值；

g_1——第一阶段内的股利增长率；

g_2——第二阶段内的股利增长率；

g_c——第三阶段内的股利增长率；

n、m——后续增长阶段内年份的数量；

c_e——股权成本。

必须正确估算下列元素：

(1)第一、二、三增长阶段的时限。

有人可能会问，在确定第一、二增长阶段的时限方面，根据产品生命周期分析而得出的结论在多大程度上可能是有用的。

公司快速增长的能力取决于三个因素[达摩达兰，2011，341—342 页]：

一是**公司规模**。小公司的快速增长能力往往更大，因为它们具有更大的增长空间和更高的市场潜能。

二是**现有回报和过剩回报**。当前投资回报与利润回报之间存在密切的关系。

三是**创造持久竞争优势的能力**。一家公司可保持维系长期增长的能力，尤其是如果市场存在强大的市场准入壁垒，而公司又能够表现出很高的增长率。

(2)较高增长与较低增长之间的过渡：步进式或渐进式。

(3)增长率(g)的精确定义。最简单的方法是计算过去股利增长率的算术

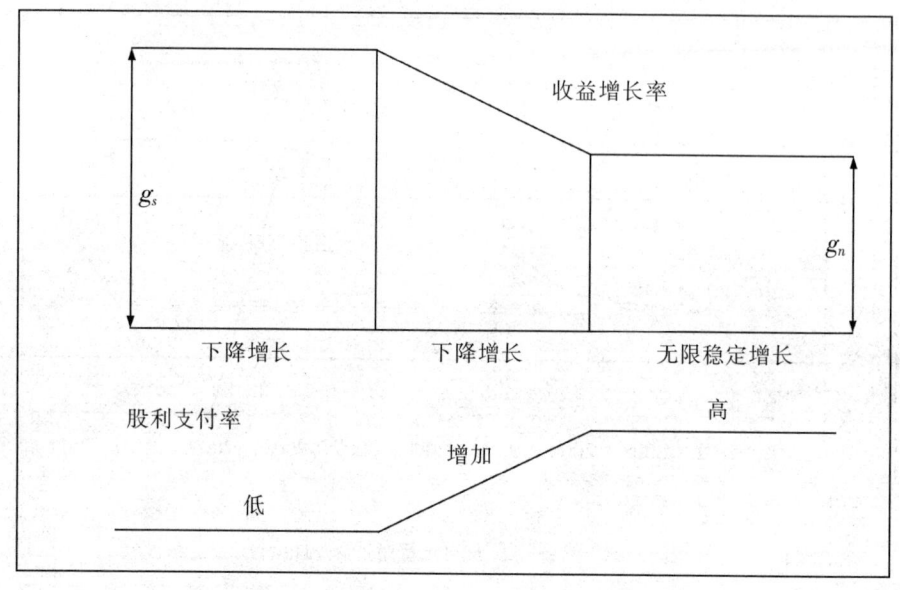

来源:达摩达兰,2002,第341页。

图 8-5 三阶段股利贴现模型的预期增长

平均值。

但是,平均、过去的股利增长率在多大程度上可以预示未来的增长率呢?遗憾的是,这个问题还没有明确的答案,这是鉴于现在市场的波动性、主要资本市场经济体中金融系统的动荡及其对企业价值和价值向股东转移形式的影响——从低资本利得至现金股利,然后是为了赎回和增长而回购自有股票,再就是资本利得。

二阶段和三阶段股利贴现模型被进一步扩充,由此创造出双态模型(bimodal models)[费尔南德斯,2002]。双态模型采用一种特殊的概率度,用以描述股利增长,以稳定的步伐呈现出稳定性和(或)下降性,甚至公司的破产以及从股利支付中抽身。这些复杂的公式从高登增长模型演化而来,并辅以一些额外的假设,从股利支付的价值、股利增长和下降的比率以及股利的匮乏等方面,预测各种未来事件的概率。它们补充了各种基于贴现股利的理论股票估值方法的范围,但是其特征是实用性较低。

结　论

- 因为基于贴现现金流的企业估值法得到了广泛应用（在金融理论内部），股利贴现模型为我们进行股权和股票估值提供了有用的方法。
- 使用股利贴现法的有投资银行、经纪公司和独立金融分析师。对很多分析师而言，这类股利贴现模型由于简单、一贯而且方法合理［斯泽潘科夫斯基，2007］，因此可以为股权估值和股票价值估算提供一个良好的起始点，尤其是在公司发展的早期阶段。
- 一般来说，使用股利贴现法做出的股权估值就其性质而言比较保守。考虑到公司的股权自由现金流，公司支付的股利价值往往比它实际能够支付的更低。与此同时，现金流股利遭受的波动程度比收入和利润更小，它们对经济周期的变化的敏感性更低。无数公司的实例表明，即便公司的收入和（或）利润暂时下降的情况下，它们依然维持稳定甚或增加股利的政策。
- 那些定期增加股利的公司能够向其股东确保资本的真实价值，在资本市场处于衰退（2001—2009 年的美国、日本及英国）以及由此导致资本利得匮乏的情形中，这一点尤其重要。
- 最后，每股股利持续增长，可以为机构投资者和个体投资者提供有用的战略指导。对股利增长率进行简单的分析，就可以为他们提供关于特定公司从事核心活动而生成现金流的真实能力。经验研究证明，与其他公司相比，那些具有持续增长股利政策的公司能够在资本市场上享受到更高的市场估值。
- 这意味着，从广义而言，以现金股利等形式返还现金给所有者，这是企业三大战略决策之一，并且与其余两个决策同等重要，其余两个决策是投资决策和金融决策。以现金股利和股份回购的形式把现金返还给所有者，这一点处于战略性企业管理的核心位置，反映公司文化并增强股东信心。

自测题

1. 股利、股份回购与公司利润之间的关系是什么？
2. 描述一下预测未来现金股利涉及的困难有哪些？
3. 商业估值的基本股利贴现模型有哪些？
4. 股票估值的二阶段和三阶段模型有哪些阶段？
5. 在企业估值中，各种股利贴现模型的实用性如何？

延伸阅读

1. Brigham E.F., Houston J.F. [2009], *Fundamentals of Financial Management*, 12th edition, South-Western College Pub.

2. Damodaran A. [2012], *Investment Valuation: Tools and Techniques for Determining The Value of Any Asset*, 3rd edition, John Wiley and Sons, Hoboken, New Jersey.

3. Damodaran A. [2010], *Applied Corporate Finance*, 3rd Edition, John Wiley & Sons, Inc., Hoboken, New Jersey.

4. *Dividends and Dividend Policy* [2009], H.K. Baker, R. W. Kolb (eds.), John Whiley & Sons, Inc. Hoboken, New Jersey.

5. Rawley T., Benton E. Gup (eds.) [2010], *The Valuation Handbook: Valuation Techniques from Today's Top Practitioners*, John Wiley & Sons, Inc. Hoboken, New Jersey.

第九章　地质和矿业资产估值方法：波兰铜业集团的实践

> 选择一个恰当的地质和矿业资产估值方法，并遵循一个项目所处的发展阶段，由此能够确保在估值过程中做到尽职调查。
> ——赫伯特·维特（Herbert Wirth）

本章概要

- ▶ 地质和矿业项目的五个阶段
- ▶ 矿业资产估值方法及其优点和局限
- ▶ 地质矿藏价值的估算
- ▶ 波兰铜业集团对矿业公司的收购

根据项目所处的发展阶段
进行估值的方法及其选择综述

❖ 项目生命周期

资源基础的开发(development of the resource base)是公司价值的关键元素之一,它是任何矿业公司取得发展的一个非常重要的方面。波兰铜业集团从2009年构建并实施的战略中,也着重强调公司业务在这个方面的发展。作为一家地方性公司,即基于一个国家和一种矿藏,特别是这种矿藏开采的成本昂贵,波兰铜业集团认为,它应该分散这一风险,其途径是发展自己拥有的开采和加工铜矿石的新技术,并且在政治稳定的国家中拓展资源基础,另外,同等重要的是——收购那些能够提供地质和采矿运营成本低的矿藏资产。波兰铜业集团制定了选择这些资产的详细标准,旨在确保此类资产能够在储量规模、质量、成本以及被收购资产的积极的环境和交易价格等方面达到规定要求。在此类资产收购过程中,另一个元素是针对所处不同开发阶段的资产进行恰当评价和估值方法的选择。与那些正处于踏勘阶段的项目相比,在地质意义上已经得到全面勘探的资产更具价值。

❖ 项目发展阶段

我们采用了一个简化的模型,它将项目区分为五个不同的发展阶段,以此我们可以选择一种恰当的方法,对地质和矿藏资产进行估值。这五个阶段是:勘探、矿藏评估、矿场建设、采矿生产、矿场关闭和原址复垦。下面,我们以有色金属矿藏为例,通过描述它们的专有特征来说明项目的各个阶段。

第一阶段——勘探

勘探是矿业周期中的早期阶段,其结果有可能导致一个矿场的建设。这个阶段面临着最大的财务风险,但同时也是最便宜的投资阶段。该阶段涵盖的工作有:地质绘图、土壤和岩石取样、实地测量、分析及研究。在踏勘阶段,工作的中心是分析各家地质服务机构的报告,或分析各家开采和踏勘公司做过的先前研究。上述活动无须获得正式的采矿权。勘探的焦点集中于那些最可能出现矿藏矿化的区域。与全部投资相比,这项工作的成本相对较小,相当于全部投资的百分之几。其中的主要内容在于获取许可权,例如:许可证[单位面积(400米×400米)许可证的年费为几千至几万美元]和完成这一许可证的分析工作。有些时候,勘探阶段与获取该地区或该矿藏的各种权益相关(许可证、租赁)。在勘探阶段,更密集和开销更大的工作则集中在矿藏的鉴别上。

第二阶段——矿藏评估

在实践中,只有不到5%的项目能够从勘探阶段被延续到矿藏评估阶段。这个阶段的更为详细的研究和分析可以让我们确定矿藏的各种特征。根据矿藏的位置和类型,在这个阶段我们可以进行钻探钻孔、地下取样(勘探平巷,exploratory drift)、小规模掘进以及环境研究。这个阶段完成后,一份可行性研究报告通常就会被整理出来,可以让我们决定是否开发这个矿藏。矿藏评估的成本可能是几百万美元,大型矿藏可能达几千万美元。在不同的阶段,可能需要获得许可证或租让权。有时候,为了开凿钻孔和沟渠以及搭建多季性营地,公司必须获得土地和租让的权利。这个阶段可能还需要一个环境许可证,例如水吸收和污水排放。很多涉及矿藏评估的项目可能会被当作是采矿企业,因此,它们受到矿业和职业健康与安全法规制约,尤其是对于地下勘探作业。在决定进入下一个阶段之前,还需要进行一系列的宏观经济研究(例如:金属价格预测)以及详细的技术分析。

第三阶段——矿场建设

第三阶段是采矿周期的最昂贵阶段。必要的费用可能达到几千万美元至几亿美元。对一些项目而言,这笔费用甚至超过几十亿美元。直到公司获得了该项目的所有必要的许可证和资金,公司才会从事与矿场建设相关的各项活动。然后,可行性研究报告被提交给股东进行审批,如果该项目对公司的财务状况具有某种影响,那么股东甚至可能把项目拖延好几年。从成功的概率和各种支出而言(尤其是对有色金属而言),一个显著的特征是它具有非常高的风险暴露,这种风险的主要根源在于,为了矿场建设需要支出庞大的费用。

第四阶段——采矿生产

一旦矿建阶段完成,采矿生产即告开始。大多数矿业公司把它们的生产计划设定为10年,对涉及企业勘探和建设的成本回报而言,这一时期是最优的。在此期间,随着来自勘探的新数据不断积累,项目的储量估算和业务假设可能发生变化。根据当前生产状况获得的更新数据,我们可以调整生产活动以适应各种新技术。一个矿藏的经营时期很长,可能导致与原先假设的生产范围和规模发生巨大变化。波兰铜业集团就是这样一个例子。波兰铜业集团刚开始生产的铜仅有几十吨,而今天,该公司每年的产量已经达到近 50 万吨。重要的是,对于有色金属和其他在国际市场上挂牌交易的原材料,其成功概率和投资支出的风险水平是很低的。将原材料(金属)产品引入市场的过程——相对具有高风险水平的市场产品而言——是较短的,这将导致在全球市场上可以销售多种原材料。

第五阶段——矿场关闭和原址复垦

矿业公司在特定的环境中运营,在这个环境中,如果需求降至太低(通常处于公司的掌控之外),那么公司可以关闭矿场,同样,在生产成本过高的情况下也可以关闭。由于不活跃、废弃的矿场给环境造成的沉重负担和很高的复垦成本,它给公司和地方政府带来了难题,因此,在开采阶段就已经建立了专项资金,用于支付矿场关闭和原址复垦的成本。从高额费用以及在环保方面不断提高的要求来评估,这一阶段成功概率和投资支出的综合风险程度将处于一个相对较高的水平。

图 9-1 描述了这些阶段。图中描述了各项被评估活动的效应[符合各种准则的规定,例如:澳大利亚《JORC 规范》(JORC Code)、《加拿大 43-101 国家法规矿产项目披露标准》],而且被估值,因此,对该项工作的结果进行了赋值,可以被用于市场交易。

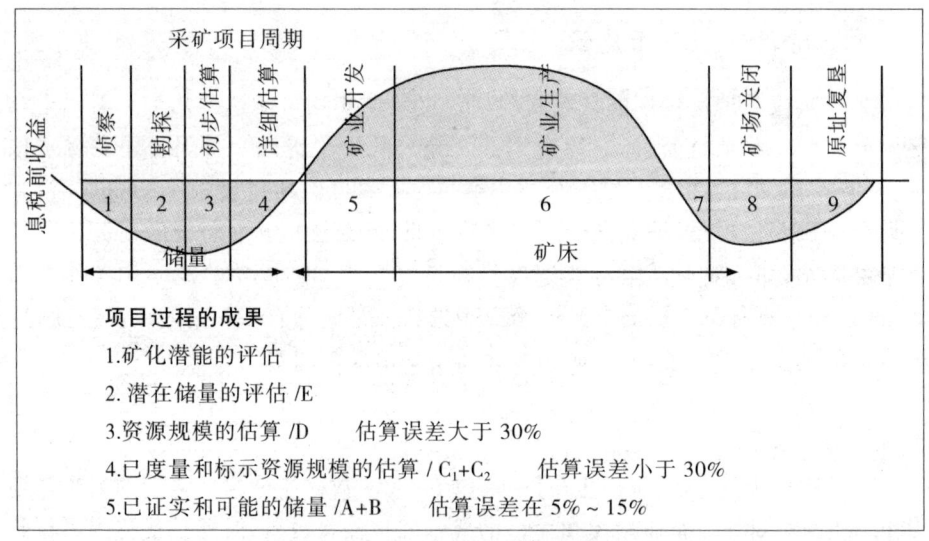

项目过程的成果
1. 矿化潜能的评估
2. 潜在储量的评估 /E
3. 资源规模的估算 /D   估算误差大于 30%
4. 已度量和标示资源规模的估算 / C_1+C_2 估算误差小于 30%
5. 已证实和可能的储量 /A+B   估算误差在 5%~15%

A、B、C_1、C_2、D、E——波兰采用的地质勘探范畴。

图 9-1 采矿项目周期模型

基于踏勘、勘探和开发工作,可以对矿藏储量的规模和品质进行评估,而这些评估的误差程度将无疑是影响项目估值的主要风险之一。

项目估值的理念和方法

以上介绍的各个项目阶段应该在针对地质矿业活动结果（即资产）进行评估时加以考虑。因此，在矿藏估值方面存在一系列与项目发展周期的阶段相适应的方法和理念。我们可以区分几种理念，如：成本理念、收入理念、市场理念、期权价格理念等。目前，在那些地质和采矿项目的权利可以被用来交易的国家，推荐的做法是使用多种方法进行估值，其中，执业评估师采用的两种方法最为常见。在波兰，波兰矿业资产评估师协会（Polish Association of Mineral Asset Valuators）已经于2006年成立，目前有17位执业评估师从事此类估值工作。该协会之所以得以成立（也是在本章作者的倡导之下），原因在于，以前，矿藏的价值是由常规的资产评估师做出的，他们缺乏地质和采矿资产的专业技能，往往不懂该行业的特殊性，可能导致他们把矿藏价值置于国家财产私有化过程中进行评估，与其真实价值不成比例。关于矿藏估值的方法，有很多理论上和实践上的研究，尽管如此，它们无法解决所有的问题，无法从关于矿藏价值和规模的讨论得出科学的结论。在这个研究中，术语的定义也非常重要。

其中，最常用的方法有：贴现现金流法、可比交易法、比率法、矿藏储量估值法、股票市场分析师估算法。

贴现现金流法（最常用的方法）

- 基于对贴现现金流进行的分析。
- 建立情景（通常为三个）：（最有可能的）基本情景、乐观情景以及悲观情景。
- 主要的指标有：NPV——净现值（net present value）、IRR——内部回报率（internal rate of return）。
- 对贴现率与价格和成本假设敏感。
- 无法使遥远年份中的流量实现充分增值，而它们在具有数十年运营期限的项目中却非常重要。

我们可以把各种情境的全部模式（configuration）考虑进去，使用3D图表呈现对价值进行的各种计算。

表 9-1 资产估值理念和方法综述

理念	方法	方法的简要描述
成本	估定价值法	有意义的过去采矿支出加上有保证的未来成本。
	历史成本法	支出招致较少的过期债务与(或)折旧(磨损)。
收入、市场	贴现现金流法	现金流的净现值。
	可比交易法	相似资产可能具有相似的价值。
	市场资本化与矿藏储量的比较法	资本总额除以产量。 在由合资公司共同经营的资产中,一个加入的伙伴同意支付一定的数额与(或)花费。
实物期权	出售期权的价值	在估值过程中应当虑及灵活性,这种做法尤其适用于重大的未知领域。
	收购价值	在估值过程中应当虑及灵活性,这种做法尤其适用于重大的未知领域。
其他	矿藏中金属的总价值统计学/概率	吨位×含矿率×价格。 理论上的矿藏净现值的概率比。
	地球科学因素法	该方法根据基尔本的出版物,通过给被评估的开发活动的位置、矿化和地质学赋予适当的权重,对这些事项加以考虑。
	决策树分析	运用传统的是一否分析,确定某些特定情境能否实现的概率比。
	经验法则	根据类似的交易,例如 0.6 美元/磅,评估地下珍贵资源的质量。

来源:维特,2006。

比较交易法

- 基于对历史上兼并与收购的分析。
- 历史交易的平均比率可以用来比较。
- 反映过去的趋势。
- 对于全部交易类型,未必能够找到一个具有充分代表性的可比交易小组。
- 过去的可比交易时间越久远就越不充分。
- 应当考虑对每一项交易的最终价值产生影响的各种因素。

最有用的是算术平均值和中位数。

比率法

- 对相似公司(作为同侪组的一部分)的比率进行比较。
- 最重要的比率是 P/NAV(价格/资产净值)。

- 使用标准比率：销售/企业价值、企业价值/息税前利润(EV/EBIT)和市盈率(P/E)。
- 在采矿业中,还需要分析采矿业特有的比率特征：企业价值/年当量生产或者企业价值/已探明储量。
- 对某个企业群体的算术平均值和中位数进行分析。

此外,能够跟踪一段时间内算术平均值和中位数的变化。

矿藏储量估值法

- 计算的基础是已探明储量的规模。
- 下列因素对估值产生最大的影响：
——储量勘探的程度(勘探精确性的范畴)；
——储量可用性的程度(项目发展水平、开发工作进展的阶段)。
- 某种单一金属当量的储量。
- 价值系数从比率法和相似历史交易中得出。

图9－2呈现的是矿藏估值的一个范例。

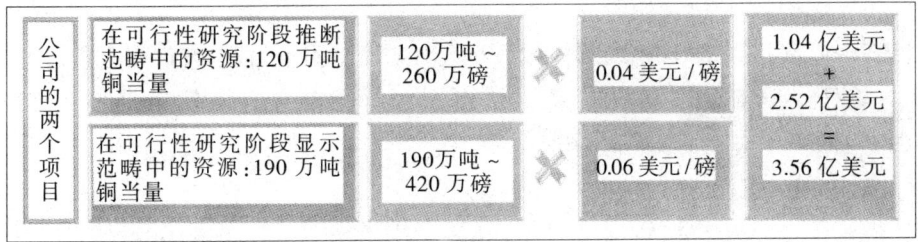

来源：作者制作。

图9－2 矿藏资源的估值

股票市场分析师估算法

- 本方法是基于股票市场经纪人对各种估算进行的分析；
- 分析考虑到目标股票价格,它是各家银行从事详细分析的结果；
- 对资产进行扩散、独立地分析,可以让我们考虑到不同的视角；
- 由此获得的各种价值有可能低估生产过程中涉及的技术和风险。

图9－3呈现的是各家投资银行使用股票分析师估算进行估值的一个范例。

当项目储量已经得到估算的时候,我们使用这些方法,但是,交易还涉及特许,即矿藏踏勘的权利。在项目发展的这个阶段,相邻和相似规则恰如其分,该规则表明,在一个现有的已探明储量的矿藏附近,有可能存在另一个尚待发现的

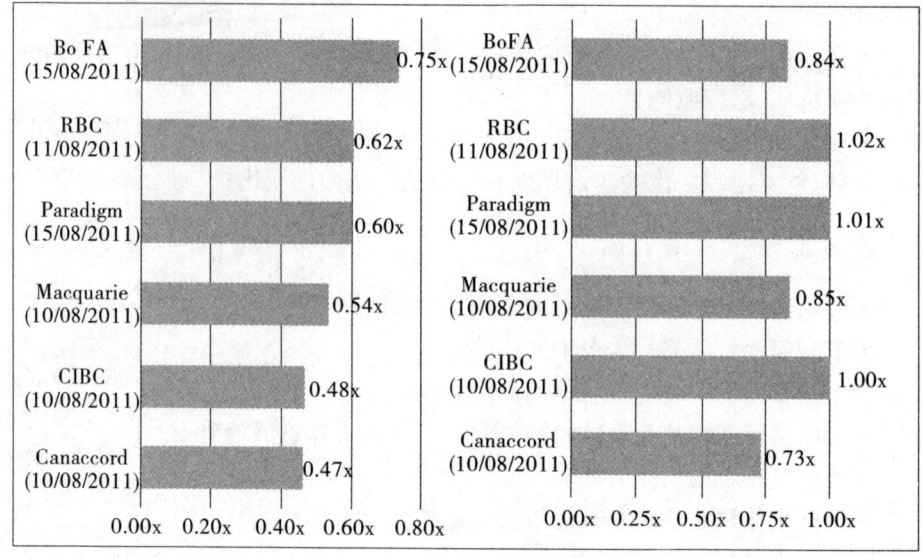

图9-3 股票分析师的估算

矿藏,该矿藏具有相似的参数。因此,在现有矿藏的附近,踏勘特许权更具价值。

这些特许权的估值方法有:基尔本(Kilburn)地球科学因素法、艾格奈里安(Agnerian)估定价值法、可比交易法。

地球科学因素法

特许权的价值是基本价值、技术因素与市场因素的乘积。

$$WR = BAC \cdot WT \cdot R$$

其中:

$$WT = L \cdot M \cdot A \cdot G$$

其中:

WR——特许权的市场价值;

BAC——许可证的基本获取成本;

WT——技术价值;

R——市场因素;

L——位置;

M——矿化;

A——异常;

G——地质学;

L(位置)——通过比较地质、地球化学与(或)地球物理异常以及矿化的类型和规模计算的矿藏位置权利,以及发生在租让区域之外的矿藏,它们的价值被评估;

M(矿化)——租让区域内被勘探的矿藏的类型、等级和吨位,它们的价值评估;

A(异常)——租让领地范围内的地球物理与(或)地球化学异常以及它们的规模和相互关系被评估。

这种方法使用相邻和相似规则,估值时可以比照一个现有矿场或矿藏资产被评估的价值。该方法假设,对具有相似地质特征的被评估资产采取行动,其风险要比没有被勘探或开发的资产风险更小。现金价值是相关乘数的乘积,涉及位置、矿化、租让区域内的地球物理和地球化学异常以及地质结构。(参见表9-2)

表9-2 勘探因素(基尔本,1990)

1. 位置		2. 矿化		3. 异常		4. 地质学	
1.1	×1.3	2.1	×2	3.1	×2	4.1	×2
1.2	×1.5	2.2	×3	3.2	×3	4.2	×3
1.3	×1.5	2.3	×5	3.3	×3.5		
1.4	×2	2.4	×6~7				
1.5	×2.5	2.5	×7~8				
1.6	×3	2.6	×9~10				
1.7	×4						
1.8	×5						

来源:基尔本,1990。

表9-3提供的是根据多位作者讨论的不同乘数计算价值的范例。

表9-3 根据 S.A.和 M&M 的勘探因素

排名	基尔本	S.A.	M&M
位置	1.3~5	1~10	1~5
矿化	2~10	1~10	1~10
异常	2~3.5	0.5~10	1~5
地质学	2~3	0.1~5	0.1~5
市场		0.5~2	0.5~3

来源:里巴(Ryba),1999。

艾格奈里安估定价值法

$$WR = K_A \cdot W_A + R \cdot E \cdot (E_1 \cdot e_1 + E_2 \cdot e_2 + E_3 \cdot e_3 + \cdots) + K_{PE}$$

其中：

WR——市场价值；

K_A——租让权维护和管理的成本（必要的费用、许可、法律成本、授权等）、收购的成本；

W_A——收购因素（$0 < W_A < 1$）；

R——市场因素（地理位置、基础设施、市场状况、金属现价、经济条件、租让需求等）（$0 < R < 1$）；

E——租让区域内踏勘工作的活动水平（工作的当前状态、进展和强度）（$0 < E < 1$）；

E_1、E_2——踏勘或勘探阶段工作的全球成本（地区绘图、地球化学、地球物理、详细绘图、钻探等）；

e_1、e_2——考虑仅对各个阶段踏勘而言合理（产生积极的结果）的成本因素（E_1、E_2等）以及地质信息的货币因素（$0 < e < 1$）；

K_{PE}——为了检验中意的目标（这些目标由于迄今从事的工作而被发现）而在未来进一步踏勘的合理成本。

对地质和矿业资产估值而言，资源（地质资源）和储量（经营资源）的概念非常重要。它们的显著特征是：踏勘结果的评估过程与开采的商业依据。作为这种技术估值与经济估值过程的结果，矿产资源被重新划归为高价值的矿藏储量。

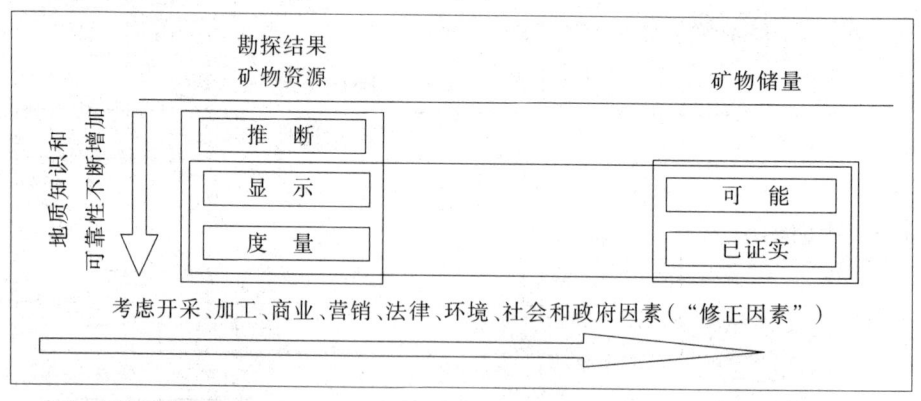

来源：作者制作。

图9—4 矿产资源与储量之间的关系

表9-4呈现的是基于估算误差的各种风险。例如,如果带有估算误差的矿产储量被推荐为"已证实"(小于10%),那么,它们就比"显示"级别中存档的储量更具价值。

表9-4 根据瓦莱(Vallée)资源的勘探程度和估算误差

类别	勘探程度	估算误差
已证实	已开发 基于详细钻孔取样、可用的矿石或矿化	0～10%
	根据钻孔和样品已经证实的矿石或矿化,位置彼此邻近	5%～20%
很可能	级别Ⅰ 矿石或矿化的连续性和等级已经被有规则但分布广泛的钻孔或样品证实	20%～40%
	级别Ⅱ 矿石或矿化的连续性和等级已经被不规则且分布广泛的钻孔或样品证实	40%～70%
可能	潜在资源 从已知的露头中根据预期的连续性证实矿化,而露头的位置和品级却只能根据几个不规则钻孔和露头进行推测	70%～100%

来源:作者制作。

对于项目发展周期的各个阶段,表9-5是推荐使用的估值方法。

表9-5 推荐使用的估值法

项目发展周期的阶段	推荐的方法
第一阶段——勘探	1. 由评估师进行估值 2. 可比交易 3. 实物期权的价值
第二阶段——矿藏评估	1. 贴现现金流 2. 可比交易 3. 实物期权的价值
第三阶段——矿场建设	1. 贴现现金流 2. 可比交易 3. 实物期权的价值
第四阶段——采矿生产	1. 贴现现金流 2. 可比交易 3. 实物期权的价值
第五阶段 ——矿场关闭和原址复垦	1. 清算价值* 2. 贴现现金流

* 如果在复垦区域勘探活动没有延续。

来源:作者制作。

除了上述刚刚提到的各种方法之外,**多变量法**(multivariate method)也受到推崇,该方法在于它考虑到几个因素的估值,例如储量价值、投资支出或期权。

矿藏价值的估算

矿藏价值是指,矿藏开发的投资支出(它的市场价值),加上从矿藏未来开发的时期中获得的商业利润的贴现总和,再加上矿藏的期权价值,然后根据矿藏的吸引力因子加以调整。

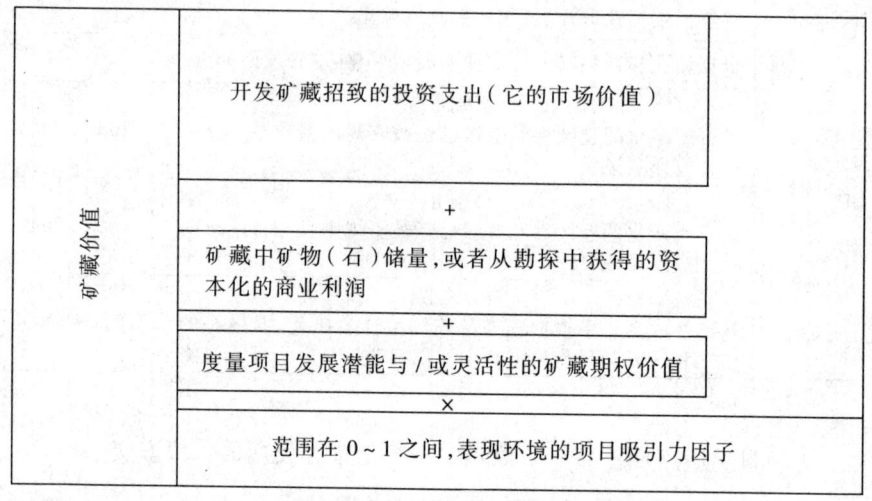

来源:作者制作。

图 9—5 矿藏价值估算的方法

从分析角度而言,矿藏价值可以使用下面的方程加以描述:

$$Vdep = (IP + Vzas + Vopc) \times Aatr$$

其中:

Vdep——矿藏市场价值[波兰兹罗提];

IP——根据市场价值产生的投资支出[波兰兹罗提];

Vzas——矿藏中矿物(石)储量的价值[波兰兹罗提];

Vopc——矿藏的期权价值[波兰兹罗提];

Aatr——根据 0—1 尺度评估的矿藏吸引力因子。

矿藏价值的定义是投资支出(市场价值)、储量价值与期权价值的总和,而这些事项的总和经由矿藏吸引力因子加以调整。

市场价值被纳入矿藏矿物储量的价值模型,它的定义是从矿藏开发中获得的贴现年商业利润的总和,从商业角度而言,它反映的是附加价值;而从功利角度而言,它反映的是矿藏的质量和开发条件。

经济附加值兼顾考虑的是债务和股权的成本,把经济附加值用作储量估算的一个指标,证明它可以作为度量矿藏生成价值的标准。

储量价值的决定因素之一是被采用的矿物加工的程度。对于这一点,有些采矿项目涉及矿石开采,以及可能进行加工;而有些商品项目另外涉及研磨(冶炼)。在矿藏的评估中,矿物加工的程度通常被限定于最初的商业产品,即通常为浓缩物(concentrate)。

储量的价值是动态的,随着时间推移发生变化。其中的原因涉及客观和主观两方面的因素。客观因素包括:储量的自然减量(由于开发)和自然增量(由于对矿藏的勘探更加精确),以及产品和生产因素的价格和成本变化。主观因素可能包括:行业性标准、开发损失、矿石贫化以及影响成本水平的管理质量。在一个全球化的世界,矿藏价值的决定性因素是储量拥有的价值。另一个能够被辨别的因素是矿藏的期权价值,由于决策具有灵活性,因此这个因素赋予矿藏一定的特征。实物期权是对资产或债务的商业运营,它可以被行使也可以不被行使,而一旦被行使就应当具有商业意义。典型的期权包括行使的潜能——立即行使或以后行使——实施一个新的矿藏勘探项目。依照经济核算规则,把期权价值纳入考虑,该模型可以被应用于大范围的矿藏或者现有的卫星资源的估值。目前还不可能做到这一点,因为随着开发继续进行,净现值不断地大幅下降。另一个限定矿藏价值的事项是矿藏的吸引力因子。使用矿藏吸引力因子对上述事项加以调整,这种做法可以让我们在矿藏评估中涵盖涉及实施采矿项目或商品项目的交易因素和情景因素,它们影响着矿藏价值。从业者推荐的估值方法中,一个重要的实践方面是采用多种比较方法,它们运用不同的方法论。

波兰铜业集团收购项目的范例

作为公司价值增长战略的一部分,波兰铜业集团在可行性研究阶段收购了一些地质和矿业资产(参见图9-6),例如阿富通-阿贾克斯(Afton-Ajax)、夸德拉(Quadra FNX)。它们的投资组合由多种资产构成,生产阶段有卡尔烙塔、罗宾逊、弗兰克、波多尔斯盖、麦克克瑞帝等矿场,预生产阶段有谢拉-勾达、维克托利亚,勘探阶段有玛尔杰格、吉尔克伍德、福特沃尔和弗伊。对于这每一个项目,公司采用适应每个项目发展阶段的不同估值方法。

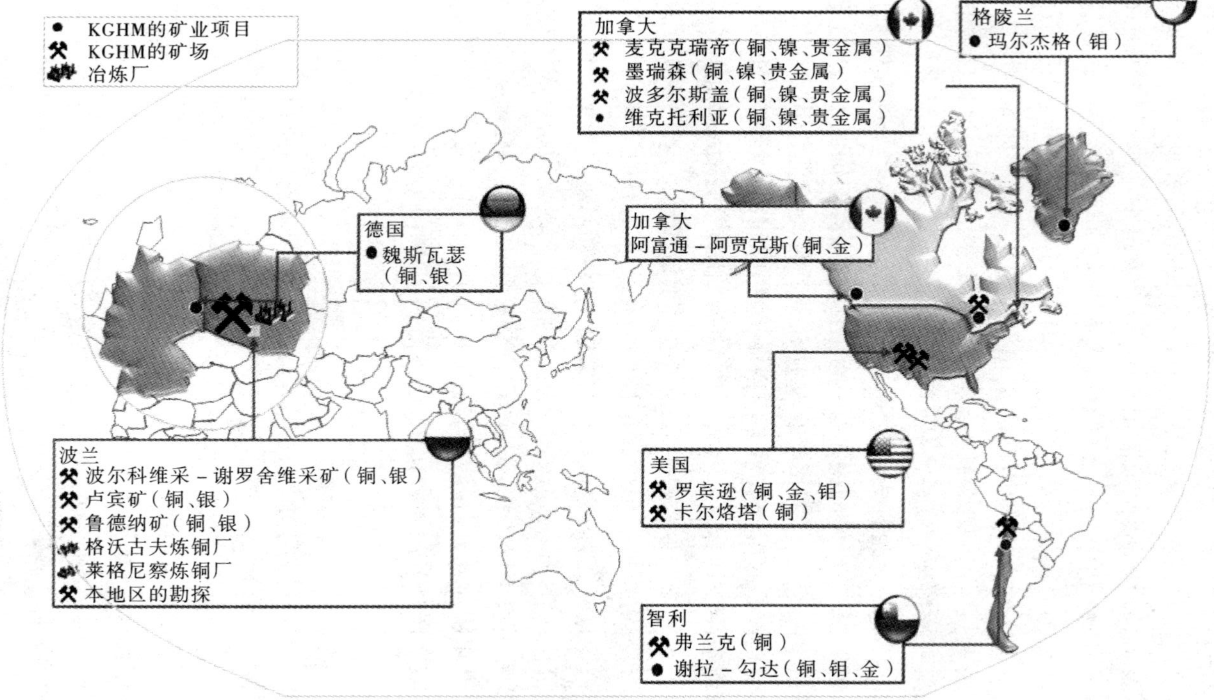

图 9-6 波兰铜业集团——有色金属市场的全球玩家

来源：波兰铜业集团（KGHM）。

❖ **阿富通－阿贾克斯(Afton-Ajax)**

这是一个基于加拿大(不列颠哥伦比亚省)的铜金项目。该露天矿具有的项目产能为铜5万吨、金3吨。该项目目前处于银行可行性研究阶段,而估值结果根据的是此前的预可行性研究。矿藏储量中铜当量为178万吨。这项交易涉及以3 700万美元收购合资公司中51%的股份,以及根据银行可行性研究以5 100万美元的期权形式收购29%的股份。公司使用可比交易法对这些股票进行估值,而使用矿藏法对铜当量进行估值。

本估值方法考虑了近年来在周边发生的交易的价值以及相似的金属类型和开采方法。

❖ **夸德拉(Quadra FNX)**

这是一家在多伦多证券交易所上市的公司。它是一家中型的生产商,产品有铜、金、镍、铂和钯。公司拥有6个矿场,包括3个露天矿场——弗兰克、罗宾逊、卡尔烙塔以及3个地下矿场——波多尔斯盖、麦克克瑞帝、墨瑞森。从价值角度而言,对于波兰铜业集团重要的是处于预生产阶段的一些项目(即谢拉－勾达、维克托利亚)以及处于勘探阶段的一个项目——玛尔杰格。据估算,夸德拉公司的储量是大约2 000万吨铜当量。当前产量是10万吨,未来将超过22万吨。

这项交易的形式是一次友好收购,波兰铜业集团购买夸德拉公司股票的100%,夸德拉从多伦多证券交易所退市。2012年3月,波兰铜业集团使用现金以每股15.0加元(CAD)的价格收购了1.933亿股,共计支付29亿加元。

我们采用了收入贴现现金流法和可比交易法。根据项目发展阶段,在收购夸德拉公司每一项资产时,我们都使用上述方法对其进行评估,它们构成了资产净值。由此获得的价值加上收购100%股票的市场溢价,除以股票的数量,结果等于每股价格15.0加元。与基于分析师推荐的市场共识(market consensus)相比,这个结果低20%。(参见图9－7)

波兰铜业集团过去5年的收购交易是一个重要的比较项,它的P/NAV率表明,与并购市场相比,我们的估值结果是正确的。

交易公告以前分析师推荐的 QUX 股票价格(加元)			
经纪人	报告日期	推荐	价格
Cormark	03.11.2011	Buy	18,0
TD Newcrest	01.11.2011	Buy	18,0
Desjardins	31.10.2011	Buy	18,5
Macquarie	28.10.2011	Buy	17,0
RBC	28.10.2011	Buy	19,0
Credit Suisse	24.10.2011	Buy	20,0
Stifel Nicolaus	19.10.2011	Buy	16,0
Salman Partners	17.10.2011	Buy	26,8
UBS	17.10.2011	Buy	15,0
BofA	16.10.2011	Sell	10,0
Canaccord	14.10.2011	Buy	17,0
GMP	08.09.2011	Buy	19,9
BMO	29.08.2011	Buy	20,0
Paradigm Capital	15.08.2011	Buy	22,0
CIBC	10.08.2011	Buy	25,5
平均——共识			18,8
平均——数据流			20,8

股票数量 × 根据共识的价格
191.500.000 × 18,8 = 3.600.200.000

金属市场交易					
公告日期	收购目的	上市地点	买 方	NAV* 百万美元	P/NAV**
06.12.2011	Quadra FNX			3.600	0,79x
30.09.2011	Anvil Mining	Canada	Minmetals Resources	1.275	1,0x
20.07.2011	Meridian Minerals Limited	Australia	Northwest NonFerrous	76	1,0x
05.06.2011	Metorex	RPA	Jinchuan Group	965	1,2x
15.06.2011	Breakwater Resources	Canada	Nvstar	814	0,8x
25.04.2011	Equinox Minerals	Australia	Barrick Gold	6.094	1,2x
15.11.2010	Farallon Mining	Canada	Nvrstar	386	1,1x
22.10.2010	Globestar Mining Corp	Canada	Perilva	158	1,2x
17.09.2010	Continental Minerals Corp	Canada	Jinchuan Group	424	1,0x
06.04.2010	Crowflight Minerals	Canada	Jinchuan Group	166	0,9x
01.03.2010	Chariot Resources	Canada	China Sci-Tech Holdings	501	nm
28.12.2009	Corriente Resources	Canada	Tonglino	968	0,7x
04.02.2009	Frontera Copper Corp.	Canada	Southern Copper	nm	na
06.06.2008	Petaquilla Copper	Canada	Inmet Mining	240	1,4x
06.01.2008	Tyler Resources	Canada	Jinchuan Group	267	0,8x
06.12.2007	Northern Peru Copper	Canada	Jiangxi Copper	nm	na
29.10.2007	Jubilee Mines	Australia	Xstrata	1.362	2,1x
19.03.2007	Wolfden Resources	Canada	Zinifex	232	1,3x
15.08.2006	Equatorial	Australia	Antofagasta	nm	na
11.08.2006	Inco	Canada	CVRD	7.304	2,4x
17.05.2006	Falconbridge	Canada	Xstrata	11.305	1,9x
15.03.2006	Weda Bay	Canada	Eramet	475	0,5x
14.03.2006	Regalito Copper	Canada	Pan Pacific Copper	nm	na
14.02.2006	Tethyan	Australia	Antofagasta/Barrick	101	1,4x
平均值					1,2x
中值					1,1x

*具有较少债务的公司资产的价值。常用的公司价值度量标准。
**收购交易中报价激进程度的度量标准。该比率越高,购买价格就越高。
来源:各家公司、彭博社、华尔街研究、金属经济集团、兼并市场和法国巴黎银行。

图 9—7 股票市场分析师的推荐

结 论

• 在地质和采矿项目中,需要区分下列五个项目阶段:勘探、矿藏评估、矿场建设、采矿生产以及最后的矿场关闭和原址复垦。

• 对矿业资产进行估值,最常用的方法如下:贴现现金流法、可比交易法、比率法、矿藏储量估值法以及股票市场分析师估算法。

• 地质和矿业资产如果得到较为充分的勘探,并且所处位置的技术设施和交通设施较为完善,那么它们就比那些处于其他劣势位置的资产具有更大的价值。

• 波兰铜业集团在资本市场采用贴现现金流法、可比交易法,使用这些方法计算对加拿大夸德拉公司进行友好收购的价值,并考虑收购 100% 股票的市场溢价。

自 测 题

1. 地质和矿业项目的发展阶段有哪些?
2. 矿业资产估值的方法有哪些,它们的优点和局限是什么?

3. 如何计算一个地质矿藏的价值?
4. 波兰铜业集团在收购矿业公司时涉及的计划有哪些?

延伸阅读

1. Dzierża J., Kicki J., Saługa P. [2002], Real Options In Mine Projects Budgeting-Polish Mining Industry Example, Risk Analysis III, WIT Press, Southampton. Kilburn L.C.

2. Kilburn L.C., Valuation of Mineral properties which do not contain exploitable reseves. CIM Biulletin, Vol.83.No 940.

3. Uberman R., Uberman R. [2008], *Podstawy wyceny wartości złóż kopalin. Teoria i praktyka*, Wydawnictwo IGSMiE PAN, Kraków.

4. Wirth H. [2006], *Cykl życia projektów geologiczno-górniczych i metody jego wyceny*. Wydawnictwo IGSMiE PAN, Kraków.

5. Wirth H. [2006], "*Koncepcja obliczania wartości zasobów kopaliny w złożu i wartości złoża w przemyśle metali nieżelaznych*". Wydawnictwo IGSMiE PAN, Kraków.

6. Wirth H. [2011], *Wieloczynnikowa wycena złóż ich zasobów na przykładzie metali nieżelaznych*. Wydawnictwo IGSMiE PAN, Kraków. Studia, rozprawy i monografie; Nr 171.

第十章 客户价值度量

计算的目的是领悟,而非数字。

——理查德·威斯利·海明

本章概要

▶度量客户价值的有效理由

▶客户价值管理及其对公司市场价值的影响

▶价值交换是客户—公司关系的本质

▶客户估值方法及其效度

▶客户价值模型

价值交换是客户估值的基础

为了理解和度量客户价值,我们需要回答下面这个问题:客户对公司的贡献是什么?客户直接或间接地贡献现金流。客户通过购买特定的产品和服务,给公司带来现金和赢利。这些现金流量的规模取决于客户的购买频率和总量,还取决于公司向客户提供服务的与成本相关的价格支付水平。此外,客户还贡献其他非常重要的流量,这些流量对增加客户价值具有间接的影响,即:

- 对公司(员工)的需求、情感和体验以及产品、品牌等方面的信息。
- 竞争报价(competitive offer)的信息。
- 为了满足人们的新需求或满足现有需求的某种新方式,由此产生的创新理念。
- 在开发产品或服务时,客户与公司共同创造["产消合一者"(prosumer,译注:producer 和 consumer 之拼合,参与产品制造的消费者。此词最早由美国学者阿尔文·托夫勒提出)和共同创造价值]。
- 向新的、潜在的客户推荐[病毒式营销(viral marketing)]。

客户—公司关系的基础是**价值交换**。只有当客户从公司价值那里收到可以帮助解决问题的需求时,他们才生成上述的流量(参见表 10—1)。

表 10—1　价值交换:客户—公司

客户价值—流量	对公司而言的客户价值—流量
• 调整产品以适应客户的个性化需求和预期(功能价值)。 • 形式的选择;这个价值可以让客户选择形状、尺寸、设备样式、可用性(形式价值)。 • 在客户方便的时候或当他需要的时候,能够及时提供(时间价值)。 • 把产品运送到客户指定的地点(地点价值)。 • 把产品的使用权从卖方转移至使用者的方法多元化(现金、信用、租借等)。 • 调整报价信息以及购买货品的方式和条款,以此适应客户的个性化渠道和知识(沟通价值)。 • 指导客户关于如何使用与有效使用报价(教育价值)。 • 购买前、中、后,客户的体验表现积极(经验价值)。	• 支付产品和服务的现金。 • 赢利水平(价格支付的水平)。 • 商品,如果这类贡献不可或缺(用于安装或销售的产品)。 • 信息:观点、建议、需求数据、竞争对手。 • 关于客户的经验和知识的信息。 • 客户前来了解报价花费的时间。 • 创新理念(如何解决客户的问题)。 • 共同创造价值(共同创造一个产品或一种服务)。 • 地位(根据客户的身份确定品牌的定位)。 • 感觉和情感(情感投入)。 • 推荐(吸引新客户)。 • 参与以一个品牌、产品等为中心的社群。 • 对公司的信任。

来源:作者自己的研究。

客户价值是公司的投资,而对公司而言,客户的价值是这种投资的回报。在**创造客户价值**的过程中,这种新方法不同于传统的基于 4P(产品、价格、地点、促销。译注:这四个英语单词均为 p 开头,下同)、5P(4P＋民众)或 7P(5P＋公共关系和定位)的营销方法,它们的区别在于,新方法考虑了客户的视点(对客户有利)与一整套宽泛的利益,包括诸如社会利益和道德标准。

当公司创造客户价值的时候,必须考虑三个原则:以客户的观点,客户选择那个能给他提供最大价值(利益)的卖家;促动客户的不单是产品,而且还有解决他的问题的机会(满足他的需求);建立长期关系比单次交易更有利可图。

公司创造的客户价值应当多样化,持续增加(增加价值),提高并适应各个群体(各个行业或各位客户)的需求,因为公司需要使用独特的价值与其他公司展开竞争。每一个实体都应当发展各自独特的**客户价值图**(customer value map)(涵盖一系列优先事项及层级),因为现有的客户希望公司能够提供个性化的客户服务方法。

客户价值管理的基础所依据的假设是,客户购买的不是商品或服务本身,而是利益,或者更准确地说,是能够解决他们的问题的成套的利益。客户价值被定义为利益,即客户情愿为利益的功能或活动支付一个特定的价格。在菲利普·科特勒(Philip Kotler)的经典方法中(见图 10－1):"客户感知价值(CPV,customer perceived value)是指未来客户对全部利益的评价与某个报价的全部成本之间的差额。总客户利益是指客户从某个市场报价中预期的经济、功能和心理利益的货币价值。总客户成本是指客户在评估、获取、使用及处理某个市场报价中预期承担的一捆可感知的成本。"[科特勒,2005,60 页]

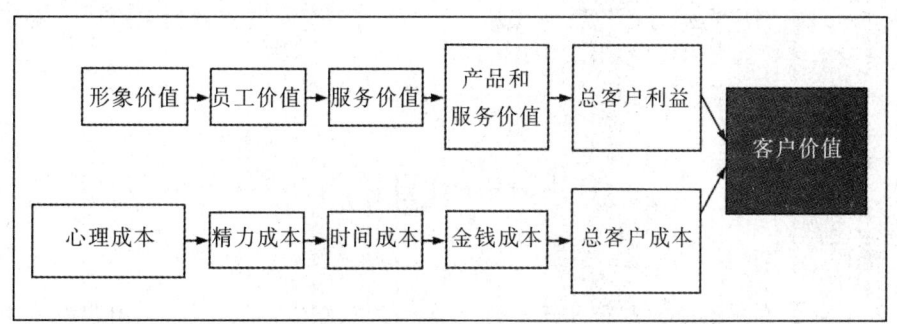

来源:作者自己的研究,根据科特勒,2005,第 60 页。

图 10－1　客户价值感知

价值的其中一种分类法将其分为两种:
- **客观价值**,与产品的性质相关,如材料、工艺、效能、尺寸、数量,等等。
- **主观价值**,基于关联、附属、名望、信任、美学等的象征作用。

为了取得竞争优势并把客户价值最大化,公司需要了解客户的问题和需求,

为客户提供最能有效回应他们各自预期的价值。如上所述,现金流及其他各种流量的规模取决于客户使用企业报价以及考虑他必须承担的成本后获得的利益。

客户价值是一种投资行为,在某个时间范围内,这种投资行为不仅应当给投入的资本带来回报,而且可以为企业、员工及股东带来构成附加值的盈余。聚焦于客户价值的方法改变了公司中营销功能的概念:它们不是被当作成本的来源,而是被当作投资的回报。它们发挥的作用是,有可能度量营销及其他商业活动所用开支的有效性,从战略层面建立公司的价值。

在审视商业管理中营销的作用时,度量客户价值并对其进行管理,这个范式是一个重要的转变。客户价值管理战略旨在确保客户对公司具有很高的价值,这类战略是整体商业战略的一个关键元素。对客户进行投资,这种做法必须被视为公司的长期投资回报战略。我们在当前做出投资,预期在未来能够带来利益。从客户群体的问题、预期、经历和知识对其进行全面分析,可以让公司采取的客户价值战略具有更好的适应性,并且让旨在增加客户价值的战略具有更大的有效性。由于各个客户创造的各种流量存在多样性,因此公司应当建立客户投资组合来接纳这些流量,它们是建立、增加公司价值必不可少的。

公司如果想要进入新的市场,它们应当首先获取的是愿意分享他们的需求、经历、感受及知识等的客户。公司的重点如果是获取新的客户(增加市场份额),它们应当致力于增加客户投资组合中那些感到满意并愿意分享他们的感受(向别人推荐这家公司)的客户的份额。公司如果想要使客户价值的报价现代化(引入创新),它们应当致力于与那些具有新思想并愿意分享其难题的客户建立密切的关系。

评价客户价值的方法

对评价客户价值的方法进行分类,我们可以依据它们的目标、公司获取关于客户数据和信息的机会,并考虑这一数据的成本、时间和计算。

❖ 基于历史数据的估值法

客户的历史价值回答这个问题:在过去,各个客户对公司的收入和利润有多大贡献?该价值没有考虑客户在未来是否以及如何活跃,或者假设客户的未来活动会与其过去的活动相同或相似[科杰尔斯基(Kozielski)、伯格泽尔斯基(Pogorzelski)、杰肯斯基(Dziekoński)、厄班尼克(Urbanek),2008]。

这一方法最常用的指数是 **RFM 价值**(近况－频率－货币价值,Recency-Frequency-Monetary Value)。它回答了下面的问题:从上次客户与公司的买卖行为至今已经过去的时间有多久?在某个时期内客户做出购买行为的次数(购买频率)有多少?平均购买价值(购买行为的货币价值)是多少?这一方法利用外推法,被用来预测和评价客户的未来活动及价值。我们通过确定各个变量的价值并把它们相加,同时考虑它们的权重,可以计算出这个指数。通过公司的管理或通过使用简单的回归技巧,我们能够直接计算各个变量的相对权重。RFM指数主要被用于邮购和目录销售(catalogue sales)行业。

这一方法使用的另一个指数是 **SOW 指数**(钱包份额,Share of Wallet),它表示,客户使用一家公司或一个品牌在某个产品或需要的范畴内满足他的需求,其程度有多大。该指数主要回答这个问题:客户的忠诚度如何?该指数通常被用于计算单个客户或全部客户集体,通常适用于零售连锁(例如超市)或金融业的公司。它回答下面的问题:客户为了满足某个范畴的所有需求,他是使用一个还是同时使用多个供应商(品牌)?该指数使用下面的公式:

$$单个\ SOW\ 指数 = \frac{s_j}{\sum_{j=1}^{j} s_j} \qquad (10.1)$$

其中:

S——销售给某个客户的数额;

j——公司(品牌);

$\sum_{j=1}^{j}$——一名客户从某个公司特定产品群(product group)(目录)中购买的所有不同产品的总价值。

SOW 指数表示在客户的购买组合中某个公司(品牌)的份额占多少。

接下来一个指数是 **PCV 模型**(过去客户价值,Past Customer Value),它所依据的假设是,一个客户在未来会带来与过去同样的利润。这个指数的价值取决于某个客户在过去为公司创造利润的总份额,并考虑到贴现率(随时间不同货币价值发生变化)。计算 PCV 价值依据的是下面的公式:

$$客户的\ PCV = \sum_{t=1}^{T} GC_{it} \times (1+r)^1 \qquad (10.2)$$

其中:

i——客户数量;

r——贴现率;

T——客户做出购买行为的周期数;

GC_{it}——第 i 名客户在第 t 时期的交易生成的利润。

以上描述的几个指数可以提供关于客户－公司交易的历史数据，这一数据可以被用来作为促销活动的信息或指标（例如，强调在促销活动中应当加强与客户的沟通等）。

这样一种度量客户价值的方法效力有限，因为当今客户经常改变购买行为以满足他们的需求。这些方法的缺陷在于，计算结果局限于过去，没有把客户的未来行为变化考虑进去。

❖ 基于预测数据的估值法——客户生命周期价值

客户的行为具有持续增长的需求壁垒（demand barrier）和快速的变化（涉及忠诚行为的下降），这些方面鞭策各家公司更加积极地管理客户价值，而并非仅仅是度量客户价值并假设客户的未来行为是其过去行为的延续。这种度量客户价值方法的基础是，使用基于**客户生命周期价值**（CLV，customer lifetime value）**的比率**，CLV 不仅涉及过去，而且可以涉及未来客户价值以及与公司关系的塑造。在各种指数中，能够考虑影响客户－公司关系的概率的各种因素，即公司收入、客户服务成本、购买的利润水平以及很多其他的客户行为，CLV 指数是唯一的一种［布莱特伯格（Blattberg）、盖兹（Getz）、托马斯（Thomas），2004；库玛（Kumar），2010］。它从长期考虑，着眼于客户（而不是产品）以及客户与公司关系的各个方面（在客户购买产品并维持与公司接触的整个时期）。图10－2 呈现的是公司中一个典型的客户生命周期以及管理客户价值的可能性。

CLV 指数考虑了在客户－公司关系中客户的全部金融贡献值，并使得贡献值能够影响到这些关系的赢利水平，并且考虑了客户－公司关系的各个周期。

CLV 从两方面定义：第一，CLV 是使用每个客户的加权平均资本成本对他在公司的整个生命周期中贡献的现金流进行贴现的累加值［库玛，2010］；第二，CLV 是使用每个客户的加权平均资本成本对他在公司的整个生命周期中贡献给公司的未来利润进行贴现的净值。（参见图10－3）

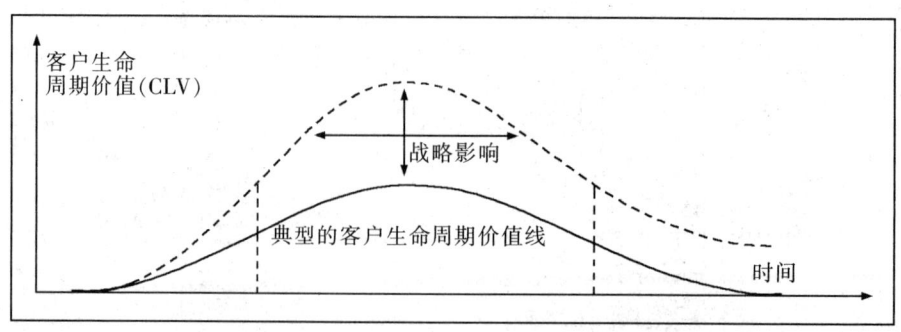

新客户	回头客户和忠诚客户	流失客户
获取和服务客户以及建立客户忠诚度的战略： • 划分不同群体； • 客户深求的价值； • 更好地辨认客户对公司报价的需求和感知； • 建立客户数据库。	保持忠诚客户以及增加他们对公司的价值的战略： • 动态划分不同群体； • 增加客户价值（延伸报价）； • 全面满足客户的需求； • 把客户与公司（品牌）连接起来； • 共同创造价值； • 把客户当作创新的一个来源； • 鼓励客户把公司推介给他人； • 调整服务成本以适应客户的预期。	延迟客户流失的战略： • 辨认客户流失的原因（是因为竞争还是因为已经没有需求）； • 满足客户的需求和可能性的战略多元化； • 降低为那些正在流失的客户服务的成本。 • 清理客户数据的战略。

来源：作者自己的研究，根据库玛，2010，第 22 页。

图 10—2　客户生命周期价值

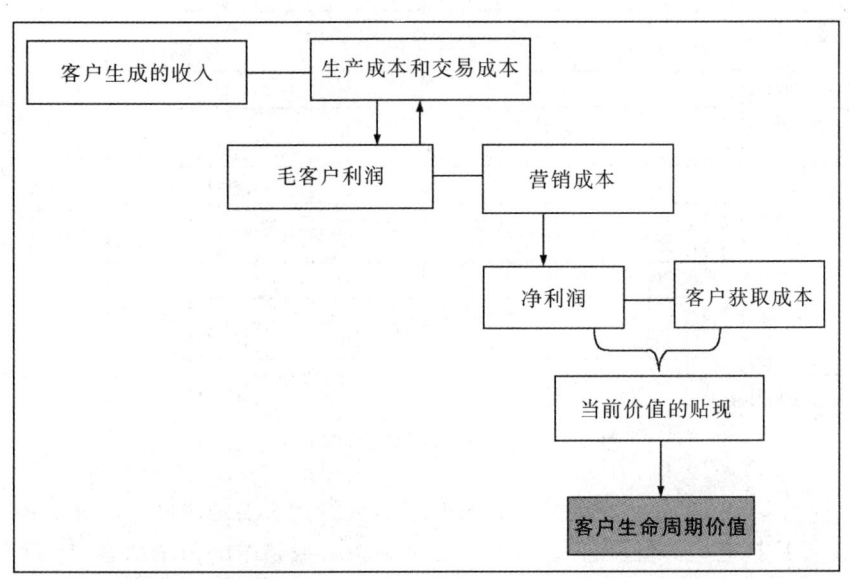

来源：作者自己的研究。

图 10—3　度量客户生命周期价值（CLV）的一般（简化）方法

上面的一般方法可以被用来评估单个客户的生命周期价值或所有客户的生命周期价值（对一个单独客户，或对一家公司或一个板块的所有客户）。正如上文已经强调的，这取决于：公司可以任意处置的关于客户的数据和信息有多少？公司能够或意欲承担的成本是多少？以及公司进行这些计算需要花费多少时间？它还取决于公司构建客户服务战略的方法（为个人或细分市场构建的战略，或者为所有客户构建一个普遍的战略)。

根据公司的需求以及能够获得的客户信息,我们可以使用一个自上而下或自下而上的方法来计算并管理CLV。自上而下法先是计算整个公司(公司的收入或利润)或客户板块的经营结果,然后除以整个公司或板块的客户数量。所得的结果是平均客户生命周期价值。这种方法使我们不仅能够评估一个客户的平均价值,而且能够评估价值增值(value increase)、平均客户利润、平均客户保持率(average customer retention rate)、平均客户获取和保持成本。自上而下法的主要优点在于其简单性,即,我们无须获取关于某家公司每个客户的信息也能够有机会度量某个客户的价值。这种度量方法的缺点在于:它把公司或客户板块的所有客户都赋予相同的客户生命周期价值(而这是不正确的),它还无法提供任何必要的信息来构建适应客户需求的个性化、多元化的客户服务战略、服务成本以及他们生成的各种流量,旨在增加他们的价值(参见图10-4)。

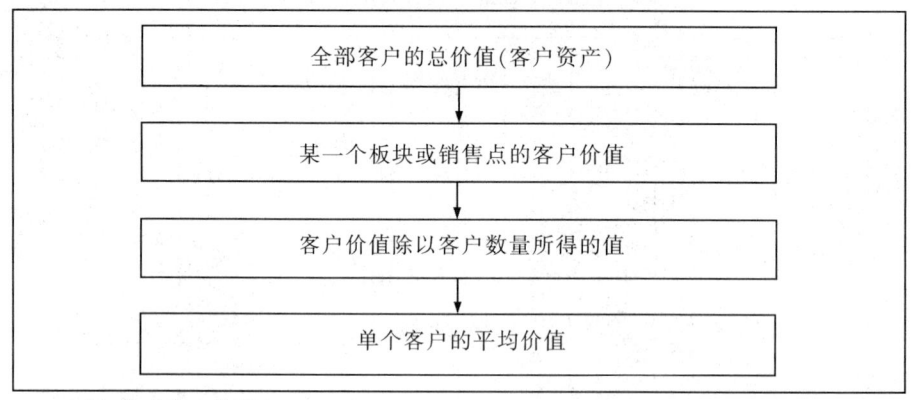

来源:作者自己的研究。

图10-4 计算客户价值的自上而下法

计算CLV的另一个方法是自下而上法,这种方法先是评估公司每个客户的价值,然后把这些价值加起来,得到某个客户板块或整个公司全部客户的CLV。这种方法的基本要求是取得关于各个客户生成的流量及其价值的信息。如果客户的数量很小[例如在B2B(商家对商家,Business To Business)市场],那么这种计算不需要很多资本支出,也不需要很多时间。技术在决定客户价值的过程中扮演一个重要角色:计算机处理能力不断增加,而获取和处理数据的成本不断减少,这两者使得我们有可能评估哪怕是数量庞大的客户中每一个客户的价值。在文献中,"客户价值"(value of a customer)或"客户资产"(customer equity)都是关于这些度量方法使用的术语。最简单地说,当我们涉及适用于每个客户的个性化方法时,我们使用"客户价值"这个术语;当我们谈及整个企业时,我们使用"客户资产"。在评估客户价值的简单方法中,这一区别是可接受的。然而,在广义的方法中,我们需要考虑长期的客户资产管理,这一方法就不够充分。

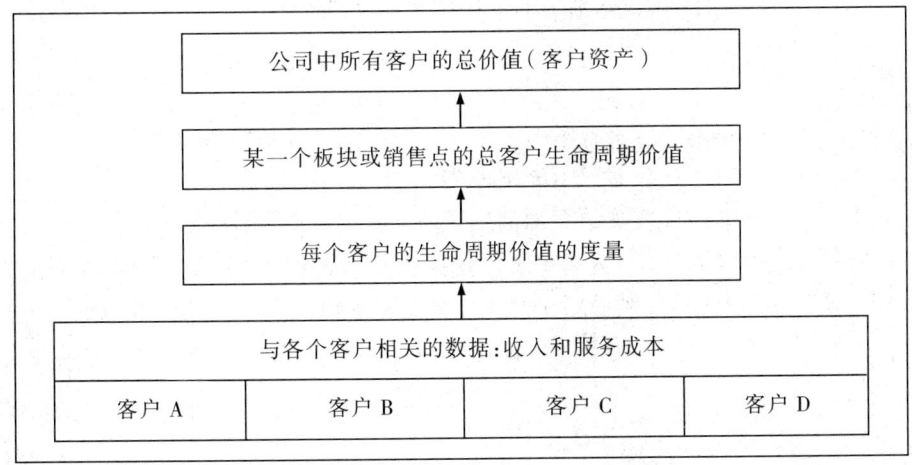

来源:作者自己的研究。

图 10-5 计算客户价值的自下而上法

尝试对客户价值采取定量的度量方法,这样做蕴含着几种不同的方法,需要考虑客户生成的各种流量(狭义法和广义法)。

❖ 度量客户生命周期价值的狭义方法

根据科特勒[科特勒,2005],客户价值是贴现的公司所有客户的生命周期价值(CLV,Customer Lifetime Value)总和。每一个客户的生命周期价值是,公司预期从该客户在客户与公司的生命周期中所有购买行为中获得的客户生成的未来利润价值减去与获取客户、销售和客户服务相关的估算成本。计算单个客户的生命周期价值,我们使用下面的公式(10.3):

CLV=客户生命周期中的客户利润－(客户获取成本＋销售成本＋客户服务成本) (10.3)

如上所示,涉及过去的传统指数法没有考虑到客户的未来购买行为和公司可能承担的成本。而 CLV 指数把这两种未来价值都加以考虑。CLV 指数可以确定一年或多年中几个时期内一个客户的价值。在集合(自上而下)法中,我们考虑了公司所有客户的生命周期价值,客户资产的计算公式如下:

$$CE = \sum_{i=1}^{N} \sum_{t=1}^{T} CM_{it} \left(\frac{i}{i+r}\right)^i \quad (10.4)$$

其中：

CE——这个角度的客户资产；

CM——平均客户利润(毛利润或净利润)；

r——贴现率；

i——客户；

t——计算时期；

N——客户资产价值被估算的客户数量；

T——客户资产价值被估算的周期数。

这种方法可以被用来计算某个客户板块或某个群组的平均 CLV，例如：一个产品被频繁大量购买的特定销售点，或是一个特定的被观察客户的群体(群组)。

在这种情况下，平均 CLV 应当按照如下公式计算：

$$CLV = \sum_{t=1}^{T} \left(\frac{(GC - M)}{(1+r)^t} \times R \right) - A \qquad (10.5)$$

其中：

R——平均客户保持率；

r——贴现率；

t——计算时期；

T——被估算的客户资产的周期数；

GC——平均毛利润；

M——每个客户的营销成本；

A——平均客户获取成本。

在这种情况下，我们假设整个群组或板块的客户保持率是恒定的。由于这种情况不大可能出现，所以这个简单的假设近来被人们纷纷抛弃。

当我们无法获得更多详细数据时，可以使用这个计算来对某个公司与其竞争者进行比较，或者可以用它来估算该公司的市场价值。一般而言，使用上述方法计算出来的 CLV 可以被用于以下目的：

- 确定哪些板块或群组需要得到更多的关注；
- 哪些客户板块或群组可以经由互联网这种较便宜的沟通方式进行接触；
- 考虑到例如销售渠道，应当给销售和客户服务配置什么样的资源；
- 考虑到销售点、客户板块或其他群组，如何改变营销活动的强度或形式；
- 对公司的市场价值做出一个整体评估。

然而，使用上述方法计算 CLV 不足以就增加单个客户和增加客户价值的战略而评估资源配置效率。这对管理客户价值而言是一个很大的局限。此外，这种方法不能让我们对客户细分(client segmentation)采取动态的方法，而这在当前是客户服务战略多元化(在市场高度动态化的背景中调整一整套客户价值)的实质。

使用自下而上法可以消除上述局限,这种方法对客户的价值采取一种狭义的理解。在自下而上的方法中,单个客户的价值被计算为:现金流或毛(或净)利润的累加值,减去使用由每个客户可能单独生成的加权平均资本成本进行贴现的相关成本。这种方法可以使用下面的公式表示:

$$CLV_i = \sum_{t=1}^{T} \frac{(FI_{it} - FO_{it})}{(1+r)^t} \tag{10.6}$$

其中:

i——某个特定客户;

t——公司中客户的生命周期;

T——被估算的客户生命周期价值的周期数;

FO——未来流出;

FI——未来流入;

r——贴现率。

从价值而言,每个客户的 CLV 可以被表示为:

$$CLV_i = \sum_{t=1}^{T} \frac{m_t}{(1+r)^t} \tag{10.7}$$

其中:

t——计算时期;

m_t——t 时期内的客户利润;

r——贴现率。

上面的方法使用实际而非平均的利润水平(m)以及公司中客户的实际生命周期,而非所有客户的平均生命周期。那么,客户在公司中整个生命周期的价值可以使用如下公式表示:

$$CLV = \sum_{t=0}^{\infty} m \frac{R^t}{(1+r)^t} \tag{10.8}$$

其中:

CLV——单个客户的生命周期价值;

m——t 时期内该客户生成的收入;

t——被分析的时期;

R——客户流失率(customer churn rate);

r——贴现率。

在这种情况下,公司的客户资产可以被计算如下:

$$CE = \sum_{t=0}^{\infty} CLV_{i-N} \tag{10.9}$$

其中：

CE——客户资产（一家公司所有客户的价值）；

CLV_i——客户生命周期价值；

i——客户指数；

N——总客户数量。

考虑被估算的每一个客户的价值、某个板块层面所有客户的价值，我们可以通过把某个群体中各个客户的价值相加起来，计算出该群组或整个公司的客户价值。这一方法消除了自上而下法中使用的许多简化问题，例如这样一个假设：所有客户在一家公司驻留的时期相同，他们生成的平均价值相同。在自下而上的方法中，我们有可能考虑到客户保持率，利用它来预测每一个客户、板块或群组。在这种情况下，一个公司、板块或群组的总客户价值可以被计算如下：

$$CPLV = -AC + AJ + \frac{m \times R}{(1+r)^1} + \frac{m \times R^2}{(1+r)^2} + \cdots \frac{m \times R^n}{(1+r)^n} \quad (10.10)$$

其中：

$CPLV$——整个公司、板块或群组的客户组合生命周期价值；

AC——获取某个客户组合的成本；

AJ——从客户组合获取中得到的收入；

$m \times R$——从某个带有一定保持率的客户板块中获得的收入；

R——客户保持率；

r——贴现率；

n——被分析的年数。

在这种方法中，我们假设，在第一个时期内，公司需要承担客户获取成本（AC, acquisition cost），由此减少它们的价值。然后，在第一时期内，获取的客户做出的一次购买行为给公司生成收入（AJ），从后续的时期开始，客户重复他们的购买行为（**保持率**）产生收入，由此给第一次收入带来增加值。客户组合由属于某个板块、群组或整个公司的客户组成，该组合考虑了不同的客户保持率，客户保持率随时间和各个客户不同而发生变化或变动。

考虑到不同的客户保持率，如果客户增加和留存的成本不超过来自新增客户和留存客户的收入，那么**客户组合的价值**将会是正值。就整个公司而言，**全部客户价值**（客户资产）是新增客户与留存客户的后续群体（板块）的生命周期价值与他们的利润之和。古普塔（S. Gupta）、雷曼（D. R. Lehman）、斯图阿特（J. A. Stuart）[2001]采用了下面的模型：

$$CLV = \sum_{k=0}^{\infty} \frac{n_k}{(1+r)^k} \sum_{t=k}^{\infty} m_{t-e} \frac{R^{t-k}}{(1+r)^{t-k}} - \sum_{k=0}^{\infty} \frac{n_k e_k}{(1+r)^k} \quad (10.11)$$

其中：

CLV——客户生命周期价值；

k——来自不同生命周期的各种客户的生命周期；

n——后续时期内获取的客户数量；

r——贴现率；

t——被分析的时期；

m——t 时期内单个客户产生的收入；

R——客户流失率；

e——客户获取成本。

上面描述的两个模型的假设是相似的——两个模型都假设，全部客户的价值等于根据客户生命周期区分的各个群体的客户价值总和。每一个客户在每 t 时期产生收入 m。使用贴现率，我们有可能估算本期的未来收入。未来收入的价值被转换成当前价值，而每个客户的利润在被分析的那个时期内各不相同，可以使用如下方式计算：

$$CLV = \sum_{t=0}^{\infty} m \frac{R^K}{(1+r)^t} \tag{10.12}$$

该模型依据的假设是，在每一个时期，公司获取新的客户和失去其中一些客户，被获取的客户并非在整个生命周期内都驻留在该公司，这一点被纳入客户流失率中考虑。

❖ 度量客户生命周期价值的广义方法

使用自下而上法计算每个客户的 CLV，需要我们拥有关于每个客户以及他与公司关系的很多数据，但是对于公司为服务每个客户而建立个性化的战略，这样做更加有所帮助，这些战略可以在管理客户价值方面发挥很高的效率，既涉及每个客户，也涉及公司的客户资产。赞同采取广义方法进行 CLV 估值的人士指出，构成每一个客户价值的元素很多，不仅仅是使用上述各种方法计算出的收入、净利润或毛利润。

在最早提出的关于公司客户价值的方法中［拉斯特（Rust）、泽丝莫尔（Zeithaml），2000］，有一种方法是由三个成分构成：客户实施的当前购买交易的收入和利润水平，即：客户为客户价值的报价愿意接受并支付的价格与购买这些价值的频率、品牌价值、整个客户－公司关系价值。（见图 10－6）

CLV 的第一个因素是一个特定时期内或公司客户的整个生命周期内（客户继续购买和消费公司提供的客户价值时），客户与公司达成交易，获得收入和利润。它们由购买频率、成交量和价格水平组成，能达到某个收入和利润水平。

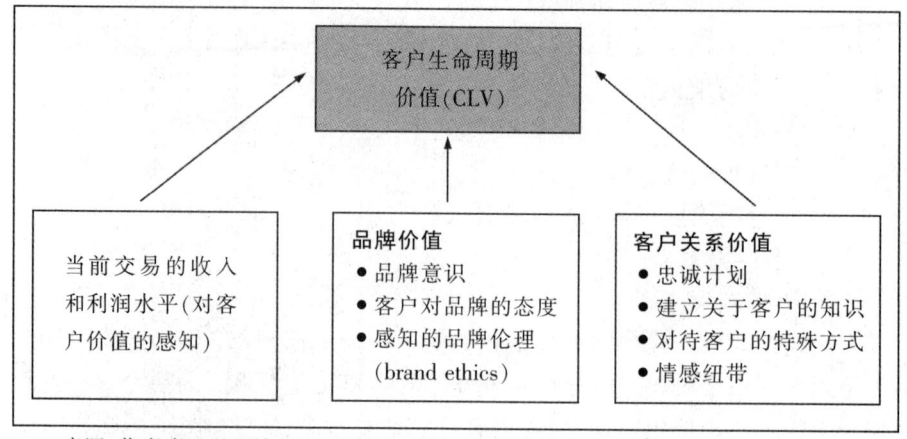

来源：作者自己的研究。

图 10－6　客户生命周期价值的成分

品牌价值由三个主要成分构成：

• **品牌认同**。公司的品牌被现有客户和未来客户认可的程度如何，客户对公司品牌的态度如何（他们是否想要拥有这个品牌的产品，以及对品牌的忠诚度如何——客户的购物篮里该品牌的份额是多少）。

• **关系价值**。关系价值被理解为忠诚计划（loyalty scheme）的有效性（公司吸引客户的程度如何，客户重复购买的频率如何，公司在获取、收集与运用关于各个客户的知识方面效率如何）。公司以一种特殊方式对待客户的必要性如何，这样做对公司可能造成什么后果？客户与公司的情感纽带的水平如何（该客户是否是公司的支持者，并愿意与其他客户分享他的积极情感，而这又能够进一步强化客户－公司关系）？

• **客户社群**。客户社群不仅向其他客户提供关于公司经营活动的信息，而且也给公司提供最重要的信息——关于他们的需求和对公司活动的看法。

我们可以把这种方法应用于单个客户，但是，如果没有可用的数据，我们也可以把它应用于板块、行业或公司的所有客户。这种方法的优点在于，它表明我们在理解客户价值的时候应当采取更加广泛的态度，而不是像先前基于交易收入的方法所表明的那样。这种方法的重要价值在于，它不仅考虑客户购买的商品和服务的价值（客户价值），而且使我们能够评估从长期而言的品牌管理和客户关系管理的有效性。这种方法表明，我们评估客户价值，不仅应当使用现金流和赢利水平，而且应当使用间接价值（在短期内并非总是能够度量的金融价值），从长期而言，这些间接价值有可能导致现有客户和未来客户的购买行为。

各项交易的收入和利润是，客户感知以商品和服务的形式传递给他们的价值,即有形、无形价值与他们支付的价格,客户始终拿它与公司竞争对手的报价进行比较。

品牌价值是客户对品牌的一种主观评价,表现的形式为品牌意识(客户对品牌的态度),以及品牌引起的作为客户选择特征的情感。

客户与公司关系价值的表现形式为:公司收集的关于客户的知识、客户与公司之间基于在相互预期并表达的价值(目标)上达成共识而意欲与公司建立密切关系的倾向以及这些关系的时限。客户价值的这些成分每一个都可以使用特定现金数量的形式予以表示,但是鉴于进行这些度量任务的困难和精确程度,它们各有差别。我们能够最容易度量的是交易价值,但是它确实存在一个风险。这个风险涉及的是,我们计划对交易价值进行计算的时期以及我们关于向上销售(up-selling)和交叉销售(cross-selling)做出的假设。虽然我们能够事后(未来一些时期)计算出这个价值,但是事前计算总会涉及风险。

没有统一的品牌价值度量方法,人们使用的各种方法差别很大,而且很难验证。究其原因,品牌价值度量是一种相对较新的现象。根据最为流行的方法,以实际货币形式表示的一个品牌的价值可以通过使用那些领先的顾问公司开发的几种方法进行计算[波兰斯基(Polański),2006]。

从营销的角度来看,通过评估品牌架构(brand architecture)的各个组成部分,诸如品牌意识、形象定位、忠诚度、质量感知,我们可以评估品牌价值。客户－公司关系价值通常包括客户组合的价值,其表现为与客户获取和保持相关联的现金流。我们假设,在客户－公司关系的第一个时期内,公司承担客户获取的成本,在后来的时期内,客户生成比成本更多的收入[多里盖尔斯基(Doligalski),2006]。

布莱特伯格、盖兹和托马斯假设,客户资产价值等于从获取新客户中得到的利润、保持客户得到的利润加上从对这些客户进行向上销售中得到的利润的总和,他们采用的方法是把所有客户的价值加起来,并考虑客户购买公司报价的时间。根据这个方程的几位作者所述,该方程涵盖了客户资产度量的关键元素,一家公司的总客户资产等于客户获取回报加上客户保持回报再加上向上销售回报,把整个客户组合纳入计算,并考虑客户－公司关系的持续时间。根据他们的观点,公司必须发展并实施一种平衡战略,使得整体价值而非各个部分价值最大化。

因此,客户资产等于:
- 来自首批客户的利润(即公司接触的客户数量乘以利润边际);
- 减去获取这些客户的成本(即未来客户的数量乘以每位客户的客户获取成本);

• 加上从未来向新获取客户的销售中得到的预期利润[即未来每个时期内的客户保持率乘以该时期内做出销售得到的利润,除以贴现率(把未来利润转换为当前价值),把全部未来时期相加];

• 把全部板块和群体相加。

各家公司已经开始估算总体客户生命周期价值,把它作为一种信息资源。例如,微软公司向其客户免费派发 Windows 2000 其中一个版本,以此换取客户对该版本功能的提示和评论。反过来,关于客户在业务中实际使用该软件出现的问题,客户收到微软公司的专家帮助和建议。微软公司把这种合作和客户反馈的价值估算为5亿美元。思科(Cisco)公司是一家 IT 公司,迈出了更大胆的一步。他们给予客户充分的自由,允许客户在他们的网站上交流各种信息、数据库和知识。

获取关于以及来自于一个客户的知识并非易事。通常,如果一家公司想要鼓励客户参与对话,那么它需要投入很多金钱;与此同时,这种信息还存在被竞争对手截获的风险。另外一个困难是如何分析并处理来自数千客户的建议、投诉及赞扬。使用从客户那里获得信息为公司创造价值,负责这项工作的人们应当鼓励客户参与活泼、明快的对话,并组织他们加入某种类型的客户社群。这每一项活动都通过把客户看作是一个能动的信息来源,由此创造价值。公司想要建立与客户的长期关系,需要具有两个目标:让客户参与鉴别、创造并提供客户价值的过程,以及建立忠诚度,由此可以稳定公司的营运条件和价值。通过共同创造价值,客户可以为公司提供关于他们的偏好、问题和经历的信息,他们还能够承担创造客户价值的共同责任。

客户与公司共同创造价值,这一做法重置或延伸了交流过程;在决策和生产过程中客户与公司进行互动,这一做法可以让他们创造更好的价值[普拉哈拉德(Prahalad)、拉马斯沃米(Ramaswamy),2005]。客户能够精确地定义并设计适合其需求的报价,而公司得到的利益表现形式则为可以减少价格创造风险。

推荐在客户创造的各种流量之中扮演一个特别重要的角色,公司借此可以吸引新的客户而无须承担推销成本(promotional cost)。此外,它也是最有效的推广方法[库玛,2008]。

客户估值的实际应用

使用客户估值来估算公司的价值,以及使用这类度量结果来促进客户和公司作为一体的价值增值,这方面的例子有很多。

自从公司价值的概念被当作一家现代化公司的主要目标以来,客户价值对公司价值具有影响的论点就得到了提升。拉帕波特[1986]已经指出,来自销售的收入是创造公司价值的一个重要元素。

赛博德(P. Seybold)强调,现代经济被描述为消费者驱动的经济(consumer driven economy),使我们有必要把创造客户价值视作有效商业战略的基础。他继而指出,公司的当前和未来价值必须依据客户的忠诚度和赢利水平加以评估。通过观察资本市场,尤其是纳斯达克,我们可以毫不含糊地指出,公司价值的基础是来自客户的未来预期收入的价值。来自客户的预期收入增长吸引投资资本,这就是为什么公司管理必须聚焦于建立客户价值,而客户价值又取决于客户对公司及其品牌和报价的信心。投资者等待真实、确凿的信息:一家公司拥有多少客户,这些客户是否是精挑细选出来的,他们的价值是多少,该价值增长速度有多快?因此,赛博德提出,公司的价值是掌握在客户的手中的[赛博德,2002]。

公司通过创造客户价值进而为公司创造价值,多伊尔对此做了分析。在此基础上,他得出结论:没有客户价值就意味着没有股东价值,正是客户的满意度才给公司创造了长期的现金流[多伊尔,2003]。

在分析客户价值对公司价值造成影响的过程中,有一组作者采用的度量方法取得了突破进展,他们计算客户价值并把它与公司的市场价值进行比较。这个小组的成员有金融家、营销专家和金融市场分析师,他们代表哥伦比亚商学院的学术社群,与金融服务营销中心(Center for Marketing of Financial Services)合作研究[古普塔、雷曼,2005]。作者们建立了一个CLV模型,涉及诸如下列因素:不同客户群的生命周期、后续时期内获取的客户数量、不同时期内客户生成的收入、客户流失率、客户获取成本及贴现率。

他们计算后续客户群(新获取的客户和保持的客户)的生命周期内公司所有客户的价值及其赢利水平。该模型依据的假设是,在每一个时期,公司获取新的客户,并失去一些现有客户。客户生命周期价值的计算使用下面的公式:

$$CLV = \sum_{k=0}^{\infty} \frac{n_k}{(1+r)^k} \sum_{t=k}^{\infty} m_{t-k} \frac{R^{t-k}}{(1+r)^{t-k}} - \sum_{k=0}^{\infty} \frac{n_k e_k}{(1+r)^k} \quad (10.13)$$

其中:

CLV——客户生命周期价值;

k——各种客户群的生命周期(来自不同的生命周期);

n——后续时期内获取的客户数量;

r——贴现率;

t——被分析的时期;

m——t 时期内单个客户产生的收入;

R——流失率；

e——每个客户的获取成本。

如上所示，该模型的起始点是计算各个客户群的客户生命周期价值（根据他们的生命周期加以区分），然后把全部现有和未来客户的价值加起来。该模型的作者们使用一个事后分析对模型进行验证，把客户价值与从"新经济"挑选的公司的价值进行比较：亚马逊公司（Amazon）、美洲贸易公司（Ameritrade）及亿创公司（E Trade）。该分析涉及的时期为 2000 年 3 月至 2001 年 6 月。在开始，几家公司的市场价值与其客户价值差异很大，但是，在分析期结束的时候，它们变得非常接近。在实践中对客户进行估值，库玛在这方面做出了重大贡献，他与其他研究人员一起为几家公司计算客户价值。2008 年，他出版了在 IBM 公司从事研究的结果［库玛、凡凯特桑（Venkatesan）、鲍林（Bohling）、贝克曼（Beckmann），2008］。他们选择 IBM 公司对客户价值管理进行度量和应用，是因为该公司宣称它意欲通过管理与各个客户的关系来增加总收益（general total profitability）。为了这个目的，IBM 公司想要广泛使用营销和沟通工具（广告、分销渠道、创新政策、个人接触、目录、直邮、电话销售及电子邮件）。该公司决定它将使用自下而上法进行客户估值。他们提出了如下问题：为了迎合客户，公司应当采取什么样的服务和成本战略？如何为客户服务，使他们能够带来更高的利润？

该研究把收入和成本的预测期确定为三年期。客户生命周期价值的计算使用如下方法：

$$CLV_i = \sum_{j=T+1}^{T+36} \frac{P(Buy_{ij}=1) \times \widehat{CM}_{ij}}{(1+r)^{j-T}} - \frac{\widehat{MT}_{ij} \times \overline{MC}}{(1+r)^{j-T}} \qquad (10.14)$$

MT——预期的 j 时间内与 i 客户接触的次数；

$P(Buy_{ij})$——预期的 j 时间内（月）该客户做出购买行为的概率；

CM——预期的 j 时间内 i 客户的客户利润。

下列 CLV 决定因素是被接受的：客户的未来开销水平、做出额外购买行为的倾向、购买频率、自从上次购买以来的时间、客户在过去的购买活动以及公司的营销活动。在计算客户价值之后，公司在下列领域构建了新的战略：

• 与客户接触，旨在发展适合每个客户的最优战略（MT）；

• 为每个产品目录创造一系列销售模式（sales model）：硬件、软件及维护 $P(Buy_{ij})$；

• 估算客户利润（CM），考虑包含预测变量向量、相关系数向量及误差元素的模型。

根据上述 CLV 计算，公司根据客户价值把客户分成不同的板块，随后实施适当的客户服务战略方案。实施这种战略的结果是，由于与前一年一直没有联系的客户恢复接触,公司的收入增加了10倍,各个板块的投资回报率也显著增加,等等。这些最初为选定板块发起的活动后来被延伸至其他板块。

结 论

- 面向客户的营销和金融活动的指标必须根据CLV的水平加以分割并分档;
- 为了辨认并了解客户迁移,把其作为实现客户组合最优化的工具,有必要进行这方面的研究;
- 有必要开发并改进各种预测模型;
- 度量每个客户的价值,我们只可能获得近似数据;
- 度量客户价值的方法各种各样;
- 度量方法可以加以调整,以适合某个情形、公司及产业;
- 自下而上法可以提供最大的可能性,尽管该方法最昂贵、最费力;
- 这些方法(根据需要加以修正)可以被应用于某个公司中客户生命周期的任何阶段;
- 倘若使用先进、精确的模型,我们需要熟悉计算形式模型(formal model)并解释会计数据的原则。

库玛和沙赫(D. Shah)[2009]的研究证实,那些使用客户估值法对客户价值进行管理的公司体验到了公司市场价值实现更高的增长。两位作者从商业对商业(B2B;500家公司)和商业对客户(B2C;500家公司)市场的1 000家公司中选取了两家公司,对此做了一个经验研究。该研究依据的是度量公司的现有客户以及公司预期在未来获取的客户的价值。度量公司价值依据的是在2006年8月至2008年4月期间该公司的证券交易价格。

下列战略被用于B2B市场,有助于增加客户资产价值,从而增加公司的市场价值:

- 在客户之间进行资源再配置(从低利润、中利润到高利润);
- 精选已经获取的客户(搜寻具有较高CLV的客户);
- 在不同的分销渠道改变客户的行为模式(behavioural patterns)(对于低利润的客户,提供最便宜的互联网渠道)。

应用于B2C市场的战略包括:

- 精选客户(选择那些对忠诚度持积极态度的客户);
- 运用向上销售战略(提升那些客户购买最为频繁的产品的价值,或为具有较高CLV的客户开发新产品);
- 在不同的分销渠道改变客户的行为模式。

就波兰的公司而言,最先进的客户估值方法被应用于银行、保险及移动电话行业,因为这些行业能够对来自客户的服务成本和收入维持个性化的方法。2009年,我们做了关于度量和管理客户价值的经验研究,研究显示,各家公司只是刚刚开始学习如何管理客户。虽然他们指出客户是公司收入和赢利的一个重要来源,但是他们更为常见的做法依然是度量各个产品而非客户的赢利水平。

自测题

1. 度量客户价值的因素有哪些?
2. 管理客户价值怎样影响公司的市场价值?
3. 价值交换与客户价值的关系如何?
4. 如何使用各种客户估值方法的使用性是什么?
5. 以IBM为例,从客户估值得出的结论是什么?

延伸阅读

1. Blattberg R, Getz G., Thomas T. [2001], *Customer Equity: Building and Managing Relationships As Valuable Assets*, Harvard Business Review Press.

2. Gupta S., Lehman D. [2005], *Managing Customers as Investments: The Strategic Value of Custmers in the Long Run*, Wharton School Publishing, Upper Sadle River.

3. Gupta S., Lehman D.R., Stuart J.A. [2001], Valuing Customers, Columbia University, New York, NY10027.

4. Kotler Ph. [2011], Marketing Management, 14th edition, Prentice Hall.

5. Kumar V., Reinartz W. [2005], *Customer Relationship Management: A Databased Approach,* Wiley.

6. Martin R. [2010], *Age of Customer Capitalism,* Harvard Business Review.

7. *Zarządzanie wartością klienta. Pomiar i strategie* [2010], B. Dobiegała-Korona, T. Doligalski (eds.), Poltext, Warsaw.

第十一章 无形资源的估值

如果你不了解自己商业的价值,我就会把它从你那里"偷"过来。

——沃伦·巴菲特

本章概要

▶企业价值创造中无形资产的重要性

▶无形资产与无形资源的区别

▶智力资本估值方法

▶关键无形资源的估值

▶为财务报告而做的无形资源估值

无形资源及其对企业价值的影响

无形资源为创造企业价值提供物质潜能。虽然它们在企业资产负债表中所占的权重相对较小,但是很大一部分无形资源构成的项目并没有在财务会计中被披露出来。这是企业的市场价值与账面价值存在差异的关键原因之一。这些差异的程度非常多元化:在某些企业,账面价值相当于市场价值;而在另外一些实体中,账面价值代表的仅是市场价值的一小部分(甚至少于10%)。[①]

知识是无形资源的主要来源:知识的获取、处理、传播以及——最重要的——应用。企业如果能够熟练地获取并利用这些资源,就可以生成价值,即超过资本成本的高于平均的利润。显而易见,各家企业以各种方式利用这一价值的来源。这里的决定因素之一企业活动的性质,取决于某个行业的具体特征。与无形因素关系最大的企业价值当属那些代表以知识为基础的行业,例如:提供建议和咨询服务、教育和培训、IT服务(软件创建和互联网相关服务)、金融服务以及需要大量经费进行研发的企业(例如来自制药、高科技及生物科技的企业)。有些企业主要使用有形资产制造商品或提供服务(例如重工业或采矿业中的企业),或者无须创造或发明即可从事简单的工作(例如加工业),对这些企业而言,无形资源不是那么太重要。图11—1总结了这些区别。

构成智力资本的各种因素的相对重要性具有各自的特点,在很大程度上取决于某个企业所代表的经济部门。例如,在某些行业,创新至关重要;在其他行业,关键的因素是人力资源;而在另外一些行业,价值创造是基于品牌或战略联盟、客户资本或质量。[②]

人们往往使用智力资本来度量一家企业的无形资源,当智力资本表现为企业的市场价值和账面价值的差额时,这种方法就错了。[③] 这是因为,企业的账面价值

---

① 关于选择的公司,以及对企业价值创造而言无形资源的总体重要性,这方面的分析载于本章作者的著作[马辛科芙丝卡,2004a]。

② 关于不同产业中各种因素对企业价值的影响,在"要紧措施"(Measures that Matter)项目的框架内,有人进行了研究,参见凯捷安永(Cap Gemini Ernst & Young),2000。

③ 智力资本这个概念缺乏一个明白无误的定义,而且人们对它的理解并非总是相同。这个领域使用的术语各种各样、杂乱不堪:通常,同样的概念具有不同的名称,而不同的概念被赋予相同的术语,例如"智力资本"又被称为看不见的资产、无形资产、隐藏的资产、看不见的天平、知识资本、商誉或隐藏价值。另一方面,有些作者区分智力资产(intellectual asset,即看不见的资源)与智力资本(intellectual capital,即债务,它们是为智力资产提供融资的来源)。参见马辛科芙丝卡,2008。关于智力资本项目的详细分类和讨论,载于马辛科芙丝卡,2000。

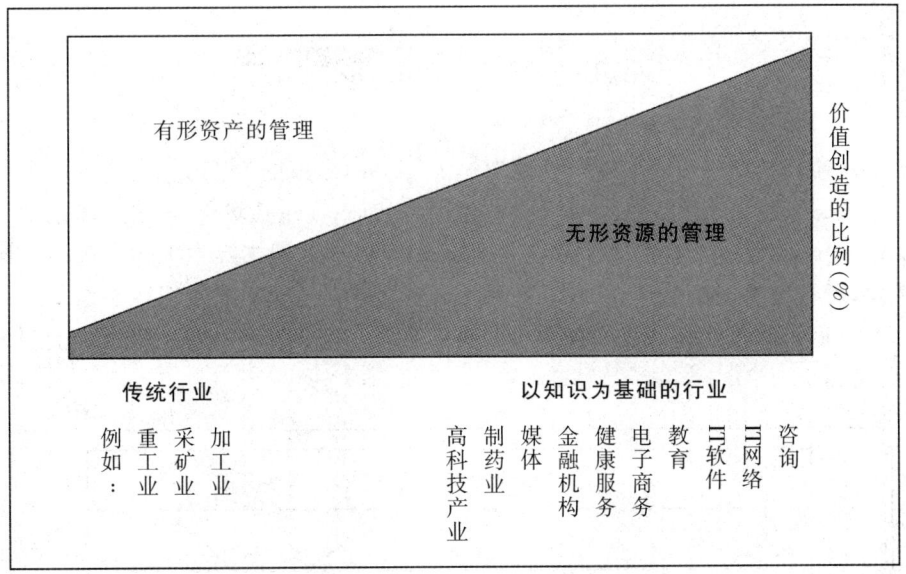

来源：马辛科芙丝卡，2008，根据曾科夫斯基（Dzinkowski），1998。

图 11-1 价值创造的比例：有形资产与无形资源

还涵盖无形资产（即那些满足资产的定义并符合资产负债表中得到确认而必须标准的无形资源）。从这一区别中我们可以得出，我们可以从广义上理解智力资本这个术语，即它是一整套的企业无形资源；我们也可以从狭义上理解，即它是单指那些在资产负债表中（在企业的账面价值中）没有被披露的无形资源。

若要对智力资本的类型进行分析，我们通常需要考虑智力资本的两个主要成分：人力资本（企业各个员工的知识、技能、经验、创意、革新及能力，这些使得企业能够以有效方式执行各项任务）和结构资本（structural capital）（企业财产的各种元素，即企业可以支撑员工的生产力的能力），结构资本构成组织资本和关系资本（从企业与其客户以及其他股东的关系中衍生的资本）的总和。[①]

创造企业智力资本的主要因素包括：人力资本、组织文化、战略、客户、产品、创新、研发、品牌、信息、IT技术、收购、合并与战略联盟、对自然环境的影响、推销与公共关系。它们取决于企业的决策，在某种程度上是可控的。这些因素塑造企业价值或者——如果对它们的管理不当——可能造成企业价值的毁灭［参见：马辛科芙丝卡，2000；洛（Low）、卡拉夫特（Kalafut），2004 及斯科兹拉斯（Skoczylas），2007］。

---

① 关于智力资本的定义和分类载于埃德文森（Edvinsson）、马洛尼（Malone），1997；洛斯（Roos J.）、洛斯（Roos G.）、德拉戈内蒂（Dragonetti）、埃德文森，1997；斯威比（Sveiby），1997；萨利文（Sullivan），2000，等等。

无形资源与无形资产

从流行的含义而言,"无形资源"(intangible resource)与"无形资产"(intangible asset)这两个术语往往可以交替使用。然而,在正式场合,第二个术语的意义较为狭窄,具有精确的法律定义。由于智力资本的定义存在上述各种不一致现象,看起来有用的做法是,我们在此为无形资产和无形资源提供一个定义。

无形资源包含无形资产和那些无法满足资产定义且不具备有形形式的资源(参见图11-2)。

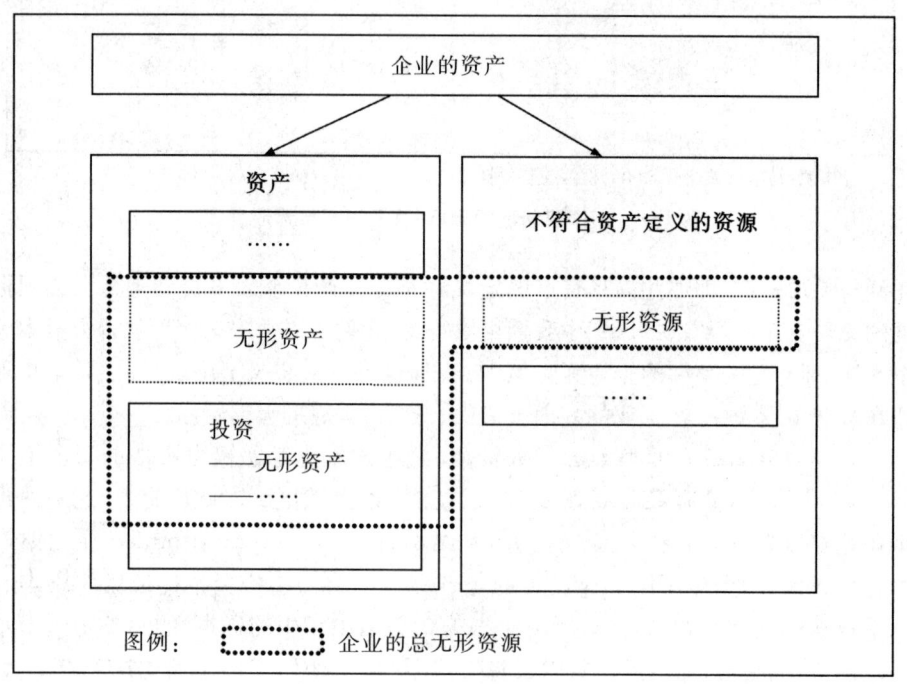

来源:作者制作。

图11-2 企业的总无形资源

资产(asset)的定义是,一个实体从过去事件中(根据预测)将会在未来获取经济利益因而由该实体控制的各种项目。①《国际会计准则第38号》把无形资

---

① 当该实体有权取得由某种资源生成的经济利益时,它即行使控制权。从一个无形资源项目中衍生出的经济利益可能是间接的,例如出售产品或服务的收入;也可能是直接的,例如出售某个项目的收入、借贷或租赁的收入,或者成本节约(例如:归功于构成企业的智力财产的新技术应用)。

产定义为"没有实物形态的可辨认非货币资产"[《国际会计准则第 38 号》,2010]。资产的可辨认性意味着,我们可以清楚地把它与商誉区分开来。国际会计准则明确了一个无形资源项目满足可辨认性标准的两种情况:其一,它是可分离的,即它能够从商业实体中被分离或被析出,在无偿基础上或在有偿条件下,单独或是与相关合同、资产或义务一起被出售、转让、许可或提供给第三方使用;其二,从契约权利或其他法律权利中产生(不考虑这些权利是否可以从该实体或从其他权利和义务中被转让或被分离)。无形资源的一个典型特征是,它们缺乏实物形态。然而,需要注意的是,一些无形资源存在于实物物体"之中"或"之上",例如光盘(对软件而言),可能具有法律文件(对许可或专利而言)或胶片的形式。在这类情况下,需要明确的是,对于一个同时具有无形和有形成分的资产,我们是否应当根据《国际会计准则第 16 号》或《国际会计准则第 38 号》,通过评估这些成分中哪一种占主导而予以确认。

波兰会计条例中提出的无形资产的定义是狭义的。这个术语意味着一个实体获得的财产权利,类属于非流动资产(non-current asset),适合于商业应用,预期使用寿命超过一年,旨在被用于满足该实体的需求。这尤其包括:版权及相关权利、许可、租让、发明权、专利、商标、设计和装饰图案、实用技能,以及已完成开发成品的成本和已获得的商誉。需要注意的是,某个实体拥有这些财产权不是用于自己的需求,而是把它们当作投资,目的是通过增加资产的价值、利润或其他收益而获取利益。

由于有形资产(以及它们在资产负债表中的鉴定标准)和无形资产的定义的特征非常严谨,因此,通常仅有很小一部分无形资源能够在企业的资产负债表中得到反映。这一现象的主要原因在于,对某个实体通过自己的手段生产的大多数资源进行辨认,其可能性非常有限,只有在已完成开发成品的情况下才能被认可。关于某个实体创造的品牌和商标、杂志和出版物、客户(接受者)清单等,这种情况是不予承认的。还有一个因素使我们不可能辨认资产负债表中的无形资源,这就是难以对它们进行可靠的估值,而只有能够被验证的估值结果才被认为是可靠的①。这类验证方法主要是基于成本的(即根据用于购买的支出或生产一种资源的费用的会计记录进行验证);有所保留的是,在某些情况下,制造这类资源的成本与它们的价值并不对应。根据市场和比较估值进行判断非常困难,由于无形资源具有个性化、特定化的特点,没有活跃市场可供这些无形资源进行交易,也没有价格可以被用作估算类似资产的基础(无形资源究其性质是异质的)。其他的限制包括,公

---

① 这个条件是引起涉及为会计目的而进行无形资产辨认的主要争议的一个根源,即,资源相同却待遇不同:内部创造与外部获取。例如,一家公司在其会计账簿中,品牌价值是不被认可的;然而,如果公司购买一个品牌(在直接交易中或是在收购另一家企业的框架内),那么这个品牌就非常符合资产的定义。

司不可能对资源(例如知识和员工技能)行使控制权,公司承担的各种花费之间缺乏因果关系,即在未来从各种花费(例如广告支出及其他品牌建设活动)中可能获取的资源创造和经济利益缺乏因果关系。再者,在这类资源上支出的费用与在把企业作为一个整体发展上支出的费用两者很难截然分开。

当一种资源满足无形资产的定义并在资产负债表中可以被辨认时,关于对该资源在资产负债表中的价值进行估算,其原则在会计条例中有具体规定。

总无形资源估值:智力资本

总无形资源(即智力资本这个术语在广义上的理解)估值是企业估值的元素之一。当今,一个实体的市场价值被视为它的有形资源、智力资本和辅助资产生成现金流的当前价值以及其余资产生成现金流的当前价值的总价值[杜迪茨(Dudycz),2005][1]。

智力资本估值是非常困难、复杂且极具争议的。无形资源的性质非常复杂、异质,这种性质使得人们很难对其做出解释,从而很难掌握它们的经济维度。

斯威比(K. E. Sveiby)为无形资源估值方法创造了一个分类法[斯威比,2001—2010]。这位作者使用的方法适合于整个智力资本(整个组织层面的总无形资源)以及被选定、被辨认的成分。值得注意的是,这种分类法既包括能够评估这些资源的方法,也包括从其他角度对这些资源进行评估的方法(不对它们赋予货币价值)。斯威比把这些方法分为四组:市场资本化法、资产回报法、直接智力资本法、记分卡法。这种分类法被呈现于图 11—3 中[2]。

限于本文的主题,我们将完全集中于资源的估值方法。在最简单的方法中,对于资产负债表中没有得到辨认的总无形资源,可以根据证券交易所指数,从企业的市场价值及其账面价值的差额的角度进行度量。更高级的方法试图让我们度量这些资源的特异性,因而指涉它们的收入生成潜能(尤其指涉高于平均的利润,这些利润能否实现取决于智力资本的应用)。

---

[1] 事实上,我们有必要考虑额外的因素:我们可以说,企业的市场价值包含它的账面价值、从账外(off-balance-sheet)项目产生的价值(账外债务生成的贴现的未来收入)、智力资本被理解为非记录的资源(non-recorded resource)以及从市场摩擦产生的差额[关涉到信息不完整、行为因素、总体经济因素(general economic factor),等等]。关于这个主题更广泛的讨论,参见马辛科芙丝卡,2008。

[2] 关于各种方法的简要描述,可以参见斯威比,2001—2010。大多数的方法也被呈现于安德瑞森(Andriessen),2004,作者在这里还提供了各种方法应用的实例以及它们的总体估值。关于定量和定性智力资本度量的详细讨论,参见萨利文,2000。

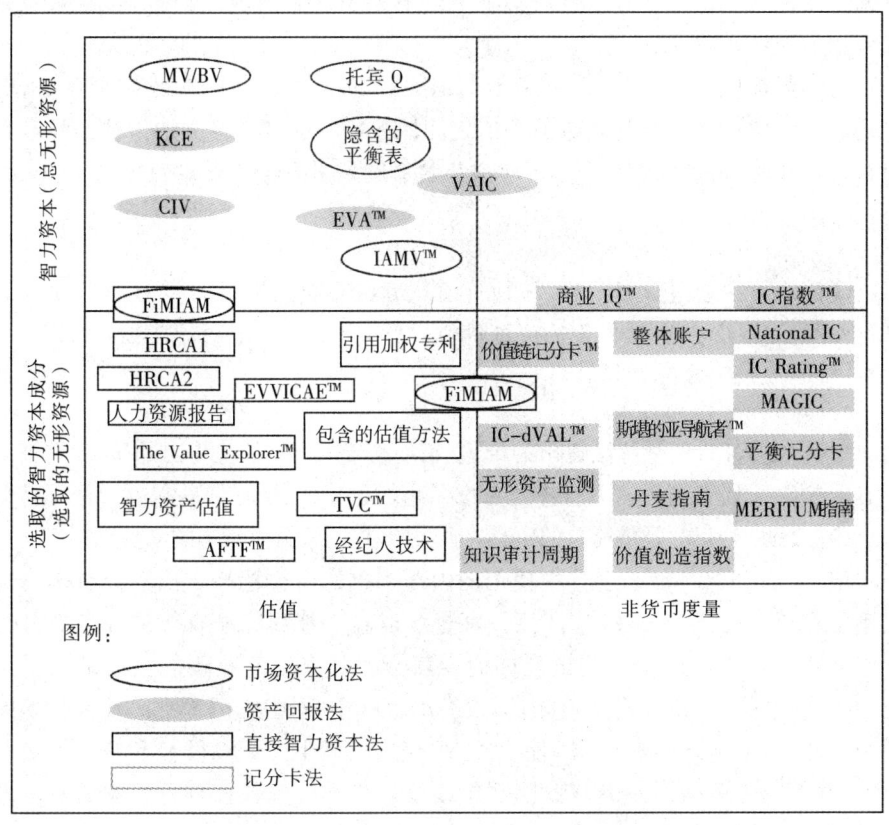

图 11－3　无形资源度量工具

这个主题的相关文献提出下列最为流行的度量智力资本的方法[1]：

• 基于证券交易所指数的估值[例如：市场附加值（MVA）、价格／账面价值（P/BV）及托宾 Q(Tobin's Q)]；

• 盈余收入的估值[例如：已计算无形资产价值（CIV，译注：calculated intangible value)]；

• 乘数估值法[例如：智力资本增值系数（VAIC，译注：Value added intellectual coefficient)、KCE]；

• 其他智力资本估值工具。

最后一组方法包含：度量无形资源各个项目的方法；基于对选定领域进行定

---

[1] 描述智力资本估值方法的著作有：列弗（Lev），2001；莱利（Reilly）、斯奇韦斯（Schweihs），1999；斯图尔特，1997；凯泽维茨等，2006 以及厄班尼克，2007。

量和定性评估的多维记分卡法——一旦给它们赋予特定的转换价值,就可以被视作估值方法①。

市场附加值(Market value added, MVA)是估算智力资本的最简单方法。它构成企业的市场价值与其账面价值之间的差额。这种度量方法指涉经济利益的概念,例如经济附加值(EVA),即市场附加值是未来经济利益的当前价值:

$$MVA = \sum_{i=1}^{t} \frac{EVA_i}{(1+c)^i} \tag{11.1}$$

我们也可以通过分析价格/账面价值比率(P/BV),推算出智力资本(IC, intellectual capital)创造的企业的市场价值(MV, market value)的范围:

$$IC/MV = \frac{P/BV^{-1}}{P/BV} \tag{11.2}$$

然而,使用 MVA 估算法得出的价值(正如基于 P/BV 估值得出的价值)可能与智力资本并不相同,因为智力资本还考虑了市场价值的其余因素,包括市场摩擦效应。尽管如此,这仍然是最简单的工具,可以让我们估算智力资本的潜在范围。

MVA 的概念类似于会计中使用的内部生成的商誉范畴。虽然商誉本身可能不会在资产负债表中被披露,当一家企业以高于被收购净资产的商誉总和的价格被其他企业收购②,由此出现的商誉就会在那家行使收购的企业的会计账簿中得到辨认。与市场附加值相比,商誉的范畴更为狭窄,因为它需要我们鉴定某个实体的所有资产和债务,除此之外,它还用到公司的公允价值(并非如 MVA 情况下的账面价值)。因此,它被视为估算被收购企业智力资本的近似值的较好方法,部分是因为它采用了市场的视角。

而且,上述计算股票和账面债务总市场价值与资产重置价值的**托宾 Q 比率**(Tobin's Q ratio)事实上并没有给出智力资本的价值。事实上,托宾 Q 比率并不提供智力资本的价值,从某个实体的市场价值取决于资产负债表项目(考虑它们实际的重置价值时)的程度看,它更有助于进行比较。在某种程度上,这个比率还有助于我们度量潜在的商誉,因为它指涉企业资产的市场价值与账面价值之间差额的程度。

斯图尔特描述的方法被称为**已计算无形价值**(CIV, Calculated Intangible Value),这种方法似乎在最大程度上抓住了智力资本的精髓。在这种方法中,智力资本等于企业的利润减去该行业资产已实现的平均利润后的当期余额(current surplus)。因此,它可以度量该企业使用同样资产生成更高收入的能力。

---

① 最流行的记分卡模型包括:平衡计分卡法、斯堪的亚导航者(Scandia's Navigator)、无形资产监测及价值链记分卡。关于这些方法的详细讨论,参见马辛科芙丝卡,2002。

② 这还可以使我们能够辨认的资产范围更广,超出被收购公司的情形[作为收购和价格结算(price settlement)的结果,无形资源的一部分最终可能会满足资产的定义并满足辨认标准]。

由此可见,差额(即高于平均利润的部分)源自智力资本。

$$IC = \frac{利润 - (ROA_{产业} \times 资产)}{贴现率} \qquad (11.3)$$

关于这种方法的应用,我们可以使用下面的例子加以说明:如果一家企业的利润是100,其资产的价值是1 000,那么资产赢利水平等于10%。如果该行业的平均值是8%,我们可以估算盈余利润,即这家企业的价值减去相当于该产业平均资产赢利水平而得到结果的价值。在本例中,盈余利润等于20。假设贴现率处于8%的水平,那么CIV等于250。

事实上,这种方法度量的是某个产业中超出平均智力资本的智力资本,这也正是该方法的一个缺陷。然而,它可以被用作一个起始点,供我们从事产业间的进一步分析。

在文献中,我们还有可能发现基于智力资本来源对智力资本进行度量的方法。例如,列弗提出一种基于**知识资本收益**(Knowledge Capital Earnings, KCE)分析的无形资源估值法。这种方法假设,金融结果是使用有形资产、金融资产及无形资源的效应。考虑有形资产和金融资产的平均回报率,贴现后得到知识资本的价值,我们能够求出归属于知识资本的利润。

结果＝ $\alpha \times$ 有形资产

$+\beta \times$ 金融资产

$+\delta \times$ 无形资源

关于这个方法的应用,我们可以使用下面的例子加以说明:

一个实体的利润是100。该利润是使用有形资产、金融资产及无形资源生成的。我们有可能得到关于有形资产和金融资产的平均回报率的数据,因此,通过计算被研究实体中这些资产的价值,我们可以估算配置给它们的利润:

- 有形资产:700
- 有形资产的回报率:7%
- 配置给有形资产的利润:49
- 金融资产:300
- 金融资产的回报率:5%
- 配置给金融资产的利润:15

其余的利润可以被配置给无形资源。考虑知识资本的回报率,我们有可能估算组成该资本的资源的贴现价值:

- 来自知识资本的利润:36
- 知识资本的回报率:10%
- 知识资本:360

这种方法的缺点在于,它使用有形资产和金融资产中投资的平均回报率。还有争议的是,什么类型的资源生成了利润的哪一部分。再者,我们很难证明知识资本的价值与所采取的贴现率之间存在相关关系。

另一个智力资本估值方法是**智力资本增值系数**(Value-Added Intellectual Coefficient,VAIC)。这种智力资本效率度量法是普利克(Pulic)开发的。该方法构成下列比率的总和:附加值/人力资本(人力资本效率)、结构资本/附加值(结构资本效率)与附加值/投入资本(投入资本效率):

$$VAIC = HCE + SCE + CEE \tag{11.4}$$

其中:

$HCE=$人力资本效率;

$SCE=$结构资本效率;

$CEE=$投入资本效率。

附加值被理解为劳动成本增加的营运结果,人力资本等同于劳动成本。根据智力资本的定义,结构资本是人力资本增加值的差额。这个模型因为应用过于简化,所以遭到了严厉的批评。因此,这个比率使我们有可能评估智力资本的应用水平,但是不能作为一种估值法。

关于这种方法的应用,我们可以使用下面的例子加以说明:

已知一个实体的损益表的数据,我们有可能计算它的附加值:

- 收入:1 000
- 成本:900
- 毛利润:100
- 劳动成本:400
- 附加值:500

根据假设,人力资本等于劳动成本,我们能够估算人力资本效率:

- 人力资本:400
- 人力资本效率:1.25

已知附加值和人力资本,我们能够估算结构资本和结构资本效率:

- 结构资本:100
- 结构资本效率:0.2

考虑资本价值(净资产),我们能够计算投入资本效率:

- 净资产:400
- 投入资本效率:1.25

这些计算结果可以使我们计算智力资本增值系数:

- 智力资本增值系数:2.7

上面提到的所有度量方法都很容易计算，通常依据普遍可以获得的数据；对它们大多数进行解释，可以做到客观、直接。然而，这些方法有些根据假设进行了大量（甚至是过度）简化，难以自圆其说。

考虑到关于企业估值方法的合理性人们尚未达成共识（现成的方法没有一个不存在缺陷），我们可以假设，关于最充分的智力资本估值方法，若要达成共识将会更加困难。然而，我们必须承认，人们提出的各种模型至少可以提供一些估算结果，即便不是非常准确的结果。

无形资源各个项目的估值

无形资源通用方法用于为了对有形资产和整个企业的各个项目进行估值，我们使用各种方法，以此类推，它们的通用方法可以被用于无形资源的估值。因此，一般而言，为了对整个企业或其有形资产的价值进行估算，我们使用各种估值技巧；为了对无形资源的各个项目进行估值，我们也可以使用同样的基本估值技巧。适用的方法包括[1]：基于成本法、市场法、基于收入法及期权定价法。

由于这些资源的特定性质和独特特征，它们的估值具有很大的主观性。为了限制其中的主观性，我们需要使用更为严格的价值估算程序以及评述数据的来源和人们做出的任何与所有的假设。图11—4总结了估值过程。

❖ 基于成本法

基于成本法依据的是经济替代原则（economic substitutability principle）和价格平衡原则（price equilibrium principle）。为了获得一个具有相同使用性的投资项目必须承担相应的成本，多亏这些原则的运行，投资者才不需要付出比这笔资产更多的基金。因此，新资源的价格相当于上述资产在其使用寿命期间可能实施的服务的经济价值［莱利、斯奇韦斯，1999］。

在基于成本法中，各种资源被划归于历史成本（购买价格或制造成本），在某些情况下，经由折旧/摊销加以修正。基于成本法的一个变化形式是重置价值法，它把为了购买或重置同一个项目而即将必须承担的成本配置给资源。

---

[1] 关于无形资源各个项目的估值方法，详细的描述参见：安德瑞森，2004；科恩（Cohen），2005；汉德（Hand）、列弗，2003；莱利、斯奇韦斯，1999 以及厄班尼克，2007。

```
┌─────────────────────────────────────────────────────┐
│ 1.估值问题确认                                       │
│   ● 把需要估值的一项无形资源分离出来                 │
│   ● 所有权权利和相关权利                             │
│   ● 分析估值使用的最佳、最可能的方法                 │
│   ● 估值准则                                         │
│   ● 估值日期                                         │
├─────────────────────────────────────────────────────┤
│ 2.数据收集和分析                                     │
│   ● 被估值无形资源项目的典型特征                     │
│   ● 历史数据和预测                                   │
│   ● 金融信息                                         │
│   ● 外部经济因素                                     │
│   ● 供给和需求变量                                   │
│   ● 已订立的销售和许可交易                           │
├─────────────────────────────────────────────────────┤
│ 3.估值方法                                           │
│   ● 基于成本法                                       │
│   ● 市场法                                           │
│   ● 基于收入法                                       │
│   ● 期权定价法                                       │
├─────────────────────────────────────────────────────┤
│ 4.估值结果                                           │
│   ● 把使用各种估值法(各种方法、技巧)得到的估算结果加以综合 │
│   ● 把各种估值方法加以综合                           │
│   ● 条件假设和条件限制对估值结果的影响               │
│   ● 提交估值结果                                     │
└─────────────────────────────────────────────────────┘
```

来源:作者制作,根据莱利、斯奇韦斯,1999。

图 11-4 无形资源估值过程

然而,必须强调的是,在很多情况下,该成本并不是价值度量的充分标准,因为这种方法没有考虑到创造价值的很多重要因素(例如:从某个资源中衍生的利益的价值、关于经济利益创造的上行或下行趋势、某个项目生成经济利益所处的时期、收集预期利益时伴生的风险)。此外,基于成本法的基本变化形式没有考虑到资源的老化[①](我们应当从初始估算的价值中辨认、度量并扣除老化的效应)。

有时候,基于成本法被用于评估无形资源的价值,例如,为了计算转移价格或使用费(royalties),或者为了估算由于资源所有者的权利受到侵犯或在类似的法律纠纷中他所承担的损失的价值。[安德瑞森,2004]

---

① 我们有必要从功能、技术和经济方面考虑资产的老化。

❖ 市场法

市场法依据的是经济竞争和平衡原则。这些原则规定,在一个自由、无限的市场中,供求因素的运行确保每一个项目的价格朝向一个平衡点聚合。还有,替代原则充任市场估值法的概念基础[莱利、斯奇韦斯,1999]。当评估师使用市场法进行估值时,他分析在不久前被出售或被许可的类似商品的价格(这就是为什么本组方法也被称为比较估值法)。该估值法依据的是交易价格或贴现市场牌照费(licence fee),并根据被估值的资源与由于在交易的订立与估值日期之间时间流逝而造成该价值可能发生变化之间的差额进行校正。我们很难把这种方法应用于无形资源的估值,其原因是对这些资源而言没有活跃的市场。我们在寻找可比较资源的时候可能会遇到难题,有时候,我们也很难获得关于订立交易条款的信息。在独特商品(而无形资产的很大一部分都是独特的)的情况下尤其如此,这就使我们无法应用这一方法。

当我们使用这种估值法时,重要的是牢记它的基本缺陷:价值被认为是相当于价格,因为价格代表的只是涉及在特定情况下并在特定日期一个特定买家与一个特定卖家之间订立的资源的交易数量,它可能考虑到由交易的其中一方决定的独特的市场外因素。因此,该价格有可能与预期的市场价格不同。此外,该价格是某个特定环境中某个特定时刻的供求关系的结果,因此它在未来可能发生变化。

❖ 基于收入法

基于收入法依据的是预期经济原则:价值被划归于根据某种资源生成的预测收入或现金流的贴现的资产。

当我们使用这个方法时,需要考虑:资源的使用寿命(即,该资源生成经济利益所处的时期);关于未来各个时期预期的现金流或收入的预测(考虑不确定性的水平);特定无形资源和有形资源中间预期收入的再分配(配置);贴现未来收入流:贴现率应当反映出资本成本(与某类资源中的投资相符合)、在某个无形资源项目中投资伴生的风险,以及通胀和被分析资源生成的可能的预期收入增长率。[安德瑞森,2004]

有人强调,鉴于基于成本法和市场法的不完整性,基于收入法是对无形资源进行估值的最佳方法。遗憾的是,基于收入法非常复杂,需要基于很多假设才能有效。尤其困难的是估算未来利益(包括把某种资产生成的那些利益分离出来)。一个常用的步骤是创造各种情景,要么在最后的分析中包括大多数可能的情景,要么使用考虑到各个情景实现物质化的可能性而得到的结果值。

还有一个难题是:这些模型都假设,关于某项投资的决策可以被延期。基于期权理论的方法消除了这个缺陷。

❖ **期权定价法(实物期权估值)**

在期权定价法中,资源被划归于从可实现期权中衍生出的价值(应用金融期权估值技巧)。

所谓的"新经济"强调,对商业估值而言,关键的不是已知的利润或现金流(即确定性程度很高的未来预测),而是未来增长的未专门指定的期权:价值的不可思议的来源及其在未来创造的可能性。因此,直到最近,证券交易资本化主要是已知的现金流,其次是某些被感知的增长期权(growth option)和投机因素作用的结果。另一方面,我们面对的未来越来越无法预测,各种业务越来越倾向于依赖难以置信的理念和异常惊人的发现,换句话说,非传统的理念变得越来越重要,各种变化极其迅速,此时,这种可能的增长期权正在增加,其结果是,已知现金流的重要性逐渐减小。关于这种现象的说明参见图11-5。

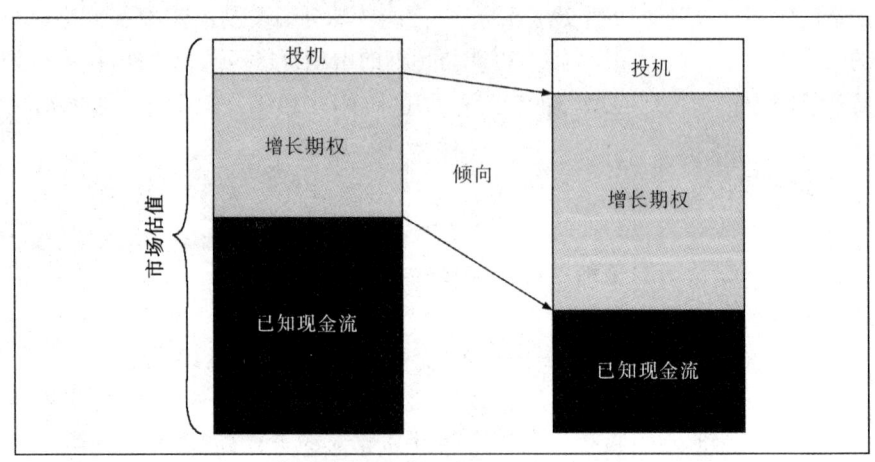

来源:作者制作,根据里德等,2001。

图11-5 证券交易估值倾向

对所谓的"实物期权"进行估值,是目前人们最频繁使用的估值方法之一。一个项目(或一家企业)被当作是一个"买方期权"(call option)。买方期权的所有者拥有权利(但是没有义务)以某个特定价格在某个特定时间(在到期日之前)购买该项目的股份。

现代经济的特征是存在巨大的不确定性、不可预测性及波动性。从这个角度来看,每一个战略期权(strategic option)都可能给企业带来潜在的价值:企业有可能(但是没有义务)投资于某个特定领域,有可能(但是没有义务)建立战略联盟,等等。使用实物期权法对项目进行估值,这种方法有别于传统的方法(如贴现现金流法),在于它把投资视为投资本身(参见图11—6)。在使用标准方法进行估值的情况下,我们假设,管理方做出(或克制自己不做出)决策,然后等待决策行动的结果。在使用实物期权法的情况下,管理方首先等待某些征兆出现,只有那时他们才做出决策,决定是否继续进行一项投资。项目的期权价值将会比该项目采用贴现现金流法计算的价值更高,这是因为决策过程所处条件的不确定性较小(根据实际条件有意识地做出决策)。

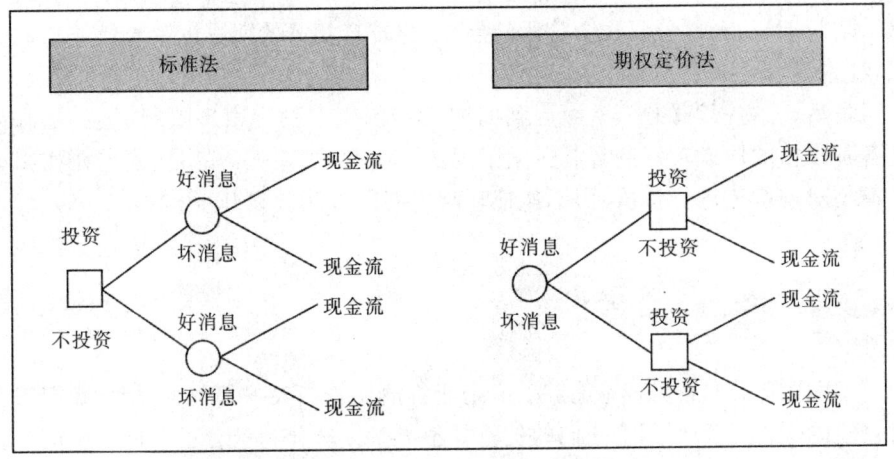

来源:路赫曼(Luehrman),1995。

图11—6 使用标准方法与使用期权定价估值方法进行项目估值的比较

布莱克—舒尔斯(Black-Scholes)模型是最流行的期权定价估值方法。在这个模型中,期权价值是当前股票价格、执行价格、无风险利率、股息率、期权可以被行使的时期以及股票价格波动性的函数。当下列条件存在时,期权的价值越高:当前股票价格越高、执行价格越低、无风险利率越低、股息率越低、期权有效期越长、波动性越高。

期权价值的公式如下[①]:

$$期权价值 = Se^{-yt}N(d_1) - Ke^{-rt}N(d_2) \tag{11.5}$$

[①] 为了实物期权而应用金融期权估值模型,关于这方面的详细讨论,参见达摩达兰,2001;米泽卡(Mizerka),2005 及罗戈夫斯基(Rogowski),2008。

在这里[①]：

$$d_1 = \frac{ln\left(\frac{S}{K}\right) + \left(r - y + \frac{\sigma^2}{2}\right) \times t}{\sigma\sqrt{t}}, d_2 = d_1 - \sigma\sqrt{t} \qquad (11.6)$$

其中：

S——当前股票价格；P——执行价格；t——有效期；r——无风险利率；y——股息率；σ^2——股票价格波动性；N——正态分布函数。

在项目估值的情况下，金融期权定价的参数可以被叠加到项目参数之上。根据实物期权的不同类型，可以对估值模型做出适当的修正。我们可以区分下列类型的期权，例如：投资期权、延期期权、涉及经营规模变化（扩张、收缩）的期权、涉及经营活动暂停和继续的期权、辞职期权、切换期权（应用/技术中的变化）、增长期权、允许分成几个阶段的期权、与资产相关的期权以及与债务相关的期权[米泽卡，2005]。

最后，值得强调的是，上面提到的期权定价模型具有很多限制（主要是源自于各种严格的假设），这些限制简化了现实。因此，需要强调的是，我们在使用这个模型对现金流进行估值时，不能把它与传统的方法分离开来。

结 论

- 无形资源和智力资本能够生成企业价值的相当大一部分。因此，我们需要对它们进行适当管理，因为它们的价值并不能直接转化为被分析实体的价值。它们更多的是构成一种价值潜能：一种需要个性化方法和连续投资的期权。由于无形资源的特定性质，投资者和其他实体在处置企业价值时经常会遭遇难题，他们怎样才有可能对这些资源使用特定的估值方法，这方面的信息很难得到。无形资源通常在财务报表中得不到反映，因此，有必要在一家实体的活动报告中发布关于智力资本或讨论这些问题的单独报告（可以附在财务报表之后）。[②] 目前，监管机构和各种经济社团领导的倡议活动都在促动扩大财务披露范围的理念。

- 本章强调，我们对整个企业进行估值可以采用各种方法，通过类比，这些方法也可以被用于度量智力资本和无形资源的各个项目。根据估值的目标和可

---

① 上面呈现的模型仅适用于欧洲期权（期权只在有效期结束，即到期时才执行）。为了在商业业务或企业与金融期权之间做出类比，有必要涉及美国期权（在它们的有效期内任何时候都可以被执行，即到期日之前的任何一天）。与欧洲期权的价值相比，美国期权的价值不是更低（事实上，期权价值通常更高），因为在到期日之前任何一天，美国期权都可以被执行。

② 关于智力资本报告的更多信息，可以参见马辛科芙丝卡，2004b。

用的数据，我们应用这些方法时可以采取基于成本法、市场法及基于收入法，辅以实物期权定价法。关于智力资本的实质人们尚未达成共识，关于企业是否能够从其占有的无形资源中获取任何经济利益尚存在不确定性，因此，文献中提出的各种方法没有一个是完美无瑕的。鉴于这个原因，对这些资源进行评估时，分析师通常坚持使用借助各种记分卡的基于质量估值法，或者，根据被估值的无形资源的各种项目的特定性质，对各种方法做出校正，采取通用的方法。

• 无形资源的估值说到底是对价值的主观性进行阐释，这就使得我们不可能以明白无误的方式对价值进行估算。因此，我们有必要强调每次估值的目标及其对象、从事估值的环境及其日期，以及做出的假设和需要考虑的限制。我们进行估值时值得尝试几种新方法，把一系列数值的最终结果化为公式。我们还有必要考虑，由于无形资源的经济利用价值在很大程度上取决于一个实体所处环境中盛行的各种条件，因此无形资源的价值可能具有很高的波动性。

自测题

1. 无形资源对企业价值的影响是什么？
2. 无形资产与无形资源的区别是什么？
3. 智力资本估值方法有哪些？
4. 各种无形资源估值方法的使用性如何？
5. 为了财务报告而使用的无形资源估值方法有哪些？

延伸阅读

1. Andriessen D. [2004], *Making Sense of Intellectual Capital: Designing a Method for the Valuation of Intangibles,* Butterworth-Heinemann, Oxford.

2. Cohen J.A. [2005], *Intangible Assets: Valuation and Economic Benefit,* John Wiley & Sons, New Jersey.

3. Lev B. [2001], *Intangibles: Management, Measurement, Reporting,* Brooking Institution Press.

4. Marcinkowska M. [2008], *Fakty i mity o kapitale intelektualnym,* Kwartalnik Nauk o Przedsiębiorstwie, No. 1.

第十二章　IPO 过程中的公司估值

无论你在进行输入时多么小心，无论你的模型构建得多么完美，随着涉及公司、商业和经济的新信息蜂拥而来，你对价值的估算在这两方面都得改变。

——阿斯沃斯·达摩达兰

本章概要

▶ 募股公司的关联资本和非关联资本的意义

▶ 公司估值阶段的募股步骤和投资信息

▶ 决定 IPO 过程中公司估值准确性的因素

▶ 募股公司中的贴现和过低定价效应

▶ 2005—2010 年第三季度华沙证券交易所募股公司过低定价和过高定价的分析

▶ 案例分析

博讯基质公司——IPO 定价过低

K2 网络公司——IPO 定价过高

基诺罗西公司——IPO 定价正好

募股公司的关联资本和非关联资本的意义

首次公开募股(initial public offering)是指把一家公司首次引入受监管的交易(regulated trading),也被简称为IPO,而任何后续的公开募股都被称为SPO(secondary public offering,二次公开募股)。这意味着,公司能够根据资本市场的情况、投资者一方的需求以及公司自身的发展规划,多次面向一级市场寻求资本。

公开募股的过程可以采取各种各样的形式。

第一,它可以采取以公开认购的形式发行新股票,目的是获取用于发展和扩张的基金。在这种情况下,公司的股票资本得到了增加。

第二,它可以采取由面向现有股东(hitherto shareholder)构成股票销售对象的公开股票销售发行的形式。这是把国有公司引入交易的一种典型方式,也是处于撤资过程中私募股权基金的投资组合公司的方式。一家公司可以获得上市公司的地位,公司股票受到市场估值,交易中股票的流动性增加。

第三,它可以采取销售公开发行的股票和公开募集新股发行的方式,其构成是结合先前两种做法与根据二阶段募股情况酌情减少成本的做法。

第四,公司有可能只把股票引入交易而不发行股票销售。在这种情况下,不会发生资本增加的情况。同样,正如在公开发行的股票销售中那样,除了获得上市公司的地位之外,市场估值也会发生。与此同时,由于股票的流动性在未来将会增加,股东们有机会出售股票。

虽然股票交易是非常大型的公司获得资本的一个好方法,但是应当注意的是,在波兰,2005年至2010年第三季度,仅有5家公司设法以这种方式获得了超过10亿波兰兹罗提的资本。值得一提的是,其中最大的一次是伊墨伊斯特房地产管理公司(Immoeast),发行量超过100亿波兰兹罗提,波兰国家电力公司(PGE)超过60亿波兰兹罗提。而且,在被讨论的时期内,总发售规模超出10亿波兰兹罗提资本额的公司仅有9家。除了上面提到的几家,我们不能不提波兰国家保险公司(PZU)的私有化,其募股价值超过80亿波兰兹罗提,它只是发售现已存在的股票。饶有趣味的是,2001年,33家公开募股的公司中21家拥有的价值多达2 000万波兰兹罗提(64%)。另一方面,2009年,波兰国家电力公司获得了近60亿波兰兹罗提。而新募股的公司中有一半拥有的发售额多达2 000万波兰兹罗提。2010年,最重要的基金都被库尔切克石油风险投资公司(Kulczyk Oil Ventures)通过发售股票而获得,而其余发售股票的价值维持在4 000万~6 000万波兰兹罗提范围内。

表 12－1 呈现的是 2005—2010 年第三季度这一时期华沙证券交易所的主体市场上登场的最重要公司的名单。

表 12－1 2005—2010 年第三季度华沙证券交易所初次上市的十大公司

编号	公司	发行日期	新发行股价值 （波兰兹罗提）	发行价值 （波兰兹罗提）
1	Immoeast	2007－05－25	10 720 198 833.75	10 720 198 833.75
2	PZU	2010－05－12	—	8 068 542 812.50
3	PGE	2009－11－06	5 968 810 500.81	5 968 810 500.81
4	NWR	2008－05－12	783 945 000.00	5 543 672 584.15
5	Tauron	2010－06－30	—	4 211 901 454.86
6	PGNiG	2005－09－23	2 682 000 000.00	2 682 000 000.00
7	ENEA	2008－11－17	1 989 323 726.02	1 989 323 726.02
8	LC Corp	2007－06－29	370 500 000.00	1 059 500 000.00
9	Lotos	2005－06－9	1 015 000 000.00	1 015 000 000.00
10	Cyfrowy Polsat	2008－05－6	—	838 515 625.00

来源：作者自己的研究，根据 www.gpw.pl，2010－09－20。

除了登场公司本身的价值之外，公司在募股前获得的总资本与资产负债表总值之间的关系如何也非常重要。这里有一个可谓典型的例子，自从 2008 年以来，埃奈阿电力公司(ENEA)在这个领域的地位无人撼动，该公司从股票交易中获得了近 20 亿波兰兹罗提的资本，约占全部发行股票的 51％。尽管发行价值很高，但是在募股之前，公司所获得的资本仅占资产负债表总值的 20％。还有其他一些极端的例子，例如波外尔传媒公司(Power Media)或查姆传媒公司(CAM Media)，它们获得的资本价值是登场前资产的三倍多（分别为 324％和 306％）。

公司进入股票交易，除了能够从资本市场获得融资之外，还能够获得很多其他利益。首先，鉴于上市公司的威望，他们可以提高公司的信用度。由于各种各样的营销效应，通过募股可以提升品牌认同率。因此，公司不仅能够进一步发行股票，而且还能发行债券和短期债务证券，并在债权人中间享有更大的信用。一个重要的优势在于，根据波兰金融监管委员会批准的招股说明书，这些公司可以有机会在整个欧盟市场上发行股票。公司如果准备经由股票交易进行募股，就需要规范公司的经营，有时甚至需要进行重组。因而，管理系统的透明度也会得到提高。由此，一家公司如果具有明确的战略、井然有序的经营活动及新获得的资金，只要它通过融资收购其他企业，那么它的发展就有可能具有活力［米科瓦伊克－格塞伊娜（Mikołaajek-Gocejna），2008］。

在图12－1中，可以看到通过股票交易进行募股的非资本的重要性。据此，并非在华沙证券交易所进行募股的所有公司都增加了它们的股票资本。① 全部发行价值与新发行价值之间比例严重失调，这种情形表明，对很多公司而言，成为上市公司的其他利益也很重要。然而，与主体市场相比，在主要针对较小公司开放、具有较短营运历史的另类市场（新联证券交易所）（因而风险较大），我们看不到这种比例失调的情形，因为发行价值与新发行价值非常接近。这意味着，对那些从证券交易所募股的公司而言，通过上述市场获得的资本极为重要。

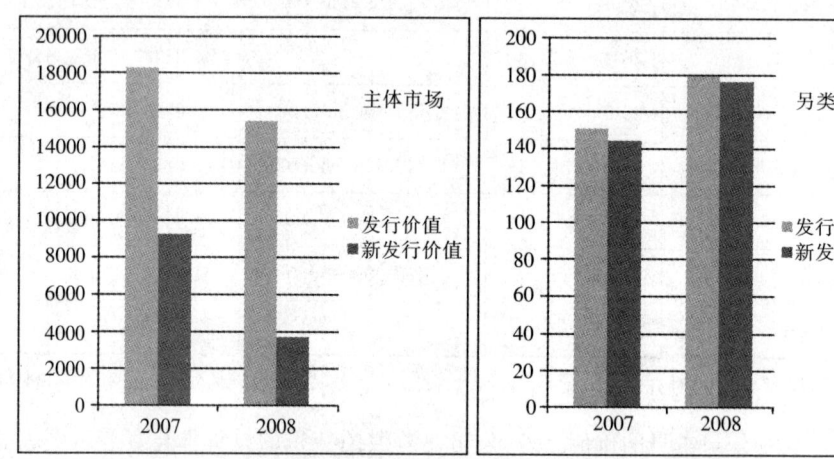

来源：作者自己的研究，数据取自华沙证券交易所，www.gpw.pl，2010-01-10。

图12－1　华沙证券交易所市场上的发行价值（单位：百万波兰兹罗提）

根据发行股的性质不同，波兰资本市场的股票发行可以在受监管的证券交易市场（华沙证券交易所）以有序的方式或者以场外方式（有价证券代理公司和另类市场新联证券交易所）进行。然而，毋庸置疑的是，华沙证券交易所管理的主体市场是获得资本威望最高的地方。（见表12－2）

---

① 这个分析不包括2009年，根据作者的观点，由于金融危机，2009年不是股票交易运行的典型年份。

表12-2 2005—2010年第三季度华沙证券交易所的主体市场和另类市场上的募股

募股年份	华沙证券交易所		新联证券交易所	
	新发行价值（波兰兹罗提）	发行价值（波兰兹罗提）	新发行股票价值（波兰兹罗提）	总发行股票价值（波兰兹罗提）
2005年	5 249 136 675.60	6 980 780 446.40	—	—
2006年	2 444 848 043.00	4 158 460 399.90	—	—
2007年	15 390 381 969.00	8 256 780 816.93	145 428 993.45	150 602 443.45
2008年	3 665 114 299.42	9 326 620 610.57	175 533 971.65	179 422 331.65
2009年	6 921 348 954.21	6 988 848 939.21	56 834 788.00	56 934 988.00
2010年第三季度	738 969 348.00	13 146 003 615.36	145 307 592.06	177 425 064.06

来源：作者自己的研究，数据取自华沙证券交易所，www.gpw.pl，2010-10-1。

公司估值阶段的募股步骤和投资信息

IPO过程的各个阶段可以被合并并被划分为两个基本的部分，即准备（规划）阶段和执行阶段。正是在此期间，最终的公司估值得以成形。第一个阶段，通过对公司价值进行尽职审慎分析并对过程的所有细节用心谋划，并且采用与投资者沟通的模式，由此计算初始公司价值（initial company value）。在此基础上，公司发明了在路演期间与投资者见面的战略。在IPO的执行阶段，股票承销商准备一个估值模型并使用公司绩效对其进行验证。在路演期间，发行商收集各种意见并进行价值验证过程，即根据投资者的建议调整价值。据此，发行商确定发行价格的范围。通过账面核算（book-building）过程，发行商计算配置给股票的最终发行价格。

伴随IPO的一个重要元素是，公司及其顾问们需要准备股权故事，股权故事应当涵盖公司的发展图景，并与潜在的投资者进行沟通，因为他们是公司资本的提供者。股权故事不仅应当强调公司当前良好、稳定的市场地位，它还应当包括关于公司运行其中的市场的未来前景和发展潜能的信息。因此，制作的股权故事应当能够使投资者确信，公司的运行和金融状况独一无二，并且预示着公司收入和运行效率都会增加，与此同时，这项战略应当着眼于长期发展。股权故事的一个重要任务是辨认、分析商业和法律风险，制定解决这些问题的战略。

照此准备的独特的销售倡议（selling proposition）包含从股票发行中募集基金的使用目标和模式，该倡议应当与公司的长期战略一致，否则，我们难以预期这个复杂过程的效率。可能出现的情形是,即使一家公司具有非常优秀的财务成果,即使公司的前景非常被看好,但是,由于股权故事准备得很糟糕,公司的股票价值也有可能被投资者低估。这可能反映在投资者对公司的股票需求不足,但是,它首先反映在募股日的市场估值可能严重背离发行价格。因此,正如前面已经提到的,发行商与顾问们密切合作非常重要,但是,承销商的声望同样重要,因为承销商比发行商具有更多的经验,他将会更加有效、可靠地管理募股过程,这一点也在公司与股东之间的适当沟通中得到反映。

决定IPO过程中公司估值准确性的因素

IPO过程中公司的最终基本面估值是由承销商的分析师们准备的。为投资目的而估算公司价值的最流行方法是**贴现现金流法**,它是基于公司在未来生成现金的能力。然而,使用这一方法得出的估值结果取决于评估师所做的各种假设。因此,比较法被当作辅助性的方法,该方法依据的是,根据基准公司的市场估值而计算出的适当选择的指标。根据以上讨论,IPO过程中的公司估值模型并非都是无一例外地从公司发展的其他阶段的估值模型演化而来。用于IPO目的的估值模型的不同之处在于,经过最终计算,从股票发行中得到收入的现金能够增加整个企业的价值(但不是单个股票的价值),可以根据下面的公式计算:

(总贴现现金流+贴现残余价值+股票发行所得收入-净债务):股票数额

基本面估值构成确定发行价格的起始点。它被用作发行商确定价格带(price band)水平的基础。这个估值在分析报告中可以见到,它能够让投资者在账面核算过程中推荐一个股票购买价格。

确定最后的发行价格是公开募股的一个富有争议的元素,正是在这个阶段,整个过程的最大冲突才开始发生[杜斯泽克(Duszek),2007]。投资者预期得到高于平均的回报率,但与此同时,他们又受到投资审慎原则的指引,需要估算公司的价值。现有股东的预期也需要加以考虑,他们通常高估公司价值,对公司生成利润和现金流以及对涉及公司未来状况所采用的假设,他们持有的态度过分乐观。我们可以说,投资者的利益和发行商的利益相互矛盾。计算发行价格是股东、承销商与潜在投资者之间某种程度的妥协[卡兹(Katze),1995]。这是因为,发行价格包含所谓的贴现,即对基本面价值进行削减,促使投资者决定通过公开募股来购买股票,以实现利润。与此同时,它也是向投资者表达可能的回报率,应当遵循的规章是,股票发行时的市场价格将会相当于基于理论估值模型确定的价格。

与理论估值数据相比,贴现率通常在 10%～20% 之间振荡,为了使投资者相信可能的投资风险具有有限水平,把贴现率减少至必要的极小值,这就意味着同时要把发行价格增加到极大值。在 IPO 过程中,这种做法可能会使投资者在公司面前望而却步[杜斯泽克,2007]。

募股日的市场估值取决于投资者的预期,并取决于以下参数:

• 发行目标与精确化、专业化建立的长期战略相关联,它们的实用性和吸引力如何;

• 商业目标和金融目标的制定需要根据现实主义原则,对商业和法律风险的整体性、深入性分析需要充分,同时要有控制风险的方法指标,这两者应当结合起来;

• 公司与经济伙伴订立的合同应当具有稳定性,同时具有安全性;

• 所有权结构应当透明;

• 股票流动性要适当;

• 公司应当根据绩效,对关键经理人制定期权激励计划。

募股公司中的贴现和过低定价效应

对投资者和发行商而言,首次公开募股的利润各不相同。因此,在 IPO 过程中公司估值方面很重要。对投资者而言,公司发售股票的估值合理性在公司上市的第一天清晰可见。在公司股票报价或发行价格派股证书第一天的收盘价与发行价之间的关系可以被描述为该公司所谓的过低定价(过低估值)效应。它可以通过一个数学关系加以表示,该数学关系表示一种简单的回报率:

$$\left(\frac{P_c}{P_i} - 1\right) \times 100\%$$

其中:

P_c——(股票或派股证书)报价第一天的收盘价;

P_i——发行价格。

不过,应当注意的是,我们计算这种场合的过低定价效应时,不能依据股票交易登场相关的数据,因为这时候价格波动具有每日限制幅度。一个典型的例子是雅典证券交易所,20 世纪 90 年代,这样的限幅被约定为 ±8%[永奎斯特(Ljungquvist),2006]。在这种情况下,合理的做法是使用一个较长时间范围进行分析。

此外,美国甚至欧洲更为常见的是,在证券交易所第一次报价之前的几天甚或几个小时,向投资者提供的发行价格才得以确定。这意味着,确定价格与销售之间的市场变化可以无须理会。例如,在芬兰或中国台湾这样的国家与地区,发行股票和销售股票之间存在很大的延宕,因此,我们似乎有理由考虑,在所谓的估值之间的闭市期(closed period)的市场价格发生变化,会造成什么样的过低定价影响[永奎斯特,2006]。

与此同时,还应当注意的是,根据我们分析的时期不同,过低定价效应(underpricing effect)也不相同。例如,在美国,1999年的平均过低定价率达71%,而2000年仅为57%。在不同国家之间,我们也可以清楚看到这种效应各不相同。例如,德国的过低定价效应高于法国,而拉丁美洲低于亚洲。(见表12-3)

表12-3 世界各国的IPO过低定价效应

国家	样本规模	被分析的时期	平均募股回报率
澳大利亚	381	1976—1995	12.1%
巴西	62	1979—1990	78.5%
中国	432	1990—2000	256.9%
法国	448	1983—1998	9.5%
印度	98	1992—1993	35.3%
印度尼西亚	106	1989—1994	15.1%
日本	1542	1970—2000	26.4%
加拿大	500	1971—1999	6.3%
韩国	477	1980—1996	74.3%
马来西亚	401	1980—1998	104.1%
墨西哥	37	1987—1990	33.0%
德国	407	1978—1999	27.7%
波兰	149	1991—1998	35.6%
新加坡	128	1973—1992	31.4%
瑞典	251	1980—1994	34.1%
瑞士	42	1983—1989	35.8%
土耳其	138	1990—1996	13.6%
美国	14760	1960—2000	18.4%
英国	3042	1959—2000	17.5%
意大利	164	1985—2000	23.9%

来源:罗斯,韦斯特菲尔德(Westerfield),乔丹(Jordan),2003,第567页。

根据很多国家的证券交易所做出的多项研究,证实了过低定价效应确实存在。在这个领域的开拓性研究中,我们可以举出1973年洛格(L. Logue)的研究[洛格,1973,91—103页]。这个领域最早的研究之一是1975年伊博森(Ibbotson)做出的,他依据的是美国20世纪60年代的公开报价,他的研究指出,那段时期的平均过低定价率为11.4%。1984年,利特(J. Ritter)做出了进一步的研究,他依据的是从1960—1982年选出的5 000个报价构成的样本[德洛伦佐(de Lorenzo)、法布里齐奥(Fabrizio),2001,2页]。下一个值得关注的研究是由韦尔奇(I. Welch)和利特做出的,该研究指出,1980—2001年,美国公司报价的过低定价水平为18.8%[韦尔奇、利特,2002,4页]。

这些分析的作者们指出,过低定价存在某种周期现象:人们可以观察到,有些时期比另外一些时期的过低定价水平更高。永奎斯特从事的研究也证实了这一点。根据他的研究,在20世纪60年代与21世纪初,美国的平均过低定价率约为19%,但其特点是具有很大的可变性,即:20世纪60年代为21%,20世纪70年代为12%,20世纪80年代为16%,20世纪90年代为21%,而2000—2010年为40%[永奎斯特,2006]。这表明,公司把相当一部分价值转移给了投资者,而这意味着,对公司的现有所有者而言,过低定价的代价高昂。

为了解释公司的过低定价效应,人们发明了很多理论。文献中一个占支配地位的理论是**信息不对称理论**(information asymmetry theory)。根据这个理论,在公开报价中至少存在三方面的利益相关者,即发行商、承销商和投资者,在他们中间,其中一方比其他两者拥有的信息更多。然而,关于哪一方拥有最有利的信息,各种理论并未达成一致意见:

• 根据巴伦(D. Baron)的理论,拥有最有利信息的是**承销商**,关于潜在投资者的需求信息,承销商享有垄断者的地位(承销商的垄断权力)。因此,承销商以这种方式形成贴现率,IPO过程中提出的股票报价由投资者购买。通过这种方式,承销商对与销售股票相关的做法和成本进行优化[巴伦,1982]。然而,与此同时,承销商被人们视为能够确保高回报率的所谓"好的"(过低定价的)的承销商。在股票经常被过高定价的情况下,客户得到的是负值的募股回报率,这种情形使承销商处于不利地位。

• 根据韦尔奇的理论,**发行商**最有利[韦尔奇,1989]。这一点尤其适用于发行商占有已计划发行的股票信息。如此,拥有了这样的信息,发行商在IPO时对股票价格进行贴现,目的是在随后的发行中从投资者那里获得更高的利益。这些发行商内部承担过低定价的成本,他们把公司价值转移给投资者,目的是在随后的发行过程中得到补偿。这个理论涉及把发行商划分为好的与坏的发行商;发行商越好,过低定价率就越高。好的发行商可以指望在二级市场取得更高的价格,而坏的发行商减少他们转移给投资者的公司价值,因为他们知道,在二级市场,股票的真实价值将会变得显而易见。

• 根据洛克(K. Rock)的理论,**投资者最有利**[洛克,1986]。一小群投资者比其他人拥有更多的信息。洛克指出了出现的两种 IPO 类型:好的和坏的。掌握有利信息的投资者"蜂拥着"购买良好的过低定价发行股,从而引起很高的股票超额认购率;与此同时,他们避开过高定价的发行股。结果,信息不那么灵通的发行商在后来的发行活动中更有机会获得股票配额,但是,他们将无法实现股票的高回报。这一现象被称为"赢家的诅咒"(winner's curse)。承销商必须确定一个合适的贴现率用于确保满足那些"信息不灵通的"(underinformed)投资者的合理需求,与此同时,还要使它们能够生成很高的募股回报率。

还有一些理论依据的是制度(监管)因素。例如,1990 年以前,瑞典税务系统规定,资本利得的比率要比工资税率(tax on salary)低很多。当时,很多瑞典公司宁愿以过低定价股票的形式向其员工支付薪水。1990 年以后这种情形得以改变,当时,根据修订的瑞典法规,工资税被应用于使用这种方式获得的利润。1980—1989 年募股的公司回报率(平均过低定价率 41%)与 1990—1994 年的回报率(平均过低定价率 8%)证实了这一变化[里德奎斯特(Rydqvist),1997]。

在这个背景中,对承销商一方而言,过低定价的理由也注定是正式、法律的诱因。这些诱因源于承销商特意避免由投资者可能挑起的诉讼,其原因是,承销商有可能错误地使投资者相信而去购买**过高定价的股票**(尽职审慎保险地)[桑德斯(Saunders),1990]。然而,这种情形是指美国的市场,在那里发生此类诉讼的概率相对频繁。

瀑布理论(cascade theory)[韦尔奇,1992]是另一个解释过低定价效应的理论,该理论严格依照行为主义因素。该理论假设,投资者采取行动具有序列性。一些投资者做出的决策能够决定另一些人的决策。先前人们纳入考虑的各种因素在后来者看来更加可靠。发生瀑布效应的情形将会成为首次公开募股中过低定价的一个诱因,从一开始就吸引大批的投资者,创造出"积极的"瀑布群。投资者评估后期阶段的 IPO 时可能会假设,"早期的"投资者拥有某些独特的信息,这才造成他们对发行股具有极大的兴趣。

另一方面,该理论解释保持控制问题所依据的假设是,公司的管理委员会故意把发行价格建立在一个较低水平,为的是让股票能够得到大量的**超额认购**。结果,持股结构被更为广泛地稀释,这就减少了此类股东一方控制管理委员会的机会[布里南(Brennan)、弗兰克斯(Franks),1997]。

2005—2010年第三季度华沙证券交易所募股公司过低定价的分析

本分析涵盖的公司总数为214家,2005—2010年第三季度期间,它们在华沙证券交易所募股公司的主体市场初次登场。表12—4呈现的是这些公司过低定价和过高定价的综合信息。根据表12—4呈现的数据,在被分析的这段时期,募股公司被过低定价的平均比率为15%。

表12—4 2005—2010年第三季度华沙证券交易所初次上市公司的平均过低定价

项　　目	发行公司数量	份额
过低定价发行公司的数量	144	67.4
过高定价发行公司的数量	60	27.9
"正好"定价发行公司的数量	10	4.7
总发行公司的数量	214	100
过低定价和过高定价的公司(全部公司的平均值)	15%	

来源:作者自己的研究,数据取自华沙证券交易所,www.gpw.pl。

据观察,这一现象中最高的程度(32.73%)是处于2006年,此时波兰的市场状况良好(见表12—5)。我们注意到,最大的过低定价(481%)是英威斯特顾问公司,该公司专门从事面向中小企业和市政当局的战略金融顾问工作;2006年,该公司在华沙证券交易所募股。另一方面,在被分析的时期内,最大的过高定价(74%)是伊泽恩斯—伊瓦瓦公司的特征,这家公司从事汽车工业的生产、销售和服务工作;2008年,该公司在华沙证券交易所登场。

在被分析的后续年份里,表现出最高过低定价特征的公司依次为:电脑卫士公司(100%)、英威斯特顾问公司(481%)、石油投资公司(160%)、德拉戈夫斯基广告公司(242%)、克里玛中心公司(55%)及菲尔罗公司(20%)。另一方面,在后续年份里,具有最高过高定价特征的公司依次为:泽特卡玛公司(-9%)、中欧销售公司(-2%)、阿尔库斯公司(-19%)、伊泽恩斯—伊瓦瓦公司(-74%)、因塔库斯公司(-4%)及普拉格玛—因卡索公司(-17%)。在被分析的时期内,我们注意到仅有10家"正好"定价的公司,即那些被"正确"定价的公司;这意味着,募股日的市场价格等于发行价格。

表12-5　2005—2010年第三季度华沙证券交易所上市公司的过低定价分析

项　　目	2005年	2006年	2007年	2008年	2009年	2010年三季度
发行公司的数量	35	38	81	33	13	14
过低定价发行公司的数量	24	31	54	16	12	8
过高定价发行公司的数量	8	4	25	15	1	7
"正好"定价发行公司的数量	3	3	2	2	0	0
过低定价和过高定价(全部公司的平均值)	8.82%	32.73%	14.19%	12.55%	17.62%	4.07%
最大的过低定价	100%	481%	160%	242%	55%	20%
最大的过高定价	-9%	-2%	-19%	-74%	-4%	-17%

来源:作者自己的研究,数据取自华沙证券交易所。

过低定价现象还应当被置于与募股价(floating value)相关联的背景中。根据观察,最高的过低定价(42%)涉及的是那些具有最低发行股票(达1 000万波兰兹罗提)的公司,而最低的过低定价(7%)涉及一家发行价值超过10亿波兰兹罗提的公司。饶有趣味的是,一个很高的过低定价水平(21%)涉及的几家公司具有零发行股票,即那些公司具有双重上市(dual listing)特点或被从一个不同的市场(例如:新联证券交易所)转移而来。这意味着,对于拥有较短运行历史的较小公司(通常都是非常具有创新能力的实体),它们往往使用一个较高的贴现率来建立发行价格。它反映出投资者需要承担较高的风险水平。另一方面,经过估算,具有较低风险水平的大公司的价值与市场估值最为接近,进而转化成的募股回报率也较低。

案例分析

为了阐明IPO过程中贴现和过低定价的现象,我们对三个基本面估值结果进行了分析。博讯基质公司(Infovide Matrix SA)的募股是过低定价登场的一个实例,K2网络公司(K2 Internet SA)是过高定价募股的实例,而基诺罗西公司(Gino Rossi SA)则是市场价格等于发行价格的募股实例。

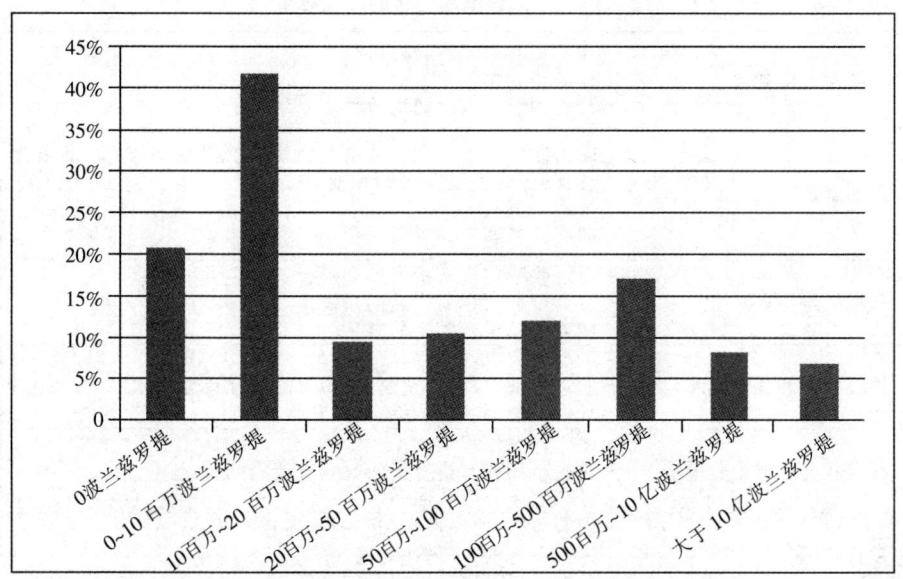

来源:作者自己的研究,数据取自华沙证券交易所主体市场。

图 12-2 根据发行价值华沙证券交易所的发行过低定价

❖ 博讯基质公司:IPO 过低定价

博讯基质公司是提供顾问服务和创新型 IT 解决方案的主要供应商之一。该公司使用 IT 方案构建,为计算机应用战略和 IT 管理领域提供顾问服务。该公司自从 1991 年以来在 IT 市场从事经营活动。经过 15 年多的努力,在新技术应用领域,该公司已经成为最大的企业和公共机构的合作伙伴。2007 年 1 月 11 日,该公司在华沙证券交易所的主体市场进行募股。承销商的角色由一家名为"伊戴姆"(IDM SA)的经纪公司担任。

发行相关的风险因素和发行的证券被划分为三个类别(见表 12-7)。

对该公司估值采用的是**贴现现金流法**(赋予的权重为 2/3)以及**乘数法**(权重为 1/3)(见表 12-8)。这样,该模型涉及瑞士法(Swiss method)。比较法估值在较大程度上考虑了公司的账面价值及其资产,而在较小程度上考虑预测,因此,它被赋予较小的权重。我们给据此创造出来的模型使用一个 17.05% 的贴现率,把发行价格确定为 25 波兰兹罗提。结果,它转化为股票过低定价效应的值为 33%,这就是在公司的股票交易初次登场中投资者实现的回报率。

表12—6 博讯基质公司的股权故事

市场及其前景	• 开发私有市场和公开市场 • 经济信息化 • 与外国和国内公司竞争
市场定位	• 成为向中型公司和公共部门领域提供解决方案(通讯和管理支持)的利基(niche)领袖 • 技术方案独一无二 • 拥有知名客户的投资组合
长期战略	• 通过收购实现有机发展和增长 • 投资于创新和新产品的研发 • 扩大产品组合和产品整合
提高收入和经营效率	• 承揽更大、更复杂的项目 • 通过增加附加值(诀窍)获得更高的项目赢利水平 • 承揽长期的项目(系统研发和维护)
经营状况和财务状况	• 优化内部流程 • 通过市场和有机发展而收购有能力的公司 • 提高收入和经营赢利水平
发行目标	• 资本收购(协同产品和互补产品) • 扩大自有的IT解决方案 • 开发SAP和CRM管理支持系统

来源:作者自己的研究,根据伊戴姆公司制定的分析报告和博讯基质公司的股票发行计划书。

表12—7 博讯基质公司的风险因子

风险因子	风险类型描述
发行商	• 涉及失去关键员工的风险 • 涉及已计划与波兰基质公司合并的风险 • 涉及已执行合同的风险 • 无法实现或推迟实现事关兼并和收购交易的发行目标的风险 • 涉及发行商的技术伙伴变更技术交付条款的风险
环境	• 涉及发行商的经营市场的增长动态出现滑坡的风险 • 涉及波兰宏观经济状况的风险 • 涉及法律规章变更的风险 • 涉及该行业的技术变化与新产品的研发的风险 • 涉及在一个市场利基从事经营活动和出现潜在竞争对手的风险
资本市场	• 涉及G系列股票发行活动没有进行的风险 • 涉及认购期延长的风险 • 涉及G系列股票权益的风险 • 涉及拒绝把股票引入交易或拖延这方面工作的风险 • 涉及报价暂停(quoting suspension)的风险 • 涉及对被引入受监管市场交易的股票缺乏合理的稀释手段的风险 • 涉及把证券从股票交易中排除的风险 • 暂停公开报价或暂停把股票引入受监管市场的风险 • 涉及暂停或撤出公开报价的风险 • 涉及对违反报价法案的行为实施行政制裁的风险 • 证券交易所管理委员会关于允许并推行某些金融工具进行交易的特殊条件的观点带来的风险

来源:作者自己的研究,根据博讯基质公司的股票发行计划书。

表 12—8 博讯基质公司估值的特点

贴现现金流法每股价值	29.51 波兰兹罗提
比较法每股价值	31.39 波兰兹罗提
贴现现金流法/比较法估值结构	2/3/1/3
最终股票价格估值	30.14 波兰兹罗提
发行价格	25.00 波兰兹罗提
贴现率	17.05%
派股证书上市第一天的收盘价	33.29 波兰兹罗提
IPO过低定价	33%

来源:作者自己的研究,根据伊戴姆公司制定的分析报告。

我们使用贴现现金流法的依据是:公司管理委员会把预测期确定为9年,并把它呈现于发行计划书中。涉及公司未来的假设涵盖:与股票发行相关的实施发展战略的效果;与IT市场增长相关的趋势和预测;各个经营部门中先前记录的增长动态。

残余价值权重只是稍微超过了贴现现金流的份额。预测期以后的增长率 g 被设定为2%,即处于预测通胀的水平。

表 12—9 贴现现金流法估值的特点

预测年数	9
估值中 DCF 份额	42.48%
估值中 RV 份额	57.52%

来源:作者自己的研究,根据伊戴姆公司制定的分析报告。

比较法估值使用下列公司作为基准公司:ABG斯特尔信息技术公司、阿瑟考波兰信息技术公司、ATM信息传输处理中心、考玛赫信息技术公司、康普信息技术安全防护公司、CSS信息技术设施管理服务公司、普罗康软件信息公司、泰塔商务软件公司,它们的特点是具有很高的流动性和很长的上市历史。由于缺乏这些公司管理委员会准备的已经公布、极为可信的预测数据,使用这种估值方法就受到了相当大的限制。

一个审慎的估值计算并不包含增长动态的溢价,它依据的是对2007年各种结果进行细心的估算。与华沙证券交易所的各家IT行业代表相比,博讯基质资本集团由于其经历丰富、能力高超、运行独立而脱颖而出,有别于其他的上市资本集团。该公司的特点是,它的持股结构在这个行业很罕见;公司没有优先股,由此确保对待所有股东一视同仁。公司的发展愿景得到外部环境弥补,通讯和能源市场的自由化给该公司带来一个加速增长的机会。此外,该集团能够依靠通过收购较小却非常专门化的专家团队而实现额外增长的自然战略。

表 12-10 乘数法估值的特点

指标	2006	2007	指标权重
P/S	20%	80%	10%
P/EBITDA			40%
P/EBIT			10%
P/E			30%
P/BV			10%

来源:作者自己的研究,根据伊戴姆公司制定的分析报告。

❖ K2 网络公司:IPO 过高定价

K2 网络公司(K2 Internet SA)于 2008 年 4 月 24 日在华沙证券交易所主体市场进行募股。承销商的角色是由一家名为"派耐垂特"(Penetrator SA)的证券经纪公司承担。K2 网络公司向那些久负盛名的客户提供服务,例如可口可乐或诺基亚这样的国际大品牌公司,并且积极发展国内客户,例如普雷移动电话公司、盖汀银行及胡普拉家电网上商店。

表 12-11 K2 网络公司的股权故事

市场及其前景	• 市场前景看好(每年增长率高达百分之几十) • 在广告市场中互联网广告份额迄今仍然很低 • 市场竞争激烈(国内实体和国外网络) • 市场具有波动性和不可预测性
市场定位	• 成为波兰交互通讯市场的领袖 • 拥有长期的有名望客户的投资组合 • 电子商务和技术商业模式具有互补性 • 职业团队成员多才多艺
长期战略	• 向客户提供全面、一体化的解决方案(服务和技术) • 涉足新的行业(移动通讯营销、搜索引擎营销):知识迁移和经验迁移
提高收入和经营效率	• 为客户创造新产品 • 吸引当前行业和新行业的新客户 • 经营赢利更高(优化客户服务成本)
经营状况和财务状况	• 持续 6 年取得经营赢利 • 2004—2007 年收入和息税折旧摊销前利润增长为 400% • 职业团队(市场专家)积极参与、干劲十足
发行目标	• 扩大现有的产品(附属系统、电子营销、电子邮件营销、电子政务) • 开发新产品(移动通讯营销、搜索引擎营销、网络应用) • 基础设施发展(数据中心)

来源:作者自己的研究,根据派耐垂特公司制定的分析报告和 K2 网络公司的股票发行计划书。

表12－12呈现的是该公司发行计划书中已经确认并描述的风险因素。

表12－12 **K2网络公司的风险因子**

风险因子	风险类型描述
发行商	• 涉及发行商的战略可能失败的风险 • 涉及失去关键客户或者发行商提供给客户的服务价值下降的风险 • 涉及发行商不能满足客户预期的风险 • 涉及发行商对公司增长的管理不当的风险 • 涉及发行商缺乏履行作为公共公司的义务的风险 • 涉及现有利益与已感知利益相互冲突的风险 • 涉及发行商一方无法跟上影响提供给客户的服务标准和客户需求的技术发展的风险 • 涉及违反知识产权的风险 • 涉及发行商不能有效保护自己的知识产权的风险 • 涉及使用许可证和计算机软件的风险 • 涉及失去关键员工的风险 • 涉及关键长官离开管理岗位,难以找到新的称职的管理人员的风险 • 涉及硬件故障的风险 • 涉及创造新服务的风险 • 涉及信息安全和IT系统被入侵的风险 • 涉及收购的风险 • 涉及实际金融发行目标发生潜在变化的风险 • 涉及临时缺乏合适的监督董事会构成人员的风险
环境	• 涉及波兰和欧盟的经济状况的风险 • 涉及利润下降、竞争加剧的风险 • 涉及法律系统不稳定的风险 • 涉及客户拖欠支付的风险 • 涉及互联网功能的风险 • 涉及互联网市场增长率放缓的风险 • 涉及垃圾邮件的风险
资本市场	• 涉及不能发行H系列股票(从公开发行中召回或撤销)的风险 • 涉及可能挑战发行商的股东大会关于增加股票资本的决议的风险 • 涉及发行的股票可能被排除在受监管市场或证券交易之外的风险 • 涉及允许把出售的股票引入交易的日期的风险 • 涉及不允许或延迟允许、不推行或延迟推行发行商的股票进入证券交易所进行交易的风险 • 暂停公开发行或暂停已发行股票上市的风险 • 涉及H系列股票派股证书上市的风险 • 涉及对已发行股票进行投资的风险 • 涉及认购期延长的风险 • 涉及收购已发行股票的条款的风险 • 涉及发行商的控股结构的风险 • 涉及注册法庭可能拒绝登记发行商通过发行H系列股票而增加的股票资本 • 涉及发行商无法出售已发行股票的风险

来源:作者自己的研究,根据K2网络公司的股票发行计划书。

我们使用两种方法对该公司进行估值,即贴现现金流法和比较法,两种方法的权重各赋予 50%(见表 12-13)。我们对由此创造出的模型使用一个 31.62% 的贴现率,把发行价格设定为 25 波兰兹罗提。尽管贴现率如此之大,但是结果证明该公司在募股日还是被过高定价。

表 12-13 K2 网络公司估值的特点

贴现现金流法每股价值	36.65
比较法每股价值	36.46
贴现现金流法/比较法估值结构	50%/50%
最终股票价格估值	36.56
发行价格	25.00
贴现率	31.62%
派股证书上市第一天的收盘价	23.50
IPO 过低定价	-6%

来源:作者自己的研究,根据派耐垂特公司制定的分析报告。

在使用贴现现金流法进行估值时,我们依据的是一个 8 年期的预测期。残余价值被设定等于固定增长率 g 的值为 2.5%。估值结果中残余价值的份额为 73.4%。

表 12-14 贴现现金流法估值的特点

预测年数	8
估值中 DCF 份额	26.60%
估值中 RV 份额	73.40%

来源:作者自己的研究,根据派耐垂特公司制定的分析报告。

在使用比较法估值时,我们依据的是基于息税折旧摊销前利润(EBITDA)和净利润的各项指标。根据比较法进行估值时,一个严重的局限在于缺乏类似规模和经营状况的上市公司,即在互联网营销行业运行的公司,互联网经营活动是此类公司生成收入的主要来源。我们从下列行业中选择了一些公司用于比较:媒体、信息和通信技术以及电子商务。

表 12-15 乘数法估值的特点

指标	2007	2008	指标权重
EV/EBITDA	50%	50%	50%
P/E			50%

来源:作者自己的研究,根据派耐垂特公司制定的分析报告。

分析报告的作者们还提供了对 K2 网络公司进行估值的替代方法,把 1 股的价格设定在 42.88 波兰兹罗提的水平。下面的事实证实了这一点:2004—2007 年,销售收入和息税折旧摊销前利润增加了 4 倍,公司的特点是拥有很高的赢利水平。与此同时,关于市场增长和公司能力的预测能够证明该公司意欲进一步积极发展。鉴于互动广告公司市场上一连串的整合过程,考虑到该公司的市场地位和市场潜能,它将可能变成一个颇具吸引力的收购对象。因此,由于波兰的电子商务市场存在很大的潜能,我们可以预期,与收入法估值和比较法估值相比,潜在的收购价格将有可能提供很大一笔溢价。

❖ 基诺罗西公司:IPO 定价正好

基诺罗西公司(Gino Rossi SA)在 1992 年创立之初是一家有限责任公司,由波兰和意大利籍的 6 个自然人创办。"基诺罗西"这个名称是其中一个合伙人的名和姓。2006 年 6 月 26 日,该公司在华沙证券交易所主体市场进行募股。承销商的角色是由伊戴姆公司承担。

目前,在波兰市场,基诺罗西公司管理着"基诺罗西"和"简单创意产品"(Simple Creative Products)等时尚品牌。基诺罗西集团的供货包括男女鞋类、箱包、皮具以及女式服装。该公司在中高档鞋类行业是一个著名的品牌。销售链包括波兰和海外的 100 多个零售门店。另一方面,"简单创意产品"品牌是波兰奢侈女装市场上的领先品牌之一。销售链目前包括位于波兰和海外黄金地段的 42 家零售门店。

表 12-17 呈现的是该公司发行计划书中已经确认并描述的风险因素。

估值模型包括:贴现现金流法,被赋予 67% 的权重;比较法,被赋予 33% 的权重。据此对公司股票的基本面进行估值,股票价格为 14 波兰兹罗提。使用 14.29% 的贴现率之后,发行价格被设定为 12 波兰兹罗提。在上市的第一天,公司的股票价格与发行价格等值;因此,我们可以说,公司的基本面估值被确定在市场估值的水平。

在使用收入法进行估值时,我们依据的是 8 年期预测期。预测期之后的增长率 g 被设定为 1.5%,相当于通胀的水平。

表 12－16　基诺罗西公司的股权故事

市场及其前景	• 市场碎片化、竞争激烈 • 市场增长伴随经济增长 • 购物习惯伴随社会富裕程度增加而发生变化（优质品牌）
市场定位	• 成为中等和中等偏上板块的领袖 • 品牌得到认可并变得强势 • 产品质量高 • 零售门店位于黄金地段
长期战略	• 销售链扩张、出口增长 • 增强商业活动的意义 • 提升形象 • 优化供给结构
提高收入和经营效率	• 通过销售链扩张实现每个销售点的销量增加，并实现总量增长 • 生产范围迁移至有利可图的板块
经营状况和财务状况	• 巩固并优化价值创造链中的流程 • 规模和范围经济实惠 • 提高经营赢利水平
发行目标	• 销售链发展 • 扩大存储潜能和后勤中心 • 购买制鞋机械 • 投资于管理支持的 IT 系统

来源：作者自己的研究，根据伊戴姆公司制定的分析报告和基诺罗西公司的股票发行计划书。

表 12－17　基诺罗西公司的风险因子

风险因子	风险类型描述
发行商	• 涉及竞争加剧的风险 • 涉及市场趋势的风险 • 涉及时尚趋势的风险 • 涉及销售具有季节特征的风险 • 涉及发行商的商标在国际范围内注册的风险 • 涉及零售门店选址错误的风险 • 涉及履行保护客户基础数据义务的风险
环境	• 涉及波兰宏观经济条件的风险 • 涉及法律规章变更的风险 • 涉及引入海关和进口规章的风险 • 涉及汇率波动的风险
资本市场	• 涉及 C 系列股票发行活动没有进行的风险 • 涉及认购期延长的风险 • 涉及 C 系列股票权益的风险 • 涉及拒绝把股票引入交易或拖延这方面工作的风险 • 涉及报价暂停的风险 • 涉及对被引入受监管市场交易的股票缺乏合理的分销手段的风险 • 涉及证券被从股票交易中排除的风险

来源：作者自己的研究，根据基诺罗西公司的股票发行计划书。

表 12—18　基诺罗西公司估值的特点

贴现现金流法每股价值	14.50
比较法每股价值	12.97
贴现现金流法/比较法估值结构	67%／33%
最终股票价格估值	14.00
发行价格	12.00
贴现率	14.29%
派股证书上市第一天的收盘价	12.00
IPO 过低定价	0%

来源：作者自己的研究，根据伊戴姆公司制定的分析报告。

表 12—19　贴现现金流法估值的特点

预测年数	8
估值中 DCF 份额	40.34%
估值中 RV 份额	59.66%

来源：作者自己的研究，根据伊戴姆公司制定的分析报告。

使用比较法估值时面临的一个严重障碍是，缺乏在证券交易所上市的具有类似商业模式的公司。我们发现的相似程度最大的是 CCC 鞋业公司，下列公司被用于比较法估值：阿特曼服装设计批发公司、LPP 服装设计批发公司、乌尔昌卡男士服装设计批发公司、维斯图拉男士服装设计批发公司、LZSP 服装设计批发公司，即它们都是来自服装行业的公司。如果把这些公司排除在分析之外，那么将会使该公司的股票估值增加至 15.30 波兰兹罗提，但是本分析的作者们在模型中采取了保守的方法。

表 12—20　乘数法估值的特点

指标	指标权重
P/S	30%
P/EBIT	30%
P/E	30%
P/BV	10%

来源：作者自己的研究，根据伊戴姆公司制定的分析报告。

结　论

对处于募股过程中的公司进行估值,估值结果准确与否取决于各种因素,其中最重要的因素包括:

- 股票交易的经济周期性带来的总体投资气候决定着投资者对股票的投资需求。在熊市期间,尽管总体投资态度造成了公司的基本面估值非常高,但是很多公司以低于这个估值的价格进行募股。

- 公司的资本需求对投资规划和采取的长期增长战略产生影响。公司需求的资本越多,它就会享有更高的估值结果,因此,股东结构就不会被稀释。

- 现有股东的兴趣对他们预期的回报率产生影响。如果发行股的价值被低估,低于真实的市场价值,那么他们必须承担出售股票造成的额外损失,因为这种做法对公司发行新股票造成某种间接的成本。然而,如果一次发行的股票被估值太高,也可能导致发行不成功,因此招致失败。

- 在预期后续股票发行的情况下,管理股东价值转移的政策如何。如果人们预期会有后续股票发行,那么对公司的估值结果也会不同;如果发行价格被设定得太高(使用的贴现率很小),投资者实现的募股回报率较低,那么,后续发行的股票将不会得到投资者一方的响应。

一家公司在受监管的市场通过发行股票获取资本,其效率在很大程度上取决于股票交易行情。然而,即使在一个熊市,从投资者的角度来看,也会发生"正好"定价登场的情形。这里的一个重要因素是,一方面,公司精心准备的**股票交易募股战略**能够做到满足投资者的预期,但另一方面,该战略还要能够把现有股东损失利益的风险最小化。如果准备进行 IPO 的公司能够令投资者相信它的价值增长战略,那么,公司筹集的资本就能够增加,而投资者也才愿意更多地关注该公司。

自测题

1. 募股公司的利益有哪些?
2. 在 IPO 过程中,我们如何设定股票发行价格?股票基本面估值和股票发行价格之间的区别是什么?
3. 在 IPO 过程中,影响最终股票发行估值的因素有哪些?
4. 什么是贴现,它具有什么功能?

5. 什么是股票过低定价？我们如何解释股票过低定价的效应？

6. 为什么股票过低定价是 IPO 过程中的一个常见现象？

延伸阅读

1. A. Ljungquvist [2006], *IPO Underpricing, Working Paper, Center for Corporate Governance*, Tuck School of Business at Dartmouth, April.

2. A. Saunders [1990], *Why Are So Many New Stock Issues Underpriced*? Business Review, March/April.

3. I. Welch, J. Ritter [2002], *A Review of IPO Activity, Pricing and Allocations*, Yale ICF Working Paper, No. 02–01, February 8.

4. I. Welch [1989], *Seasoned Offerings, Imitation Costs and the Underpricing of Initial Public Offerings*, The Journal of Finance, Vol. XLIV, No. 2, June.

5. I. Welch [1992], *Sequential Sales, Learning and Cascades*, The Journal of Finance, Vol. 47, June.

第十三章　足球俱乐部估值：以尤文图斯为例

成为一名足球运动员，意味着成为一个能够解读成万千人们的情感和梦想的特权讲解员。

——塞萨尔·路易斯·梅诺蒂（Cesar Luis Menotti）

本章概要
- ▶ 足球对经济增长的影响
- ▶ 证券交易所的足球俱乐部
- ▶ STOXX 欧洲足球指数
- ▶ 足球俱乐部的估值方法
- ▶ 影响足球企业价值的因素
- ▶ 使用比较法对尤文图斯估值
- ▶ 2012 年欧洲足球锦标赛和波兰经济发展

商业和经济

20世纪60年代和70年代出现的传统足球俱乐部模式被描述为专事体育的模式,在这个模式中,运动员(足球运动员)开始把他们的激情化作获取薪酬的动力。商业公司开始寻找更好的方式去接近客户、提高品牌认同率以及增加品牌忠诚度。正是这个时候,足球俱乐部开始借助公司广告和赞助获得收入,尤其是如果某个公司碰巧与该俱乐部同处一地。著名的足球加公司搭档由此产生了(意大利都灵的尤文图斯和菲亚特,或者荷兰埃因霍温的飞利浦和PSV埃因霍温)[埃德莱夫(Adreff)、斯达多哈(Staudohar),2000]。在大多数的大型职业足球俱乐部背后(不仅仅是西欧的那些),都有巨大的资本支持。

更为常见的是,我们还能观察到的现象是体育与商业之间的资本关系。这里有几个例子也许值得一提:自从2005年,曼彻斯特联足球俱乐部(简称曼联)的所有者就一直是马尔科姆·格雷泽(Malcolm Glazer)(格雷泽拥有美国足球队"坦帕湾海盗队",并且是国际性的第一联盟集团的总裁兼CEO)。另一方面,伦敦切尔西足球俱乐部的所有者是罗曼·阿布拉莫维奇(Roman Abramovich),他是一位俄罗斯石化巨头,被认为是东欧最富有的人;有一段时间,他还赞助莫斯科中央陆军足球俱乐部(CSKA Moscow);2006—2007赛季,他也赞助乌克兰顿涅茨克矿工足球俱乐部(FC Shakhtar Donetsk)。阿森纳足球俱乐部的所有者是阿森纳控股公司,该公司的股票在伦敦的另类投资市场(Alternative Investment Market,AIM)上市。在波兰,华沙市莱吉亚俱乐部的所有者是ITI传媒股份公司,克拉科夫维斯瓦队的所有者是波兰特伏电缆集团,华沙市波罗尼亚俱乐部的所有者是JW建筑股份公司,卢宾市扎戈万别俱乐部的所有者是波兰铜业集团,贝乌哈图夫俱乐部的所有者是波兰国家电力股份公司,弗罗茨瓦夫市西里西亚俱乐部的所有者是齐格蒙特·索罗斯(他拥有投资银行、波尔萨特数字电视台、PTE波尔萨特人身保险公司、安塔纳1号电视节目制作公司以及传媒商务有限公司等)。

足球商业元素

一家管理良好的足球俱乐部的经营收入主要是与观看该俱乐部比赛的观众人数相关,更广泛地说,是与该球队的支持者人数相关,既包括那些直接在赛场上为球队呐喊助威的人们,也包括那些在电视屏幕前观看比赛的人们。足球观众和球迷为球队生成收入的方式有单张门票或赛季门票、与俱乐部相关的物件(运动服、围巾、杯子、钥匙环、带有俱乐部标识的银行卡及信用卡,等等),还有比赛期间销售的食品。另有一大部分收入来自出售电视转播权以及来自赞助商(包括博彩业)。

❖ 欧洲"五巨头"

尽管全球经济遭到严重破坏,但是在 2008—2009 赛季,欧洲足球市场的价值依然增加到 157 亿欧元,与之相比,2007—2008 赛季为 146 亿欧元,而 2006—2007 赛季为 136 亿欧元。2008—2009 赛季,欧洲地区"五巨头"联盟(英国、法国、意大利、西班牙和德国)的收入增长至 79 亿欧元,2007—2008 赛季为 77 亿欧元,而 2006—2007 赛季为 71 亿欧元。德甲(Bundesliga)、意甲(Serie A)和法甲(Ligue 1)在所有主要领域都取得了收入增长:如传媒、比赛及商业活动等。转播权仍然是"五巨头"联盟的主要收入来源,2008—2009 赛季,总收入的大约 47%(37.12 亿欧元)都是由转播权获得的。在上一个赛季,这 5 个联盟都从转播权方面取得了收入增长。与 2007—2008 赛季相比,比赛收入增加了 3 900 万欧元(2%),"五巨头"联盟的总比赛收入达到 17.95 亿欧元。商业收入增加了 1.17 亿欧元(5%),达 24.37 亿欧元。[①]

作为范例,图 13-1 呈现的是尤文图斯队的收入结构。

[①] 参见《2010 年德勤足球财政年度报告》(Annual Review of Football Finance, Deloitte, 2010)。该报告见于 www.deloitte.com。

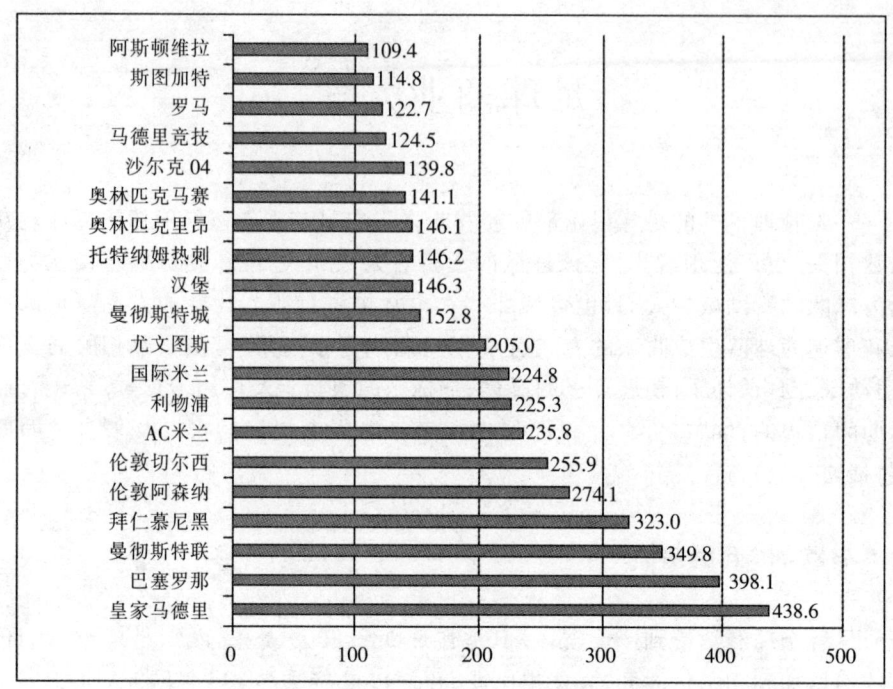

来源:作者自己的研究,根据 www.juventus.com。

图 13—1　截至 2010 年 6 月 30 日尤文图斯足球俱乐部的总收入结构

❖ 波兰超级杯联赛

在 2009 年足球财政联盟排行榜统计的前十名中,波兹南莱赫队(4 030 万波兰兹罗提)和克拉科夫维斯瓦队(3 010 万波兰兹罗提)分别占据第一、二名,除此之外,我们注意到,俱乐部的名单发生了重大变化。领奖台的最低一阶由华沙市莱吉亚队占据,其收入为 2 380 万波兰兹罗提;它的收入比 2008 年增加了大约 300 万波兰兹罗提,多亏了这一点,该队设法赶超了贝乌哈图夫 GKS 队(2 110 波兰兹罗提)。

另一方面,收入额增幅最高的是弗罗茨瓦夫市西里西亚队,与 2008 年相比,该队的收入增加了高达 83%。应当注意的是,在前一年的排名中这个俱乐对也是增长冠军(就价值的百分点而言)。另一方面,2009 年,收入跌幅最大的球队是凯尔采市皇冠队和贝乌哈图夫 GKS 队。

足球对经济增长的影响

足球是现今世界上最为流行的体育运动。男女运动员人数超过 2.6 亿,他们分别属于超过 50 万家足球俱乐部。如果把业余足球选手纳入考虑,那么这组数字还会增加。

足球可能会对某个国家或地区的经济发展带来积极影响。首先,经营一家足球俱乐部意味着创造新的就业机会。其次,足球通过增加在(但并不局限于)某个国家的交通运输、旅店和餐饮服务以及旅游开发等方面的花销,影响所谓的消费需求。足球塑造情感、希望和社会氛围。我们注意到,非常常见的情形是,随着足球队取得一轮成功(尤其是在国家层面上),人们对足球产生积极的冲动,其表现形式为消费需求不断增加。再者,借助足球,人们通过投资在经济的方方面面创造新的就业机会,例如:建造新的场馆、发展基础设施等。简而言之,我们可以看到乘数效应(multiplier effect)。

表 13—1 举办大型足球赛事的国家 GDP 增长率(%)

年 份	2000 年欧洲杯			2004 年欧洲杯			2006 年世界锦标赛		2008 年欧洲杯		
	比利时	荷兰	欧元区	葡萄牙	欧元区	德国	欧元区	瑞士	奥地利	欧元区
2 年以前	1.7	3.9	2.8	0.8	0.9	1.2	2.2	3.6	3.5	3.0
1 年以前	3.4	4.7	2.9	−0.8	0.8	0.8	1.7	3.6	3.5	2.7
比赛年	3.7	3.9	3.9	1.5	2.2	3.2	3.0	1.8	2.0	0.6
1 年以后	0.8	1.9	1.9	0.9	1.7	2.5	2.7	−1.5	−3.6	−4.1
2 年以后	1.4	0.1	0.9	1.4	3.0	1.3	0.6	1.6	1.3	0.8

来源:www. gazetatrend. pl/artykuly/49-wplyw-wielkich-imprez-sportowych-na-gospodarke。

表 13-1 呈现的是那些组织大型足球赛事的国家的 GDP 增长率。我们能够注意到,国家通过组织大型足球赛事可以带来 GDP 增长加速,这一效应清晰地体现在葡萄牙的经济范例中。2004 年,葡萄牙组织了欧洲足球锦标赛,该国的 GDP 增长了 2.2%,与之相比,此前一年 GDP 下降了 0.8%。2004 年,整个欧元区的 GDP 也增长了 2.2%。而此前一年,欧元区的经济增长仅为 0.8%。德国举办 2006 年世界足球锦标赛,向我们提供了一个更为清晰的图景:当年,德国经济增长了 3.2%,而与之相比,此前一年仅增长 0.8%。2006 年,欧元区经济增长了 3.0%,而此前一年其增长仅为 1.7%。国家组织大型足球赛事可以产生如此积极、明晰的推动力,在下面两次赛事中也不容忽视:2008 年欧洲足球锦标赛(由瑞士和奥地利主办)和 2000 年欧洲足球锦标赛(由比利时和荷兰主办)。关于 2000 年欧洲杯,欧元区增长为 3.9%,与之相比,此前一年为 2.9%。

表 13-2 呈现的是与欧元区 GDP 增长相比各国 GDP 增长的盈余。我们能够观察到,在组织欧洲足球锦标赛的国家中,有三个国家在举办赛事的那一年出现盈余:德国(0.2%)瑞士(1.2%)和奥地利(1.4%)。

表 13-2 与欧元区 GDP 增长相比各国 GDP 增长的盈余(%)

年 份	2000 年欧洲杯		2004 年欧洲杯	2006 年世界锦标赛	2008 年欧洲杯	
	比利时	荷兰	葡萄牙	德国	瑞士	奥地利
2 年以前	−1.1	1.1	−0.1	−1.0	0.6	0.5
1 年以前	0.5	1.8	−1.6	−0.9	0.9	0.8
比赛年	−0.2	0.0	−0.7	0.2	1.2	1.4
1 年以后	−1.1	0.0	−0.8	−0.2	2.6	0.5
2 年以后	0.5	−0.8	−1.6	0.7	0.8	0.5

来源:www.gazetatrend.pl/artykuly/49-wplyw-wielkich-imprez-sportowych-na-gospodarke。

证券交易所的足球俱乐部

足球俱乐部已经变成了生成现金的实体，它们为股东及其他利益相关者实现价值最大化。过去人们认为足球俱乐部和传统商业活动存在很大差别，这种观念已经慢慢消逝。现在，这两种实体就其活动性质而言具有两个共同的特征：它们最大限度地生成现金并强化品牌，以及创造价值。一家企业与一家足球俱乐部都拥有无形资产和有形资产。就足球俱乐部而言，**无形资产构成其总资产的很大一部分**。例如，以尤文图斯为例，截至2010年6月30日，运动员的权利（33.0％）在总资产中占据最大份额。

营销是对足球俱乐部实行现代化管理的一个关键问题。在基于体育的商业活动中，它涉及"购买"观众社群。体育涉及的情感影响社会行为、营造社会氛围，在重大国际体育赛事的情况下，甚至可能对举办国或该地区的经济增长动态产生积极的影响。

❖ 历史角度的趋势分析：英超案例分析

在英国，足球俱乐部在证券交易所初次登场是在20世纪90年代。先驱是托特纳姆热刺足球俱乐部，早在1983年，该俱乐部就就已经在伦敦证券交易所发行股票。1989年米尔沃尔足球俱乐部加入了这一行列，1991年曼彻斯特联队加入。1993年，英超经历了一次突破。英国天空电视台签订了一份关于比赛转播权的合同，其数额之大，前所未有。与此同时，人们认识到将来有可能增加合同的数量，确实是有这种可能性的。在接下来两年里，关于这个话题的投机行为导致上市俱乐部的股票价格大大增加。1996年12月，18月期的托特纳姆热刺回报率达368％，曼联回报率达336％。这些俱乐部取得的显著成果使得1996—1997赛季的上市俱乐部数量大大增加。随后有8个俱乐部在伦敦证券交易所发行股票，还有4个俱乐部在另类投资市场发行股票。

1995年10月至1997年10月，总计有16个俱乐部发行它们的部分或全部股票［多布森（Dobson）、戈达德（Goddard），2001］。下面这些在世界上知名并被认可的品牌在证交所发行股票：曼联、切尔西、利兹联（Leeds United）和利物浦。20世纪90年代初，当俱乐部股票在证券交易所初次登场的时候，投资者兴高采烈地购买股票，希望这些股票能够确保给他们带来高额回报率，并希望股票价格继续增长。遗憾的是,大多数在那个时期购买股票的投资者都蒙受了损失。例如,阿斯顿维拉足球俱乐部以每股11英镑发行股票。该股票每股价格增长到11.75英镑,但是很快下跌至0.1025英镑。俱乐部当局不能够确保相关人员在赛场上取得成功,因此,他们不可能满足投资者和运动员的预期。

成为一家在公开市场上市的公司,意味着任何人都可以购买该足球俱乐部的股票,也包括一名"俄国亿万富翁"。罗曼·阿布拉莫维奇收购了切尔西足球俱乐部,这是英国足球历史上最大的并购事件之一。阿布拉莫维奇以相当于1.4亿英镑的价格购买了一个球队。这位俄罗斯商人继续进行投资,带领该俱乐部赢得了英格兰足总杯(F. A. Cup)和英格兰联赛杯(Football League Cup),满足了足球迷和俱乐部股东的预期。

一个有趣的案例是美国巨头马尔科姆·格雷泽接管曼联。格雷泽收购该俱乐部时,遭遇了球迷和俱乐部股东双方很大的敌意。他们把这场交易视为某种程度的"寄生虫行为"(parasite action)。究其原因,在于被收购的俱乐部的债务有所增加。为了弥补因偿还债务造成的成本,格雷泽提高了观众和股东的单张门票和赛季门票价格。

在无数的调查、插曲、研究、丑闻及恶意收购之中,值得一提的是,对足球进行投资的最佳时间是趁大家都不注意的时候。

❖ 证券交易所足球俱乐部资本化精选

表13-3呈现的是在证券交易所上市的10家上榜足球俱乐部的资本化。最大的资本化是阿森纳控股公司实现的,该公司的成员有阿森纳足球俱乐部和管理酋长球场的公司以及与该建筑相关的不动产。值得注意的还有,在过去三年里,意大利足球俱乐部的资本化也有显著增加。德国的多特蒙德队也实现了非常高的资本化增长。这主要是因为它们在国内赛场上取得了非凡的运动成绩。有些俱乐部的股票交易价值多年来严重下跌,我们首先注意到的是法国的奥林匹克里昂队和葡萄牙的几个足球俱乐部。

表13-3 选取的证券交易所上市足球俱乐部的资本化(单位:百万)

编号	俱乐部	2008年12月31日	2009年12月31日	2010年12月31日	货币
1	阿森纳	467	576	692	英镑
2	尤文图斯	152	128	191	欧元
3	罗马	82	112	140	欧元

续表

编号	俱乐部	2008年12月31日	2009年12月31日	2010年12月31日	货币
4	阿贾克斯	130	124	127	欧元
5	多特蒙德	74	63	157	欧元
6	奥林匹克里昂	110	102	76	欧元
7	拉齐奥	21	23	49	欧元
8	本菲卡	32	38	23	欧元
9	里斯本竞技	29	27	13	欧元
10	波尔图	21	20	14	欧元

来源：www.deutsche-borse.com，www.borsaitaliana.it，www.euronext.com，www.plus-marketsgroup.com。

❖ STOXX 欧洲足球指数

道琼斯公司创立了欧洲足球股票指数（Europe Football Stock Index）（见图13－2），该指数涵盖的足球俱乐部是那些在欧洲（包括东欧）和土耳其的证券交易所上市的俱乐部。目前，该指数涵盖23家足球公司，既有那些资本化程度高的公司如罗马足球俱乐部、尤文图斯、托特纳姆热刺或加拉塔萨雷（Galatasaray），也有较小的公司：奥胡斯（Arhus Elite）、希尔克堡（Silkeborg）、沃特福德（Watford）及奥尔堡（Aalborg）。

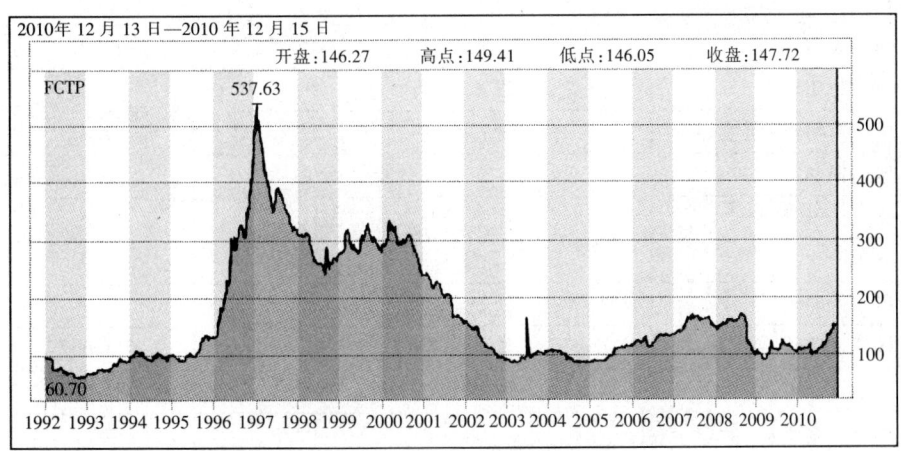

来源：www.stoxx.com/indices/index_information.html?symbol=FCTP。

图13－2　从创立至今的STOXX欧洲足球指数

该指数涵盖的公司的价值达 26.5 亿欧元,其中仅有 7.1 亿欧元是公众持股(free float)。

该指数涵盖的俱乐部的平均资本化为 3 000 万欧元,中位数为 2 000 万欧元,而最大的俱乐部拥有的资本化约为 8 000 万欧元。关于各个公司的权重,最高的为 12%(多特蒙德队),而最低的为 0.16%(瑞典 AIK 足球队)。(参见表 13-4)

表 13-4 截至 2010 年 11 月 30 日 STOXX 欧洲足球指数包含的足球俱乐部

足球公司	国家	指数权重(%)	市场资本化(单位:10 亿欧元)
多特蒙德	德国	12.00	0.08
加拉塔萨雷	土耳其	11.84	0.08
费伦巴治	土耳其	10.09	0.07
帕肯体育娱乐公司	丹麦	9.20	0.07
贝西克塔斯	土耳其	8.77	0.06
尤文图斯	意大利	8.49	0.06
罗马	意大利	7.56	0.05
特拉布宗	土耳其	6.74	0.05
奥林匹克里昂	法国	4.79	0.03
拉齐奥	意大利	3.28	0.02
托特纳姆热刺	英国	3.10	0.02
格拉斯哥凯尔特人	英国	2.94	0.02
阿贾克斯	荷兰	2.85	0.02
布隆德比	丹麦	2.54	0.02
里斯本与本菲卡体育俱乐部	葡萄牙	1.81	0.01
奥胡斯	丹麦	1.53	0.01
希尔克堡	丹麦	0.72	0.01
波尔图	葡萄牙	0.43	0.00
奥尔堡	丹麦	0.40	0.00
沃特福德	英国	0.27	0.00
米尔沃尔	英国	0.25	0.00
里斯本竞技	葡萄牙	0.23	0.00
AIK 索尔纳	瑞典	0.16	0.00

来源:www.stoxx.com。

足球俱乐部的估值方法

❖ 影响足球企业估值的因素

一家实行职业化管理的足球俱乐部就是一家特殊类型的企业,因此,它的价值也是由塑造企业价值的那些因素决定的,正如在市场上运作的其他公司一样。

然而,应当注意的是,这些因素也存在显著的差别。就足球俱乐部而言,它的价值主要取决于下列决定因素:体育赛事的成功次数(那些在过去已经取得的与那些在未来预期的)、俱乐部的运动员和教练团队、俱乐部的战略赞助商、俱乐部球迷的数量、俱乐部的品牌。

除了上面列举的主要因素之外,影响足球俱乐部价值的其余决定因素等同于市场上运作的其他企业。

上面的清单应当加入其他因素加以扩大,例如:使用资产的模式(资产管理,包括智力资本的管理,例如通过从其他球队租赁运动员以及把运动员出借给其他俱乐部,借此创造俱乐部的价值);企业资产的增长潜能、发展能力;战略管理;资本结构管理;经营收入;经营支出。

表13-5呈现的是足球历史上最高的转让价值。第一名属于葡萄牙国家队运动员克里斯蒂亚诺·罗纳尔多(Cristiano Ronaldo),被皇家马德里于2009年以9 350万欧元"购得"。皇家马德里从曼联购买了这位葡萄牙的前锋。从下表中我们可以清楚地看到,皇家马德里作为买家在最昂贵的转会费排行榜中占据最高的位置,其次是巴塞罗那足球俱乐部。过去,拉齐奥和曼联也因为转会费非常昂贵而出名。现在,这两个俱乐部改变了它们的转会政策,基于两个关键原因:所有权变化(曼联),以及财政问题与面临破产的威胁(拉齐奥)。

❖ 足球俱乐部的现金生成能力

现金效率比(Cash efficiency ratio)指的是,一方面为经营现金流,另一方面为周转和利润(由周转生成)与公司价值,这两者之间存在什么关系。经营现金流比总资产(或仅流动资产)的值表示它从上述的现金中融资的水平。

现金效率比的典型特征是:公司期待的结果是,随时间流逝该比率的变化方向应当呈现上行趋势。与此相似,在使用静态法计算时,现金效率比的价值应当与该公司开展竞争的那个行业的价值进行比较。

表 13-5 足球历史上最高的运动员转会费

运动员	来自哪里	转入哪里	价值(单位:百万欧元)	年份
Cristiano Ronaldo	曼联	皇家马德里	93.5	2009
Zinedine Zidane	尤文图斯	皇家马德里	75.0	2001
Zlatan Ibrahimovic	国际米兰	巴塞罗那	66.0	2009
Kaka	AC米兰	皇家马德里	65.1	2009
Luis Figo	巴塞罗那	皇家马德里	58.5	2000
Hernan Crespo	帕尔玛	拉齐奥	55.0	2000
Gianluigi Buffon	帕尔玛	尤文图斯	49.2	2001
Robinho	皇家马德里	曼彻斯特城	49.0	2008
Christian Vieri	拉齐奥	国际米兰	48.3	1999
Andriy Shevchenko	AC米兰	切尔西	46.4	2006
Pavel Nedved	拉齐奥	尤文图斯	46.3	2001
Dimitar Berbatov	托特纳姆热刺	曼联	45.3	2008
Rio Ferdinand	利兹联	曼联	43.9	2002
Gaizka Mencieta	巴伦西亚	拉齐奥	43.8	2001
Ronaldo	国际米兰	皇家马德里	43.0	2002
Juan Sebastian Veron	拉齐奥	曼联	42.4	2001
Rui Costa	佛罗伦萨	AC米兰	42.2	2001
David Villa	巴伦西亚	巴塞罗那	40.0	2010

来源:作者自己的研究,根据 en.wikipedia.org 和潘菲尔、沙布莱夫斯基,2006,第 32 页。

表 13-6 呈现的是,为了比较分析选出一些俱乐部,它们的经营现金流与销售收入(经由"出售"运动员生成的收入排除在外)之间的关系发生了怎样的变化。在下列足球企业中,我们能够观察到公司期待的现金流效率方向呈现为上行趋势:阿森纳控股、拉齐奥和尤文图斯。就阿森纳控股而言,我们的分析较为复杂,因为这家在普乐士市场(Plus Markets)上市的公司由两个组成部分:足球俱乐部与管理酋长球场及其相关不动产的实体(管理者)。

表 13-6　截至 2009 年 6 月 30 日和 2010 年 6 月 30 日选取的足球俱乐部的经营现金流余额与销售收入之间的关系

俱乐部名称	2009 年 6 月 30 日	2010 年 6 月 30 日
尤文图斯	13.08%	18.31%
托特纳姆热刺	-0.40%	-2.97%
奥林匹克集团	-10.25%	-2.21%
凯尔特人	12.42%	5.58%
阿森纳控股	6.93%	42.96%
拉齐奥	8.18%	34.20%
罗马	-12.10%	-30.38%

来源：作者自己的研究，根据 www.juventus.com，www.celticfc.net，www.olweb.fr，www.borsaitaliana.it，www.bvb.de，www.arsenal.com，www.sslazio.it，www.asroma.it。

❖ 足球俱乐部估值：以尤文图斯为例

足球俱乐部估值的特殊性

对足球俱乐部进行正确估值不是一件容易的事情。本章中，我们仅根据一种估值方法对尤文图斯足球俱乐部的价值进行评估，这种做法无疑是一个非常简化的方案。对足球俱乐部资产尤其是资产的主要项目进行估算，这似乎是一个基本的做法：**无形资产**，包括运动员的注册权（转会费）以及俱乐部的标志和品牌等。贴现现金流估值方法并不适用于足球俱乐部，因为俱乐部的特点是，转会运动员生成收入的能力如何，以及该球队在国内和国际取得成功的次数多寡，这两者都具有高度的不确定性。投资者在赛季前"购买"新运动员而承担高额支出，将来能否转化为赢得现场比赛结果的收益，这一点很难预测。根据历史上的很多案例，这两者之间根本不存在关联。

对足球企业的价值进行评估的最佳方法是比较（乘数）法和调整账面价值法（Adjusted Book Value Method）。

至于乘数法，为了对足球俱乐部估值，两种比率看似最为合适：价格/销售（P/S）和股权价值/息税折旧摊销前利润（EV/EBITDA）。经营利润［息税前利润（EBIT）］可能受到诸如下列因素的影响：场馆的所有权以及与运动员注册权的"折旧"相关的各种会计准则。

关于比较法，重要的是选择合适的公司用于比较。我们应当主要使用下列因素对被选定的公司进行分析：该球队服务的联盟、该球队生成的销售收入、该球队在世界范围内的球迷数量。为了对足球俱乐部进行适当评估，调整净资产法是一个可用的重要方法。

以上内容仅仅是关于足球俱乐部估值问题的开场白。对基于足球的企业的价值进行正确的评估,这个问题非常复杂,绝对需要更广多的出版物进行深入探讨。

表13—7呈现了截至2010年9月30日尤文图斯足球俱乐部的资产。下列项目在俱乐部的资产中占有最高的百分比份额:运动员注册权(34.0%)、在建固定资产(18.0%)以及其他固定资产(8.8%)。由此得出以下结论:为了正确评估足球俱乐部的价值,有必要对注册运动员和教练团队的权利的市场价值进行适当的评估。此外,俱乐部的品牌价值也应当被纳入估值之中。

表13—7 截至2010年6月30日和2010年9月30日尤文图斯的资产(单位:欧元)

资产	2010年9月30日	占总资产的份额(2010年9月30日)	2010年6月30日
总有形资产	246 951 290	77.40%	219 177 325
运动员注册权	108 218 495	33.92%	93 024 823
其他无形资产	14 290 359	4.48%	14 349 642
在建无形资产	1 036 876	0.33%	5 436
土地和建筑	22 658 853	7.10%	22 662 756
其他固定资产	2 861 118	0.90%	2 918 188
在建固定资产	57 300 949	17.96%	43 331 946
固定金融资产	2 000 000	0.63%	2 195 391
递延税项资产	3 165 650	0.99%	3 293 520
提供转会代理服务公司的应收款项	7 425 044	2.33%	8 268 159
其他有形资产	27 993 946	8.77%	29 127 464
总流动资产	72 105 368	22.60%	72 114 895
贸易应收款项	16 922 937	5.30%	10 678 867
相关实体的非金融应收款项	667 679	0.21%	205 498
提供转会代理服务公司的应收款项	19 846 276	6.22%	21 101 833
其他流动资产	15 434 869	4.84%	2 874 940
流动金融资产	89 410	0.03%	0
现金和现金等价物	19 144 197	6.00%	37 253 757
总资产	319 056 658	100.00%	291 292 220

来源:作者自己的研究,根据 www.juventus.com。

另一个值得一提的问题是场馆的所有权。如果一家足球俱乐部拥有一个带屋顶的体育馆,那么它可以利用体育馆来生成额外的利益,例如:把体育馆和基础设施租赁给别的公司去开办音乐会及其他事情。这一做法可以成为俱乐部非经营收入的一个很大来源。此外,俱乐部还可以出租体育馆的附属建筑,例如健身俱乐部、体操馆、夜总会或会议室。在很多情况下,某个足球队进行赛事的场馆都是由一个城市的地方自治政府拥有,这样就妨碍足球俱乐部生成额外的潜在收入。

运动员注册权

正如所有生成利润的实体一样,足球俱乐部也有义务根据那些制约其他企业的各种原则起草财务报告。这些财务报告的主要项目之一是资产负债表中需要呈现运动员注册权(或者换句话说,俱乐部的某个运动员的价值)。不考虑俱乐部在哪个国家运作以及相关的法律规章如何,我们在阅读财务报告时能够发现,关于运动员权利和这些权利折旧的费用,应当提供类似的解决方案。

遵照《会计法案》(Accounting Act,AA),**无形资产**是一个实体拥有并被包含于固定资产的财产权利,它们可以被用于经济目的,其经济应用的预测期超过一年,该实体以使用为目的,尤其包括版权、相关权利、许可、特许权、发明权、专利权、商标、实用新型(utility model)和设计图案(《波兰法律杂志》2009 年第 152 号,修订后的第 1223 条)。另一方面,《国际会计准则第 38 号》第 8 章"无形资产"把处于该商业实体控制之下的资源看作是过去事件的结果,该实体在未来可以从中获得用于构成一个资产成分的经济利益。无形资产成为那些已界定资产(defined asset)的成分之一,涵盖不具实物形态的可辨认非货币资产成分。就俱乐部购买运动员卡(player's card)的权利而言,这一点符合上述关于无形资产的标准(可辨认性、控制及未来经济利益),这意味着运动员权利应当被当作这些俱乐部资产的一个元素包含在资产负债表之中。该俱乐部为了某个运动员向另一家俱乐部支付一定数额的费用,以此购买那个运动员卡以及与其商定一份合同的权利。这样,该俱乐部取得了对该运动员卡的充分控制权[马克西缪克(Maksymiuk),2008]。

例如,在已公布的华沙市莱吉亚俱乐部 2006 年度财务报告中指出,运动员卡权利的年折旧率取决于俱乐部与该运动员订立合同的期限,并根据合同期限的变化做出适当调整。俱乐部需向参与订立收购运动员卡权利合同的经理们支付薪酬,以及向足球联盟支付费用,由此增加了运动员卡的价值。这些开销并不包含在它们在此期需要承担的成本之中,但是却需要计入资本化。如果一名俱乐部运动员与先前俱乐部的合同已经到期,并且已经被当前俱乐部"免费"获得,那么他的注册证书不需要被纳入资产负债表估值。这类运动员的证书不在资产负债表的记录之列。

关于注册证书的估值，类似的原则也被来自西欧的俱乐部采用，例如曼联、阿森纳和格拉斯哥凯尔特人（它们根据英国的会计原则起草自己的财务报表）。

在截至 2007 年 5 月 31 日的年度报告中，阿森纳足球俱乐部描述了所采用的会计原则，而且补充道，俱乐部收购一名运动员的注册证书以此换取非金钱绩效，例如换取另一名运动员的注册证书（以运动员交换运动员），在这种情况下，该项交易被记录为根据注册证书支付金额而转移的估算市场价值。另外，如果阿森纳俱乐部的资产负债表价值高于可能重新获得的价值（通过比赛期间使用运动员或者通过销售），那么俱乐部根据注册证书的价值亏损而采用勾销（write-off）的原则[马克西缪克，2008]。

博斯曼法案

1995 年，一部非常重要的新法律开始在足球界实施，这部法律被称为《博斯曼法案》(Bosman Ruling)。① 法院裁决判定运动员拥有自由转会的权利。在这部法律被采用之前，即使某个运动员的合同期满，其他俱乐部若要取得该运动员，就被迫需要支付给原俱乐部一笔赔偿金。在博斯曼的案例，欧洲联盟法院宣布，任何一名国籍为欧盟成员国的足球运动员在合同期满后都有权自由地改变他服务的俱乐部，而新俱乐部没有义务向先前俱乐部支付赔偿金。再者，根据《欧洲联盟条约》，得到认可的是，成员国的雇员应当不分国籍而受到同等对待，俱乐部或足球协会没有被赋予法律权利限制俱乐部中外籍球员的数量，然而，这一条只适用于欧盟公民。

表 13-8 呈现的是 2008—2010 年尤文图斯队运动员注册权利的价值。

使用比较法对尤文图斯估值

当前使用的乘数法进行估值的目的是，评估尤文图斯足球俱乐部 100% 股权的价值。

为了使用比较法进行估值，我们选定了以下 6 个足球俱乐部：

- 拉齐奥队（上市地点为位于米兰的意大利证券交易所，该所是伦敦证券交易集团的成员）。
- 罗马队（上市地点为意大利证券交易所）。
- 奥林匹克里昂队（奥林匹克里昂队在泛欧里斯本证券交易所上市）。

---

① 让－马克·博斯曼(Jean-Marc Bosman)是比利时足球甲级联赛的一名球员，他的合同于 1990 年到期。因此，他的薪酬被削减，他本人被作为替补。博斯曼在法国敦刻尔克为自己找到了一个新的俱乐部，但是比利时的俱乐部向他索要赔偿金。博斯曼认为此举违反了欧盟的工人自由移动权利，起诉该俱乐部、比利时足球协会及欧洲足球协会联盟。

- 多特蒙德队（上市地点为法兰克福的德意志交易所）。
- 阿森纳队（阿森纳控股公司在普乐士市场上市，该所是一家另类证券市场）。阿森纳控股公司是与阿森纳俱乐部相关的各家公司组成的集团的所有者，该公司管理伦敦阿森纳队以及与阿森纳酋长球场所在地的土地相关的开发活动等。
- 格拉斯哥凯尔特人队（上市地点为伦敦证券交易所）。

表13－8　2008—2010年尤文图斯运动员的注册权价值（单位：千欧元）

项　目	2010年9月30日	2009年9月30日	2008年12月31日*
初始账面价值	252 472	258 420	239 305
初始累计折旧	(153 611)	(129 090)	(158 842)
初始勾销	(5 836)	—	(6 813)
截至当年7月1日的余额	93 025	79 330	73 650
投资	49 805	56 684	39 298
撤资	(84 740)	(64 084)	(10 809)
折旧	(8 660)	(8 331)	(13 933)
折旧使用	52 952	59 122	4 372
减值勾销准备使用	5 836	(33)	—
截至当年7月1日的资产负债表	108 218	122 688	92 578
最终账面价值	212 537	250 987	267 794
最终累计折旧	(109 319)	(128 299)	(168 403)
最终减值勾销	—	—	(6 813)
余额	108 218	122 688	9 278

＊就2008年而言，关于运动员注册权价值没有截至2008年9月30日的数据，只有截至2008年12月31日的数据。

来源：www.juventus.com。

表13－9呈现的是根据最高价值（单位为百万美元）选定的13个欧洲足球俱乐部的关键数据。从下表中可以看出，曼联队拥有最高的价值。然而，它也是负有较高债务的俱乐部，其债务占总价值的46%。拥有最高价值的前三名俱乐部的特点是它们都负有很高的债务率，占它们价值的大约50%。表13－10呈现的是为了评估尤文图斯队而必需的基本财务数据。

表 13－9　选取的欧洲足球俱乐部数据

编号	俱乐部名称	截至 2010 年 9 月的状况 球迷数量（单位：百万）	截至 2010 年 4 月的状况 俱乐部价值（单位：百万美元）	俱乐部价值中债务份额	总收入（单位：百万美元）
1	曼联	30.6	1 835	46%	459
2	皇家马德里	31.3	1 323	54%	563
3	阿森纳	20.3	1 181	41%	369
4	巴塞罗那	57.8	1 000	0%	513
5	拜仁慕尼黑	20.7	990	14%	406
6	利物浦	16.4	822	47%	304
7	AC 米兰	18.4	800	0%	276
8	尤文图斯	13.1	656	3%	285
9	切尔西	21.4	646	8%	340
10	国际米兰	17.5	413	0%	276
11	奥林匹克里昂	6.6	333	10%	196
12	罗马	6.0	308	0%	205
13	奥林匹克马赛	7.8	262	0%	187

来源：排名由 Sport＋Markt 公司于 2010 年 9 月制作，http：//www.theoffside.com/world-football/the-most-popular-clubs-in-Europe-or-money-buys-love.html；《2010 年足球金钱联赛报告》由德勤公司制作，www.deloitte.co.uk；报告由《福布斯》制作，参见 en.wikipedia.org/wiki。

表 13－10　截至 2010 年 6 月 30 日尤文图斯在三个赛季中的基本财务数据（单位：欧元）

项目/赛季	2007—2008	2008—2009	2009—2010
净金融结果	－20 787 000	6 582 000	－5 132 000
账面价值（BV）	95 366 000	101 788 000	96 140 000
销售收入（"出售"运动员的收入除外）	186 602 000	223 163 000	225 501 000
市场资本化	185 046 000	163 964 000	161 847 000
净债务	16 413 358	－25 470 415	－4 959 814
利息债务	44 517 647	16 592 999	32 293 943
现金	28 104 289	42 063 414	37 253 757
企业价值（EV）	201 459 472	138 493 221	156 887 512
股票数量	201 553 000	201 553 000	201 553 000
2008、2009、2010 年 6 月 30 日赛季结束时每 1 股的价格	0.9181	0.8135	0.8030

来源：作者自己的研究，根据 www.juventus.com。

表 13－11 呈现的是基于**价格/账面价值乘数**(P/BV multiplier)对尤文图斯股票的估值结果。

表 13－11 截至 2010 年 6 月 30 日使用 P/BV 率对尤文图斯 100％股权的估值

项　目	2008 年 6 月 30 日	2009 年 6 月 30 日	2010 年 6 月 30 日
多特蒙德	1.01	0.58	0.71
奥林匹克集团	1.61	0.63	0.77
格拉斯哥凯尔特人	1.21	0.84	1.02
阿森纳控股	3.34	2.24	2.47
拉齐奥	0.32	0.28	0.25
罗马	0.82	1.15	1.14
算术平均值	1.38	0.95	1.06
中位数	1.11	0.74	0.89
账面价值（尤文图斯）（欧元）	95 366 000	101 788 000	96 144 000
隐含股权价值（尤文图斯）（欧元）	105 639 601	74 888 099	85 802 385
尤文图斯 100％股权的估值（加权平均值*、算术平均值）（欧元）	86 495 542		
股票数量	201 553 332		
每 1 股价格（欧元）	0.429		

　　* 计算加权平均值的权重：2008 年 6 月 30 日为 20％，2009 年 6 月 30 日为 30％，2010 年 6 月 30 日为 50％。
　　来源：作者自己的研究，根据：www.juventus.com，www.celticfc.net，www.olweb.fr，www.actusnews.com，www.euronext.com，www.borsaitaliana.it，deutsche-boerse.com，www.bvb.de，www.plusmarketsgroup.com，www.arsenal.com，www.londonstockexchange.com，www.sslazio.it，www.asroma.it。

　　P/BV 率的平均价值被用于计算尤文图斯的**隐含股权价值**(implied equity value)，我们计算的时候使用的是中位数，这种度量方法比算术平均值更好，因为中位数排除了极值，极值转而会造成估值过低或估值过高。使用 P/BV 乘数法得到尤文图斯的隐含股权价值取值范围为 0.749 亿～1.056 亿欧元。2007—2008、2008—2009 和 2009—2010 赛季的算术加权平均值为 0.865 亿欧元。计算这个数据，我们使用的是根据下列各个时期假设权重的平均权重：2008 年为

20%、2009年为30%,2010年为50%。使用100%股权价值除以发行股票的数量计算出P/BV乘数,在此基础上我们得到了尤文图斯股票1股的价格。考虑到P/BV率,1股的价格为0.43欧元。

表13-12呈现的是基于**价格/销售乘数**(P/S multiplier)的尤文图斯股票的估值结果。

表13-12 截至2010年6月30日使用P/S率对尤文图斯100%股权的估值(市场资本化/经营收入,从出售运动员中获得的收入除外)

项 目	2008年6月30日	2009年6月30日	2010年6月30日
多特蒙德	0.90	0.49	0.63
奥林匹克集团	1.70	0.76	0.69
格拉斯哥凯尔特人	0.68	0.50	0.66
阿森纳	2.39	1.39	1.66
拉齐奥	0.30	0.30	0.27
罗马	0.81	1.34	1.27
算术平均值	1.13	0.80	0.86
中位数	0.86	0.63	0.67
销售收入(尤文图斯)(欧元)	186 602 000	223 163 000	225 501 000
隐含股权价值(尤文图斯)(欧元)	159 976 599	140 655 501	151 610 699
尤文图斯100%股权的估值(加权平均值*、算术平均值)(欧元)	149 997 320		
股票数量	201 553 332		
每1股价格(欧元)	0.368		

* 权重:参见表13-11。

来源:参见表13-11。

使用P/S乘数法得到尤文图斯的隐含股权价值取值范围为1.407亿~1.600亿欧元。2007—2008、2008—2009和2009—2010赛季的算术加权平均值为1.50亿欧元。计算100%股权的加权平均值采用的权重与上述计算P/BV率的方法相同。使用100%股权价值除以发行股票的数量计算出P/S乘数,在此基础上我们得到了尤文图斯股票1股的价格。考虑到P/S率,1股的价格为0.37欧元。

在下一个阶段，我们对该公司进行估值时依据的是股权价值乘数：企业价值/息税前利润（EV/EBIT）（见表13-13）和企业价值/息税折旧摊销前利润（EV/EBITDA）（见表13-14）。

表13-13 截至2010年6月30日使用EV/EBIT率对尤文图斯100%股权的估值

项　　目	2008年6月30日	2009年6月30日	2010年6月30日
多特蒙德	9.69	n/a*	n/a
奥林匹克集团	4.86	3.79	n/a
格拉斯哥凯尔特人	9.75	13.65	n/a
阿森纳	8.17	5.40	6.79
拉齐奥	0.92	3.02	2.62
罗马	4.02	n/a	n/a
算术平均值	6.24	6.47	4.71
中位数	6.52	4.60	4.71
EBIT（尤文图斯）（欧元）	13 615 000	18 064 000	14 639 000
隐含股权价值（尤文图斯）（欧元）	88 731 284	83 036 597	68 921 990
净债务（欧元）	16 413 358	−25 470 415	−4 959 814
尤文图斯100%股权的估值（欧元）	72 317 926	108 507 012	73 881 804
尤文图斯100%股权的估值（加权平均值*、算术平均值）（欧元）	83 956 591		
股票数量	201 553 332		
每1股价格（欧元）	0.417		

说明：n/a——与比率组相比，数值被绝对高估。* 权重：参见表13-11。
来源：参见表13-11。

使用EV/EBIT乘数法得到尤文图斯的隐含股权价值取值范围为0.723亿~1.085亿欧元。2007—2008、2008—2009和2009—2010赛季的算术加权平均值为0.84亿欧元。计算100%股权的加权平均值采用的权重与上述计算P/BV率的方法相同。使用100%股权价值除以发行股票的数量计算出EV/EBIT乘数，在此基础上我们得到了尤文图斯股票1股的价格。考虑到EV/EBIT率，1股的价格为0.42欧元。

表 13—14 截至 2010 年 6 月 30 日使用 EV/EBITDA 率对尤文图斯 100%股权的估值

项　　目	2008 年 6 月 30 日	2009 年 6 月 30 日	2010 年 6 月 30 日
多特蒙德	5.48	7.44	10.24
奥林匹克集团	2.75	0.95	n/a
格拉斯哥凯尔特人	4.12	3.06	5.21
阿森纳控股	5.04	3.44	4.53
拉齐奥	0.64	1.50	0.93
罗马	1.56	6.97	n/a
算术平均值	3.26	3.90	5.23
中位数	3.43	3.25	4.87
EBITDA（尤文图斯）（欧元）	5 186 000	50 441 000	50 394 000
隐含股权价值（尤文图斯）（欧元）	178 009 339	163 947 171	245 499 692
净债务（欧元）	16413558	−25 470 415	−4 959 814
尤文图斯 100%股权的估值（欧元）	161 595 981	189 417 586	250 459 506
尤文图斯 100%股权的估值（加权平均值*、算术平均值）（欧元）	214 374 225		
股票数量	201 553 332		
每 1 股价格（欧元）	1.064		

* 权重：参见表 13—11。

来源：参见表 13—11。

使用 EV/EBITDA 乘数法得到尤文图斯的隐含股权价值取值范围为 1.616 亿～2.505 亿欧元。2007—2008、2008—2009 和 2009—2010 赛季的算术加权平均值为 2.144 亿欧元。计算 100%股权的加权平均值采用的权重与上述计算 P/BV 率的方法相同。使用 100%股权价值除以发行股票的数量计算出 EV/EBITDA乘数，在此基础上我们得到了尤文图斯股票 1 股的价格。考虑到 EV/EBITDA率，1 股的价格为 1.06 欧元。

截至 2010 年 6 月 30 日，尤文图斯的 100%股权价值取值范围为 0.840 亿～2.144亿欧元。

尤文图斯的经营利润（EBIT）可能会受到下面一些决定因素的影响，例如场馆的所有权结构以及关于运动员权利"折旧"问题的各种会计准则。鉴于此,对足球俱乐部进行估值最适合的比率有两个,即 P/S 和 EV/EBITDA。如果只考虑上述两个比率,那么尤文图斯的价值取值范围为 1.500 亿～2.144 亿欧元。使用取值范围的极值除以发行股票的数量,我们可以得到尤文图斯股票 1 股的价格,因此,俱乐部 1 股的价格取值范围为 0.74～1.06 欧元。该取值范围的中间点是 0.90 欧元。截至估值日即 2010 年 6 月 30 日,尤文图斯股票 1 股的价格是 0.81 欧元,考虑到股份总数为 201 553 000,我们得出该俱乐部的市场价值所处的水平为 156 887 512 欧元。

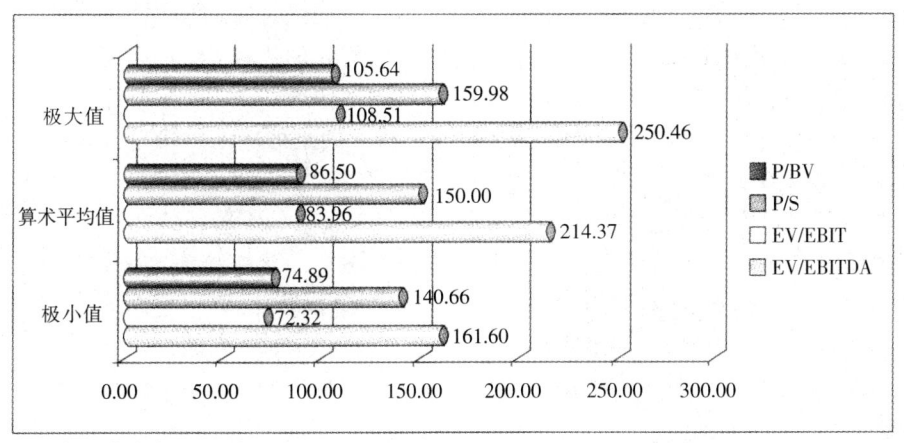

图 13－3　截至 2010 年 6 月 30 日尤文图斯 100％股权的估值结果

从上述估值结果我们得知,尤文图斯队的股票价格被定价过低,具有一定的增长潜能。该俱乐部股票之所以被过低定价,可能是因为,2009—2010 赛季,尤文图斯队在意甲比赛中仅获得第七名,而且在国际赛场上也没能取得任何成功(在欧洲冠军联赛八分之一决赛中负于切尔西队)。

在夏季休假期间,该俱乐部"收购"了一些重要的运动员,其中,塞尔维亚的米洛斯·克拉西奇(Milos Krasic)是以 1 500 万欧元从莫斯科中央陆军俱乐部"购得"。米洛斯·克拉西奇被专家们称为"第二个帕维尔·内德维德"。还有,该俱乐部雇用了一名新教练路易吉·德尔内里(Luigi Delneri),他原先在桑普多利亚队非常出色,但是与尤文图斯队相比,桑普多利亚队在财务和体育方面的潜能要差很多。在 2008—2009 赛季结束之时,德尔内里设法使桑普多利亚队荣获第四名的靠前名次,使该队有资格进入欧洲冠军联赛的淘汰赛。

2012年欧洲足球锦标赛和波兰经济发展

波兰和乌克兰决定举办2012年欧洲足球锦标赛,对体育和通讯基础设施的投资而言,该决定将来可能被证明是一个增长催化剂,因而对波兰的经济增长具有积极影响。非常可能的情形是,由于举办这次赛事,2012年波兰的GDP将会增加0.5~1.0个百分点。从过去几年里举办这类赛事的国家(德国、奥地利和瑞士)的实例可以看出,由于基础设施投资和投资者的兴趣,各个俱乐部的收入可能增加甚至达20%~30%。

由于组织这样的赛事,在波兰,按照欧洲标准的足球场馆的建设工作已经加速。在足球方面,场馆是获得收入的最重要来源之一。不久,那些在为欧锦赛准备的场馆中进行足球比赛的俱乐部将会加入波兰金融领军公司的队列中。波兰最富有的人中有很多有实力的投资者都活跃在波兰的足球投资市场,考虑到这一点,那些足球俱乐部也将有机会赶上它们的欧洲竞争对手。

还应当注意的是,组织2012年欧洲足球锦标赛以及从事场馆基础设施的投资,能够产生间接的影响,即关于波兰超级联赛的转播权,这方面的合同能够创造价值。

在《法律日报》的访谈中,华沙市莱吉亚俱乐部的总裁莱斯泽克·米克拉斯(Leszek Miklas)预测,在六年后(即在欧锦赛举办之后),比赛转播权的合同价格将会增长6倍,达到大约7.50亿波兰兹罗提。这样一笔巨款将会是提高波兰足球俱乐部价值的一个重要因素。

毫无疑问,2012年欧洲足球锦标赛将会对下列经济部门的就业率增长具有直接的影响,例如:建筑、宾馆、旅游、餐饮以及大型赛事的安全和保障。还有,组织2012年欧洲足球锦标赛,将会有助于波兰在世界上树立一个积极的形象,增强波兰的旅游和经济吸引力。

结 论

1. 对足球俱乐部进行估值是一件非常复杂的事情。这项工作需要我们具有关于估值领域的广博、实际的知识以及关于足球市场的深入知识,包括其中的各种倾向。

2. 依据单独一种估值方法对足球俱乐部进行估值,这是错误的做法。就足球俱乐部而言，在大多数情况下，贴现现金流法都不适合。

3. 关于足球俱乐部估值，比较法使用的最适合的比率是：P/S［公司的市场资本化/销售收入（从出售运动员的交易中获得的收入除外）］和 EV/EBITDA［股权价值（市场资本化与净债务的总和）］/息税前折旧后经营收入。关于 P/S 率，分母中必须包括经营收入但不包括销售收入。

4. 有必要对无形资产（运动员、教练团队以及俱乐部的品牌和标志）进行估值。在有可能使用贴现现金流法的情况下，足球场馆的所有权结构非常重要。

5. 经由发行股票获取资本的足球俱乐部的特征是，该俱乐部具有较高的加权平均资本成本水平。

6. 非常可能的情形是，由于举办欧锦赛，2012 年波兰的 GDP 增长动态将会增加 0.5～1.0 个百分点。

自测题

1. 组织重大足球赛事对一个国家的经济增长具有什么影响？
2. STOXX 欧洲足球指数呈现了什么内容？
3. 哪些比率塑造了足球俱乐部的价值？
4. 在评估足球俱乐部的价值时，有哪些最适合的估值方法？

延伸阅读

1. Koller T., Goedhart M., Wessels D. [2010], *Valuation: Measuring and Managing the Value of Companies*, 5th edition, John Wiley & Sons, Inc., New Jersey.

2. Morrow S. [2003], *The People's Game-Football, Finance and Society*, Palgrave, London.

3. Dobson S., Goddard J. A. [2001], *The economics of football*, Cambridge University Press, Cambridge.

结语——商业价值评估面临的挑战

价值评估的理论与实践相互碰撞,为评估师带来了新的挑战和期待。今天,价值评估工作所处的背景是:资本市场和货币市场具有极大的波动性,发达市场经济体存在金融危机和债务危机,而全球经济趋势正在转型。因此,我们想要指出,在今天的世界从事商业价值评估需要面对哪些主要挑战。

第一,商业价值评估的重要性正在呈指数方式增长。随着波兰的市场经济日趋成熟,涉及商业价值评估的新需求正在酝酿之中。20世纪90年代初,从事估值活动主要是牵涉到国有企业的私有化。1991年4月16日华沙证券交易所开业后,它开始有可能提供大型和中型公司的市场价值。2007年8月30日新联证券交易所开业,这是波兰引入的另类交易系统,它使得小型公司也能得到估值。截至2012年2月17日,在华沙证券交易所上市的公司有428家(包括39家外国公司),而在新联系统上市的公司有362家。在华沙证券交易所创立之后,公司为了从事首次或二次公开募股,就必须对公司进行估值。华沙证券交易所的运行还催生了一些经纪公司,它们为投资者(主要是机构投资者)以及投资于上市公司股票的其他金融机构(开放式养老基金、投资基金公司、保险公司及银行)对上市公司进行估值。

华沙证券交易所以及后来的新联系统也被作为基准,成为参照公司的珍贵信息来源,尽管很多产业还没有代表性的公司在这两个交易系统上市。在波兰,正如在其他成熟的经济体一样,从事价值评估的背景主要是私有市场上的买卖交易。在这个市场上私募股权基金正在成长,因为这类基金的估值通常在公司购买交易前或期间或是退出投资时进行。法庭也需要一些案例的估值结果:对无偿付能力的公司进行估值,为离婚、财产分割或继承目的对公司进行估值,对向股份公司提供的以货代款的供款(以有组织的企业或企业元素的形式)进行验证。公司价值评估的其他重要原因包括资产负债表的更新(遵照《波兰会计法案》和《国际会计准则》)。然而,一家公司的账面价值(股权或资产减去债务的值)即使是依据《国际会计准则》,也无法反映公司的市场价值,因为它没有考虑到公司内部生成的无形资产,例如商标、实用技能、专利、许可、关键客户群、关键管理等。因此,在无形资产估值的发展过程中有一个平行的趋势,即公司资产负债表中已被披露的与未被披露的无形资产。贴现现金流法现在是而且将来仍然是商业价值评估最流行的方法。它不是关注公司的过去或当前事务,而是着眼未来。毫无疑问,贴现现金流的优势包括,它可以根据市场增长预测对公司生成现金流的潜能进行估值,还可以对公司资产(资产负债表中已报告的与未报告的,例如品牌)生成现金流的能力进行估值。贴现现金流法的缺点包括,它在性质上具有很大的主观性,而且它对涉及金融预测和股权成本的假设采取过于乐观的方法。因此,这种方法导致对公司的估值过高。除了贴现现金流法之外,股利贴现法的重要性也在增加,因为越来越多的公司开始向股东支付股利并且每股股利日益增加。然而,就其性质而言,基于贴现股利的公司股权估值法似乎较为保守。与股权自由现金流表明的情形相比,公司支付的股利往往较低。同时,与公司收入和利润相比,现金股利的波动性较低,受经济周期波动的影响较小。

第二,商业估值在性质上具有跨学科的特征。把一家公司放在当前的商业环境中对其绩效进行解读,这是公司价值评估最重要的元素。当前,公司价值评估是一个跨学科的过程,需要我们具备的知识涉及财务会计、价值管理、公司财务、统计学及宏观经济学。非常重要的是,我们需要了解公司的商业模式——公司经营的具体性质,并且辨认公司的历史和未来价值增长的驱动力。公司或无形资产在什么基础上生成正值的未来现金流,这个问题是每个使用贴现现金流的分析师都应当提出的。

第三,新的商业模式正在被开发出来。商业价值评估的理论与实践必须加以调整,以适应正在被创造的新的商业模式,例如在线公司、生物科技公司,或者在更广泛意义上,那些基于智力资本和人力资本、具有较低固定资产的公司。因此,对此类资本进行估值以及对客户资本及其他公司资产进行估值,这方面的需求迄今没有得到重视。

第四,我们有必要估算利率风险、汇率风险、商品价格风险以及它们对财务报告预测和资本成本的影响。由于欧元区好几个国家的经济状况出现金融信用恶化、投资评级下降的情况,因此国债收益率已经增加,例如,截至2011年11月10日,10年期国债收益率分别是:希腊32.15%、葡萄牙11.65%、爱尔兰8.25%、意大利6.63%、西班牙5.86%,但是德国仅为1.79%,瑞典仅为1.66%[1](波兰5.77%[2])。在高度发达的经济体(美国、日本及英国)和地中海地区(希腊、意大利、西班牙及葡萄牙),债务危机导致这些国家中很多国际资本集团的估值下降。假设我们想要对几个欧洲国家中一家带有附属子公司的国际资本集团进行价值评估,我们将会面对的挑战是计算资本成本,该

---

[1] www.ft.com/marketdata。
[2] Rzeczpospolita daily,10/11/2011。

成本包含无风险收益率(国债收益率)。我们很难对商业行业的公司(如从事采矿的公司)进行估值,其原因是商品价格例如石油、铜、金和银具有很高的波动性。不仅从分析师的角度而且从公司管理的角度而言,实物期权都是一个高度灵活的使用工具,在这一方面,它是一个非常有用的方法。

参 考 文 献

1. Abrams J.B. [2010], *Quantitative Business Valuation: A Mathematical Approach for Today's Professionals,* John Wiley & Sons, Inc. Hoboken.
2. Adamska A. [2009], *Ryzyko w działalności przedsiębiorstwa-podstawowe zagadnienia* [in:] *Ryzyko w działalności przedsiębiorstw. Wybrane aspekty*, ed. A. Fierla, Warsaw School of Economics.
3. Adreff W., Staudohar P.D. [2000], *The Evolving European Model of Professional Sports Finance*, Journal of Sports Economics, Vol. 1 No. 3.
4. Agnblad J., Bergloef E., Hoegfeldt P., Svancar H. [2001], *Ownership and Control in Sweden*, in: *The Control of Corporate Europe*, Oxford University Press, Oxford.
5. Akerlof G.A., Shiller R.J. [2009], *Animal Spirits: How Human Psychology Drives the Economy and Why It Matters for Global Capitalism*, Princeton University Press.
6. Andriessen D. [2004], *Making Sense of Intellectual Capital. Designing a Method for the Valuation of Intangibles*, Butterworth-Heinemann, Oxford.
7. Annin M. [1997] *Fama-French and Small Company Cost of Equity Calculations*, "Business Valuation Review", March.
8. Anon [2008], *Corporate Finance, Portfolio Management and Equity Investments*, SchweserNotes™.
9. Baron D. P. [1982], *A Model of the Demand for Investment Banking Advising and Distribution Services for New Issues,* The Journal of Finance, Vol. XXXVII, No. 4, September.
10. Blattberg R.C., Getz G., Thomas J. S. [2004], *Klient jako kapitał. Budowa cennego majątku relacji z klientem i zarządzanie nim*, MT Biznes Sp. z o.o., Warsaw.
11. Bogle J.C. [2008], *Enough: True Measures of Money, Business and Life*, John Wiley & Sons Inc., New Jersey.
12. Bolton P., Mehran H., Shapiro J. [2010], *Executive Compensation and Risk*

Taking, Federal Reserve of New York Staff Report 456.

13. Borowiecki R., Jaki A., Kaczmarek J. [1999], *Metody i procedury wyceny przedsiębiorstw i ich majątku*, Professional School of Business, Cracow.
14. Brealey R. A., Myers S. C., Marcus A. J. [2004], *Fundamentals of Corporate Finance*, International Edition, McGraw-Hill/Irwin.
15. Brennan M. J., Franks J. [1997], *Underpricing. Ownership and Control in Initial Public Offerings of Equity Securities in the U.K.*, Journal of Financial Economics Vol. 45.
16. Brigham E.F., Houston J.F. [2005], *Podstawy zarządzania finansami*, vol. 1 i 2. PWE, Warsaw.
17. Buchter H. [2009], *Mocarstwo z drzwiami obrotowymi. Bank, ktory rządzi Białym Domem*, Tygodnik Forum 30, s. 16-19, reprint from Die Zeit z 2.07.2009.
18. Buła P. [2003], *Zarządzanie ryzykiem w jednostkach gospodarczych. Aspekt uniwersalistyczny*, Cracow University of Economics, Prace doktorskie, no.1.
19. Butler P., Pinkerton K. [2006], *Company-Specific Risk-A Different Paradigm: A New Benchmark*, Business Valuation Review, Spring.
20. Buzzell, R.D., B.T. Gale [1987], *The PIMS Principles: Linking Strategy to Performance*. New York: Free Press.
21. Byrka-Kita K. [2008], *Arbitrażowy model wyceny - konkurent czy następca modelu wyceny aktywów kapitałowych?* in: *Studia i Prace Wydziału Nauk Ekonomicznych i Zarządzania*, No.1, University of Szczecin.
22. Byrka-Kita K. [2008], *Metody szacowania kosztu kapitału własnego. Teoria a praktyka*, University of Szczecin.
23. Calabre S. [1993], *Futures Markets and the Two Dimensions of Instability In Commodity Markets: The Oil Experience*, Energy Studies Review, Vol. 3, No. 3.
24. Callard C., Kleinman D. [1985], Inflation-adjusted accounting: Does it matter? Financial Analysts Journal (May-June).
25. Caselli F., Gennaioli N. [2003], *Dynastic Management*, NBER Working Paper No.9442, January.
26. Cohen J.A. [2005], *Intangible Assets:Valuation and Economic Benefit*, John Wiley & Sons, Inc., New Jersey.
27. Copeland T., Koller T., Murrin J. [1994], *Valuation: Measuring and Managing The Value of Companies*, John Wiley & Sons, New York.
28. Cwynar A., Cwynar W. [2006], *Wycena przedsiębiorstwa metodą DCF i EVA*, in: *Metody wyceny spółki. Perspektywa klienta i inwestora*, M. Panfil, A. Szablewski(eds.), Poltext, Warsaw.

29. Cwynar A., Dżurak P. (ed.) [2010], *Systemy VBM i zysk ekonomiczny. Projektowanie,wdrażanie, stosowanie*, Poltext, Warsaw.
30. Damodaran, A. [1996, 2002], *Investment Valuation:Tools and Techniques for Determining the Value of Any Asset,* Second Edition, John Wiley & Sons, Inc.,New York.
31. Damodaran A. [2001], *Corporate Finance: Theory and Practice*, John Wiley & Sons.
32. Damodaran A. [2001], *The Dark Side of Valuation: Valuing Old Tech, New Tech and New Economy Companies*, Prentice Hall, London.
33. Damodaran A. [2006], *Damodaran on Valuation. Security Analysis for Investment and Corporate Finance*, John Wiley & Sons, Inc., New York.
34. Damodaran A. [2007], *Finanse korporacyjne. Teoria i praktyka*, 2nd edition, Helion, Gliwice.
35. Damodaran [2009], *Ryzyko strategiczne. Podstawy zarządzania ryzykiem*, Wharton/Koźmiński, Warsaw.
36. Damodaran A. [2009], *Valuing Financial Service Firms*, http:pages.stern.nyu.edu/~adamodar/.
37. Damodaran A. [2010], *The Dark Side of Valuation*, Pearson Education, New Jersey.
38. Damodaran, A. [2011], *Applied Corporate Finance*, 3rd Edition, John Wiley & Sons, Inc., Hoboken, New Jersey.
39. Dobbs R., Jiang B., Koller T. M. [2008] , *Why the crisis hasn't shaken the cost of capital*, McKinsey Quarterly, December.
40. Dobiegała-Korona B. [2006a], *Wartość dla klienta, generatorem wartości przedsiębiorstwa*, w: *Współczesne źródła wartości przedsiębiorstwa*, B. Dobiegała-Korona , A. Herman (eds.), Difin, Warsaw.
41. Dobiegała-Korona B. [2006b], *Wartość klienta czy wartość dla klienta*, in: Kwartalnik Nauk o Przedsiębiorstwie, SGH, No.1.
42. Dobiegała-Korona B. [2006c], *Klient kapitałem przedsiębiorstwa*, in: *Współczesneźródła wartości przedsiębiorstwa*, B. Dobiegała-Korona, A. Herman (eds.), Difin, Warsaw.
43. Dobiegała-Korona B. [2007], *Model współtworzenia wartości przez klienta. Motywy i odpowiedzialność*, in: *Rola handlu w tworzeniu wartości dla nabywcy*,Szumilak (ed.), Cracow University of Economics.
44. Dobiegała-Korona B. [2008a], *Challenges of Customer Equity Management*, in: *Value Creation in the Era of Service Economy*, A. Herman, A. Szablewski (eds.),

Warsaw School of Economics.

45. Dobiegała-Korona B.[2008b], *Zarządzanie wartością dla klienta*, in: *W poszukiwaniu nowych paradygmatow zarządzania*, W. Grudzewski, I. Hejduk (eds.),Warsaw School of Economics.

46. Dobiegała-Korona B. [2010], *Istota i pomiar wartości klienta*, w: *Zarządzaniewartością klienta. Pomiar i Strategie*, B. Dobiegała-Korona, T. Doligalski (eds.),Poltext, Warsaw.

47. Dobiegała-Korona B. [2011], *Polskie przedsiębiorstwa uczą się orientacji na klienta*, Harvard Business Review, December-January.

48. Dobson S., Goddard J.A. [2001], *The economics of football*, Cambridge University Press, Cambridge.

49. Doligalski T. [2006], *Wartość portfela klientów-aspekt teoretyczny*, in: *Współczesneźrodła wartości przedsiębiorstwa*, A.Herman, B.Dobiegała-Korona (eds.), Difin,Warsaw.

50. Doyle P. [2003], *Marketing wartości*, Felberg SJA, Warsaw.

51. Dudycz T. [2005], *Zarządzanie wartością przedsiębiorstwa*, PWE, Warsaw.

52. Duliniec A. [1998, 2001], *Struktura i koszt kapitału w przedsiębiorstwie*, PWN, Warsaw.

53. Duszek B. [2007], *Jak pozyskać kapitał z giełdy? Poradnik dla przyszłych emitentów*, Warsaw Stock Exchange, Warsaw.

54. Dzinkowski R. [1998], *The Measurement and Management of Intellectual Capital*, International Federation of Accountants.

55. Edvinsson L., Malone M.S. [1997], *Intellectual Capital: Realizing Your Company's True Value by Finding Its Hidden Brainpower*, HarperCollins Publishers, New York.

56. Eid N.M., *Enterprise Risk Management, Corporate Mind Set Creates Value*, The Actuary, June 2008.

57. *Ekonomia niepewności. Z Romanem Frydmanem o tym, dlaczego ekonomiściwciąż się mylą* [08-03-2008], J. Żakowski, Polityka. Niezbędnik Inteligenta,wyd. 14, No. 10 (2644).

58. *Encykliki Ojca Świętego Jana Pawła II* [1997], Znak Edition House, Cracow.

59. Fairbank J.K. [2003], *Historia Chin. Nowe spojrzenie*, Wydawnictwo MARABUT,Warsaw – Gdańsk.

60. Fama E. F., French K. R. [1993] *Common risk factors in the returns on stocks and bonds*, "Journal of Financial Economics", Vol. 33.

61. Fama E. F., French K. R. [1994] *Industry costs of equity*, Working paper.

Graduate School of Business, University of Chicago, Chicago, IL, revised July 1995.

62. Fama E. F., French K. R. [1995] *Size and book-to-market factors in earnings and returns*, "Journal of Finance", Vol. 50.

63. Fama E. F., French K. R. [1996] *Multifactor Explanations of Asset Pricing Anomalies*,"Journal of Finance", Vol. 51.

64. Fernandez P. [2002a], *The Correct Value of Tax Shields. An Analysis of 23 Theories*, Available at SSRN: http://ssrn.com/abstract=276051.

65. Fernandez P. [2002b], *Valuation Methods and Shareholder Value Creation*, Academic Press, San Diego.

66. Fernandez P. [2003], *75 common and uncommon errors in company valuation*, IESE Business School Working Papers, Madrid, June 14.

67. *Fernandez P. [2010], WACC: Definition, Misconceptions and Errors*, Available at SSRN: http://ssrn.com/abstract=1620871.

68. Fierla A. [2008], *Wycena przedsiębiorstwa metodami dochodowymi*, Warsaw School of Economics, Warsaw.

69. *Forbes S. Interviews John Bogle, who created the first retail index fund*, http://www.forbes.com/2009/01/09/intelligent-investing-bogle-transcript-Jan12_5.html.

70. Francis J.C. [2000], *Inwestycje. Analiza i zarządzanie*, WIG-Press, Warsaw.

71. Frankfurter G.M., Wood B.G., Wansley J.[2003], *Dividend policy. Theory and practice*, Academic Press, San Diego.

72. Friedman M. [1976], *Inflation and unemployment*, Nobel Memorial Lecture, The University of Chicago, Illinois, USA.

73. Frydman R., Goldberg M.D. [2007], *Imperfect Knowledge Economics: Exchange Rates and Risk*, Princeton University Press.

74. Gabryś A., *Rynki kapitałowe w ujęciu fraktalnym* [2006], in: *Metody wyceny społki. Perspektywa klienta i inwestora*, eds. M.Panfil, A.Szablewski, Poltext, Warsaw.

75. Gadomski W., *Ekonomiści nobliści radzą o światowym kryzysie w Wenecji*, Gazeta Wyborcza, http://wyborcza.pl/1,76842,5987031,Ekonomisci_noblisci_radza_o_swiatowym_kryzysie_w_Wenecji.html.

76. Galbraith J.K. [2005], *Gospodarka niewinnego oszustwa. Prawda naszych czasów*, MT Biznes, Warsaw.

77. Gemzik-Salwach A. [2003], *Pomiar ryzyka rynkowego-metoda wartości ryzykowanej*, Ekonomia 8.

78. Goldman Sachs. Global Investment Research *USA Portfolio Strategy. Turning*

cash into value, September 25, 2006.
79. Grabowski R. [2009], *Cost of Capital Estimation in The Current Distressed Environment*, The Journal of Applied Research in Accounting and Finance, 4(1), July.
80. Green Paper [2010] European Commission *Polityka badania sprawozdań finansowych:lekcje wyciągnięte z kryzysu*, Brussels.
81. Grinsven van J. [2010], *Risk Management in Financial Institutions:Formulating value propositions*, IOS Press, Amsterdam.
82. Gupta S., Lehman D. [2005], *Managing Customers as Investments*, Wharton School Publishing, Upper Sadle River.
83. Gupta S., Lehman D.R., Stuart J.A. [2001], *Valuing Customers*, Columbia University, New York.
84. Haas W.J., Pryor S.G. IV [2009], *The Value Edge: Reap the Advantage of Disciplined Techniques* [w:] *The Valuation Handbook: Valuation Techniques from Today's Top Practitioners*, red. Rawley T., Benton E.Gup, Wiley.
85. Hamilton J. D. [2009], *Causes and Consequences of the Oil Shock of 2007-2008*,Working Paper 15002, National Bureau of Economic Research, Cambridge, MA,USA.
86. Hand J.R.M., Lev B. [2003], *Intangible Assets: Values, Measures and Risks*, Oxford University Press, Oxford.
87. Helbling C. [1991], *Unternehmensbewertung und Steuern*, IdW-Verlag GmbH, Düsseldorf.
88. Hitchner J.R. [2006], *Financial Valuation: Applications and Models*, John Wiley & Sons.
89. Hoegfeld P. [2003], *The History and Politics of Corporate Ownership in Sweden*,ECGJ, Stockholm.
90. Hull J.C. [2006], Options, Futures and other Derivatives, Pearson Education, Upper Sadle River.
91. Ingarden R.[1975], *Książeczka o człowieku*, Wydawnictwo Literackie, Cracow.
92. IAS 38: Intangible Assets [2010], in: *International Financial Reporting Standards (IFRSs) 2010*, Part A, IASCF, London.
93. IBM, Global CFO study [2008], *Balancing Risk and Performance with an Integrated Finance Organization*.
94. *International Accounting Standard 38: Intangible Assets* [2010], in: *International Financial Reporting Standards (IFRSs) 2010*, Part A, IASCF, London.
95. *International Private Equity and Venture Capital Valuation Guidelines Board*

[IPEV 2009] International Private Equity and Venture Capital Valuation Guidelines, http://www.privateequityvaluation.com/documents/International_PE_VC_Valuation_Guidelines_Sep_2009_Update_2010.pdf.

96. *International Valuation Standards Council* [IVSC 2010], Proposed New International Valuation Standards, published June 2010.
97. It's the Stupidity Economy [2009]. November 13, 2009, http://krugman.blogs.nytime.com/.
98. Jajuga K. (ed.) [2007] *Zarządzanie ryzykiem*, PWN, Warsaw.
99. Jajuga K, Jajuga T. [2006], *Inwestycje: Instrumenty finansowe, aktywa niefinansowe, ryzyko finansowe, inżynieria finansowa*, PWN, Warsaw.
100. Jajuga K., Jajuga T. [2007], *Zarządzanie ryzykiem w przedsiębiorstwie*, in: *Zarządzanieryzykiem*, PWN, Warsaw.
101. Jaki A. [2008], *Wycena i kształtowanie wartości przedsiębiorstwa*, Wolters Kluwer, Warsaw.
102. *John Cochrane's Response to Paul Krugman* [2009]: Full Text.
103. Friday ~ September 11th, 2009 in Economics, http://modeledbehavior.com/2009/09/11/john-cochrane-responds-to-paul-krugman-full-text/.
104. Kaen F.R., [2003] *Risk Management, Corporate Governance and the Public Corporation*, www.unh.edu.
105. Kamela-Sowińska A. [1998], *Wycena przedsiębiorstw i ich składników majątkowych*, Stowarzyszenie Księgowych w Polsce, Warsaw.
106. Kasiewicz St., Rogowski W., Kicińska M. [2006], *Kapitał intelektualny. Spojrzenie z perspektywy interesariuszy*, Oficyna Ekonomiczna, Cracow.
107. Kasper L. J. [2009], *Anomalous Findings from The Butler Pinkerton Model for Company Specific Risk Premiums*, Proceedings from American Society of Appraisers' 28th Annual Advanced Business Valuation Conference, Boston, October19–21.
108. Katze J. [1995], *Going Public*, Regional Review, Winter, Vol. 5, Issue 1.
109. Kierunek – Giełda. [2007] *Przebieg procesu wchodzenia spółek na Giełdę Papierów Wartościowych w Warszawie w latach 2004–2006*. Raport KPMG i GPW SA.
110. Koller T., Goedhart M., Wessels D. [2010], *Valuation: Measuring and Managing the Value of Companies*, 5th edition, John Wiley & Sons, Inc., New Jersey.
111. Kołodko G. W. [2008], *Wędrujący świat*, Prószyński i S-ka, Warsaw.
112. Kotler Ph. [2005], *Marketing*, Dom Wydawniczy Rebis, Poznań.

113. Kozielski R., Pogorzelski J., Dziekoński M., Urbanek G. [2008], *Ocena marketingu na poziomie strategicznym*, in: *Wskaźniki marketingowe*, R. Kozielski (ed.), Wolters Kluwer Business, Cracow.
114. Krugman P. [2009], *It's the stupidity economy*, [November 13], http://krugman.blogs.nytimes.com/.
115. Krugman P. [2009], *How Did Economists Get It So Wrong*, The New York Times 2, September.
116. Krugman P. [2008], *The Return of Depression Economics and the Crisis of 2008*, W.W. Norton & Co Inc.
117. Kumar V. [2010], *Zarządzanie wartością klienta*, PWN, Warsaw.
118. Kumar V., Shah D. [2009], *Expanding the Role of Marketing: From Customer Equity to Market Capitalisation*, Journal of Marketing, November.
119. Kumar V., Venkatesan R., Bohling T., Beckmann D. [2008], *Practice Prize Report. The Power of CLV: Managing Customer Liftime Value at IBM*, Marketing Science, Vol.27, No. 4.
120. Lev B. [2001], *Intangibles: Management, Measurement Yand, Reporting*, Brookings Institution Press, New York.
121. Ljungquvist A. [2006], *IPO Underpricing*, Working Paper, Center for Corporate Governance, Tuck School of Business at Dartmouth, April.
122. Logue L. [1973], *On the Pricing of Unseasoned Equity Issues: 1965-1969*, Journal of Financial and Quantitative Analysis, January.
123. Low J., Kalafut, P.C. [2004], *Niematerialna wartość firmy*, Oficyna Ekonomiczna, Cracow.
124. Lowe J., [1994], *Benjamin Graham on Value Investing: Lessons from the Dean of Wall Street*, Chicago: Dearborn Financial Publishing.
125. Lucas R. [2009], *Robert Lucas on economics*, The Economist, August 6th.
126. Luehrman T. [1997], *Using APV: a Better Tool for Valuing Operations*, "Harvard Business Review", Vol. 75.
127. MacKenzie D. [2006], *An Engine, Not a Camera. How Financial Models Shape Markets*, The MIT Press, Cambridge, Mass.
128. Madden B., [1999], *CFROI Valuation: Cash Flow Return on Investment*. Woburn, MA: Butterworth-Heinemann.
129. Maksymiuk K. [2008], *Cristiano Ronaldo w sprawozdaniu finansowym, czylio wartościach niematerialnych w klubach piłkarskich*, artykuł dostępny na stronie, www.podatkirachuwosc.bdo.pl.
130. Mandelbrot B., Hudson R., [2004], *The (Mis) Behaviour of Markets: A Fractal*

View of Risk, Ruin and Reward, New York: Basic Books.
131. Marcinkowska M. [2000], *Kształtowanie wartości firmy*, PWN, Warsaw.
132. Marcinkowska M. [2002], *Jak mierzyć dokonania przedsiębiorstwa – czylio równoważeniu kart wyników*, Przegląd Organizacji, No. 9.
133. Marcinkowska M. [2004a], *Roczny raport z działań i wyników przedsiębiorstwa. Nowe tendencje w sprawozdawczości biznesowej*, Oficyna Ekonomiczna, Cracow.
134. Marcinkowska M. [2004b], *Kapitał intelektualny jako źrodło przewagi konkurencyjnej współczesnej firmy*, in: *Wycena i zarządzanie wartością firmy*, A. Szablewski, R. Tuzimek (eds.), Poltext, Warsaw.
135. Marcinkowska M. [2006], *Międzynarodowy Standard Rachunkowości 38 – Wartościniematerialne*, Rachunkowość Bankowa, nr 5.
136. Marcinkowska M. [2008], *Fakty i mity o kapitale intelektualnym*, Kwartalnik Nauk o Przedsiębiorstwie, No. 1.
137. Marcinkowska M. [2009], *Standardy kapitałowe banków. Bazylejska Nowa Umowa Kapitałowa w polskich regulacjach nadzorczych*, Regan Press, Gdańsk.
138. Marks K., Engels F.[1966], *Dzieła*, t.13, PWN, Warsaw.
139. Mauboussin M., Johnson P. [1997], *Competitive advantage period 'CAP': the neglected value driver*, Frontiers of Finance, Credit Suisse First Boston, 14 January.
140. Mayo H.B. [1997], *Wstęp do inwestowania*, Liber, Warsaw.
141. Mączyńska E. [2004], *Bilansowa wycena nieruchomości przedsiębiorstw*, in: *Wartośćprzedsiębiorstw*, J. Duraj (ed.), Płock.
142. Mączyńska E. [2007], *Białe plamy i pułapki dzisiejszej rachunkowości*, Rachunkowość, nr 9.
143. Mączyńska E., Kasiewicz S. [1999], *Metody wyceny bieżącej wartości przedsiębiorstwa*, in: *Zarządzanie wartością firmy*, A.Herman, A.Szablewski (eds.), Poltext, Warsaw.
144. Mączyńska E., Kuciński K. eds. [2005], *Zagrożenie upadłością*, SGH, Warsaw.
145. Mączyńska E., Prystupa M., Rygiel K. [2004], *Ile jest warta nieruchomość*, Poltext, Warsaw.
146. Mączyńska E., Zawadzki M. [2006], *Dyskryminacyjne modele predykcji bankructwa przedsiębiorstwa*, Ekonomista, nr 2.
147. McMahon F., Cervantes M. [2010], *Survey of Mining Companies 2009/2010*, Fraser Institute.
148. Melich M. [2005], *Nowoczesne metody wyceny przedsiębiorstw*, in: *Wycena*

i zarządzanie wartością firmy, A. Szablewski, R. Tuzimek (eds.), Poltext, Warsaw.

149. Menger C. [1923], *Grundsätze der Volkswirtschaft slehre*, Hölder-Pichler-Tempsky, AG Wien, Leipzig.

150. Mikołajek-Gocejna M. [2008], *IPO jako źrodło finansowania rozwoju społki*, Warsaw School of Economics, Warsaw.

151. Miller M.H., Modigliani F., [1961] *Dividend Policy, Growth and the Valuation of Shares*. Journal of Business 34.

152. Mills R. W. [1998] *The dynamics of shareholder value: the principles and practice of strategic value analysis*, Mars Business Associates.

153. Misztal M. [1980], *Problematyka wartości w socjologii*, PWN Warsaw.

154. Mizerka J. [2005], *Opcje rzeczywiste w finansowej ocenie efektywności inwestycji*, University of Economics in Poznań, Poznań.

155. Modigliani F., Miller M.H. [1958], *The cost of capital, corporation finance and the theory of investment*, American Economic Review 48(3).

156. Nita B. [2007], *Metody wyceny i kształtowania wartości przedsiębiorstwa*, PWE, Warsaw.

157. Noga A. [2009], *Teorie przedsiębiorstw*, PWE, Warsaw.

158. *O wadze emocji w gospodarce* [2009] z Robertem J. Shillerem amerykańskim psycho-ekonomistą, rozmawia Jacek Żakowski, Polityka, 05-07-2009.

159. Panfil M. (ed.) [2008], *Finansowanie rozwoju przedsiębiorstwa. Studia przypadków*, Difin, Warsaw.

160. Panfil M., Szablewski A. (eds.) [2006], *Metody wyceny społki. Perspektywa klienta i inwestora*. Poltext, Warsaw.

161. Pentor [2010], *Procesy inwestycyjne i strategie przedsiębiorstw w czasach kryzysu*, Warsaw.

162. Pettit J., Gulic I., Park A. [2001], *The Equity Risk Measurement Handbook*, EVAluation 3(3).

163. Pęksyk M., Chmielewski M., Panfil M., Śledzik K. [2010], *Beta Calculation in Emerging Markets in the Cross-border Context-Selected Problems*, e-Proceedings from 17th Annual Global Finance Conference, Poznań.

164. Pęksyk M. [2010], *Cost of Capital Calculation in Emerging Markets: Rectification of the Beta Estimates*, "e-Finanse", No. 1.

165. Pęksyk M. [2009], *Analiza opłacalności inwestycji zagranicznych w niestabilnym otoczeniu*, w: *Społeczno-ekonomiczne wymiary globalnego kryzysu finansowego*, Prace i Materiały Wydziału Zarządzania Uniwersytetu

Gdańskiego, Sopot 3/1.
166. Pęksyk M. [2008], *On The Methods of Accounting for Country Risk in Foreign Direct Investment Appraisal*, a thesis submitted for the degree of Doctor of Philosophy at Brunel University/Henley Management College, January.
167. Pickett Spencer K. H. [2006], *Audit planning. A Risk-Based Approach*, John Wiley & Sons, Inc., Hoboken, New Jersey.
168. Piech P. [2007], *Amerykański kryzys*, Gazeta Bankowa, nr 35 (983) 27th August-2nd September.
169. Platon [1997], *Prawa*, tł. Maykowska, Wydawnictwo Alfa, Warsaw.
170. Polański P. [2006], *Metody pomiaru wartości marki*, in: *Współczesne źródła wartości przedsiębiorstwa*, A.Herman, B.Dobiegała-Korona (eds.), Difin, Warsaw.
171. Polish Code of Commercial Partnerships and Companies, 2000-Kodeks spółek handlowych, Dz. U. 2000.94.1037.
172. *Ponad 750 mln zł za prawa do transmisji meczów polskiej Ekstraklasy w telewizji* [2008], "Gazeta Prawna" 10.03.2008, biznes.gazetaprawna.pl/artykuly/10586,ponad_750_mln_zl_za_prawa_do_transmisji_meczow_polskiej.
173. Porter M., [1980], *Competitive Strategy*, New York: Free Press/Simon & Schuster.
174. Potocki W. [2009], *Mechanism Shaping Crude Oil Prices* [in:] *Capital Flows in the Global Economy*, Andrzej Szablewski (ed.), Wolters Kluwer Polska.
175. Pratt S.P., Grabowski R.J. [2008], *Cost of Capital: Applications and Examples*, John Wiley & Sons, Inc., Hoboken, New Jersey.
176. Pratt S.P, Niculita A.V. [2007], *Valuing a Business: The Analysis and Appraisal of Closely Held Companies*, McGraw–Hill.
177. Pritchard L. [2002], *Zarządzanie ryzykiem w projektach*, WIG Press, Warsaw.
178. Ramirez R., Selsky W., Hajden van der K. [2008], *Business Planning for Turbulent Times. New Methods for Applying Scenarios*, Earthscan.
179. Rao R.K.S., Stevens E.C. [2007], *A Theory of the Firm's Cost of Capital*, World Scientific Publishing Co. Pte. Ltd., Singapore.
180. Rappaport A., [1986], *Creating shareholder Value: The New Standard for Business Performance*, New York: Free Press.
181. Rappaport A. [1998], *Creating Shareholder Value: A Guide for Managers and Investors*, The Free Press, New York.
182. Rawley T., Benton E. [2010], *The Valuation Handbook: Valuation Techniques from Today's Top Practitioners*, John Wiley & Sons, Inc., Hoboken, New Jersey.

183. Read C., Ross J., Dunleavy J., Schulman D., Bramante J. [2001], *eCFO: Sustaining Value in New Corporation,* John Wiley & Sons, Inc., Chichester.
184. Reale G. [2008], *Historia filozofii starożytnej, II Platon i Arystoteles,* tł. E.I. Zieliński, Wydawnictwo KUL, Lublin.
185. Reilly F.K., Brown K.C. [2001], *Analiza inwestycji i zarządzanie portfelem,* tom I i II, PWE, Warsaw.
186. Reilly R.F., Schweihs R.P. [1999], *Valuing Intangible Assets,* McGraw-Hill.
187. Ricardo D. [1957], *Zasady ekonomii politycznej i opodatkowania,* PWN, Warsaw.
188. Risk Research Institute [2001], *Two cultures of risk,* London School of Economics, London.
189. Robert Lucas on Economics [2009], The Economist Aug 6th, 2009.
190. Rock K. [1986], *Why New Issues Are Underpriced,* "Journal of Financial Economics"15.
191. Rogowski W. (ed.) [2008], *Opcje realne w przedsięwzięciach inwestycyjnych,* Oficyna Wydawnicza SGH, Warsaw.
192. Roos J., Roos G., Dragonetti N.C., Edvinsson L. [1997], *Intellectual Capital: Navigating in the New Business Landscape,* Macmillan Press, London.
193. Ross S., Westerfield R., Jordan B., [2003], *Finanse przedsiębiorstw,* Dom Wydawniczy ABC, Warsaw.
194. Rust R., Zeithaml V., Lemon K.A. [2000], *Driving Customer Equity,* The Free Press, New York.
195. Rydqvist K. [1997] *IPO Underpricing as Tax-Efficient Compensation,* Journal of Banking and Finance Vol. 21, North Holland, March 1997.
196. Sachs Jeffrey D. [2008], *Skąd się wziął amerykański kryzys fi nansowy,* Gazeta.pl, 2008-05-04, http://gospodarka.gazeta.pl/gospodarka/1,69866,5177899.html.
197. Saunders A. [1990], *Why Are So Many New Stock Issues Underpriced?* Business Review, March/April.
198. Schroeck G. [2002], *Risk Management and Value Creation in Financial Institutions,* John Wiley & Sons, Inc., Hoboken, New Jersey.
199. Schumpeter J., [1942] *Capitalism, Socialism and Democracy,* Nowy Jork: Harper& Brothers.
200. Schweidel D.A., Fader P.S., Bradlow E.T. [2007], *Understanding Services Retention Within and Across Cohorts Using Limited Information,* Journal of Marketing, No. 70.
201. Seybold P. [2002], *The Customer Revolution,* Random House Business Book.

202. Sharpe W. [1964], *Capital Asset Prices: a Theory of Market Equilibrium under Conditions of Risk*, Journal of Finance, Vol. 19.
203. Shaw J.C. [2003], *Corporate Governance and Risk: A Systems Approach*, John Wiley & Sons, Inc., Hoboken, New Jersey.
204. Shin H.S. [2010], *Risk and Liquidity*, Oxford University Press, Oxford.
205. Sierpińska M. [1999], *Polityka dywidend w spółkach kapitałowych*, PWN, Warszawa-Kraków.
206. Skoczylas W. (ed.) [2007], *Determinanty i modele wartości przedsiębiorstw*, PWE, Warsaw.
207. Slywotzky A.J., [1996], *Value Migration. How to Think Several Moves Ahead of the Competition*, Boston.
208. Smith A. [1954], *Badania nad naturą i przyczynami bogactwa narodów*, PWN, Warsaw.
209. Smith G, Parr G. [2000], *Valuation of Intellectual Property and Intangible Assets*, John Willey & Sons, New York.
210. Solomon E. [1963], *The Theory of Financial Management*, Columbia University Press, New York and London.
211. *Spowiedź monetarysty*, [30.6. 2003], Forum, Interview with M. Friedmanem.
212. *Standardy zawodowe rzeczoznawców majątkowych* [2002], PFSRM, Warsaw.
213. Stankiewicz W. [1987], *Historia myśli ekonomicznej*, PWE Warsaw.
214. Stebakow M. [2010], Beskidzki Dom Maklerski, Equity Research Jutrzenka SA.
215. Stewart, G.B. III [1991], *The Quest for Value. The EVA™ Management Guide*, Harper Business, New York.
216. Stewart T.A. [1997], *Intellectual Capital: The New Wealth of Organizations*, Doubleday/Currency, New York.
217. Stiglitz J.E. [2010], *Freefall: America, Free Markets and the Sinking of the World Economy*, W. W. Norton, New York.
218. Stiglitz J.E. [2006], *Szalone lata dziewięćdziesiąte*, PWN, Warsaw.
219. Stiglitz J.E. [2004], *Globalizacja,* PWN, Warsaw.
220. Stradomski M. [2010], *Finansowanie obce firm rodzinnych na rynku niedoskonałym*, PWE, Warsaw.
221. Sullivan P.H. [2000], *Value-driven Intellectual Capital: How to Convert Intangible Corporate Assets into Market Value*, John Wiley & Sons, Inc., New York.
222. Surdej A.,Wach K. [2010], *Przedsiębiorstwa rodzinne wobec wyzwań sukcesji*, Difin, Warsaw.

223. Sveiby K.E. [2001-2010], *Methods for Measuring Intangible Assets*, http://sveiby.com/articles/IntangibleMethods.htm.
224. Sveiby K.E. [1997], *The New Organizational Wealth*, Berrett-Koehler Publishers, San Francisco.
225. Szablewski A. [2006], *Wycena spółki metodą zdyskontowanych dywidend [in:] Metody wyceny spółki. Perspektywa klienta i inwestora*, M. Panfil, A. Szablewski (eds.), Poltext, Warsaw.
226. Szablewski A. [2008], *Budowanie wartości i społecznej odpowiedzialnościprzedsiębiorstwa*, in: Value Based Management: koncepcje, narzędzia, przykłady, A. Szablewski, K. Pniewski, B. Bartoszewicz (eds.) Deloitte, Poltext, Warsaw.
227. Szablewski A. (ed.) [2010], *Zmienność rynków a wartość przedsiębiorstw*, Poltext, Warsaw.
228. Szablewski A., Pniewski K., Bartoszewicz B. (eds.) [2008], *Value Based Management. Koncepcje, narzędzia, przykłady*, Poltext, Warsaw.
229. Szczepankowski P. [2007], *Wycena i zarządzanie wartością przedsiębiorstwa*, PWN, Warsaw.
230. Sztompka P. [2000], *Trauma wielkiej zmiany: społeczne koszty transformacji*, Instytut Studiów Politycznych Polskiej Akademii Nauk, Warsaw.
231. Sztompka P. [2007], *Zaufanie, fundament społeczeństwa*, Znak Edtion House, Cracow.
232. Szulc M., Kapuściński R. [2002], *Raport o społeczeństwie. Dwa światy*, http://www.reporter.edu.pl/raport_o_spoleczenstwie/raport_nadawca/dwa_swiaty_ryszard_kapuscinski.
233. Świeżawski St. [2000], *Dzieje europejskiej filozofi i klasycznej*, Wydawnictwo Naukowe PWN, Warsaw – Wrocław.
234. Taleb N. [2006], *Ślepy traf*, GWP, Gdańsk.
235. Tapscott D., Williams A., [2008], *Wikinomics: how mass collaboration changes everything*, New York: Portfolio.
236. Tatarkiewicz Wł. [1997], *Historia filozofii, t. 1-3*, Wydawnictwo Naukowe PWN, Warsaw.
237. *The Brain Drain* [Feb 28th 2008], The Economist.
238. Tkaczyk T.P. [1997], *Ryzyko gospodarowania a strategie konkurencji*, OficynaWydawnicza SGH, Warsaw.
239. Toffler A. [2002], *Szok przyszłości*, Zysk i S-ka, Poznań.
240. Toffler A., Toffler H. [1996], *Budowa nowej cywilizacji. Polityka trzeciej fali*, Zysk i S-ka, Poznań.

241. Toporowski J. [2010], *The Economics and Culture of Financial Inflation*, in: *Financial Markets and Financial Fragility*, vol. II, Edward Elgar, Cheltenham.
242. Tortoriello R. [2009], *Quantitative Strategies for Achieving Alpha*, Nowy Jork: McGraw-Hill.
243. Trugman G., Butler P.J. [2010], *Thinking Outside the Box: Using the Market Approach to Develop a Cost of Capital*, Florida Institute of Certified Public Accountants.
244. Urbanek G. [2007], *Pomiar kapitału intelektualnego i aktywów niematerialnych przedsiębiorstwa*, Wydawnictwo Uniwersytetu Łódzkiego, Łódź.
245. *Value Based Management: koncepcje, narzędzia, przykłady*, [2008], A. Szablewski, K. Pniewski, B. Bartoszewicz (eds.), Poltext, Warsaw.
246. Vause P.G . N. [2004], *Risk appetite: concept and measurement*, Financial Stability Review, Bank of England, December.
247. Wang Deyou [2008], *Społeczna wartość konfucjanizmu w XXI wieku*, [in:] *Chiny w globalnym świecie*, W. Pomykało (ed.), Fundacja Innowacja i Wyższa Szkoła Społeczno-Ekonomiczna, Warsaw.
248. Wei D. Yernack [2010], *Deferred Compensation, Risk and Company Value: Investor Reactions to CEO Incentives*, Federal Reserve Bank of New York Staff Report 445.
249. Weiying J., Baofeng C. [2001], *The Relationship between Risk Management and Firm Value*, Beijng.
250. Welch I. [1992], *Sequential Sales, Learning and Cascades*, The Journal of Finance, Vol. 47, June.
251. Welch I. [1989], *Seasoned Offerings, Imitation Costs and the Underpricing of Initial Public Offerings*, The Journal of Finance, Vol. XLIV, No. 2, June.
252. Welch I., Ritter J. [2002], *A Review of IPO Activity, Pricing and Allocations*, Yale ICF Working Paper, No. 02–01, February 8.
253. *Wszystko sprowadzam do jedzenia* [2010], Tygodnik Forum, 2010, No. 10.
254. Zarzecki D. [1999], *Metody wyceny przedsiębiorstw*, Fundacja Rozwoju Rachunkowości, Warsaw.

互联网网页

biznes. gazetaprawna. pl/artykuly/10586，ponad_750_mln_zl_za_prawa_do_transmisji_meczo_polskiej_ekstraklasy_w_telewizji. htmldeutsche—boerse. com

www. actusnews. com

www. arsenal. com

www. asroma. it

www. borsaitaliana. it

www. bvb. de

www. celticfc. net

www. deloitte. co. uk

www. euronext. com

www. fi fa. com/worldfootball/bigcount/index. html

www. gazetatrend. pl/artykuly/49-wplyw-wielkich-imprez-sportowych-na-gospodarke

www. juventus. com.

www. londonstockexchange. com

www. olweb. fr

www. plusmarketsgroup. com

www. podatkirachunkowosc. bdo. pl

www. sslazio. it

www. theoffside. com/world-football/the-most-popular-clubs-in-Europe-or-moneybuys-love. html

www. wikipedia. pl

作者小传

芭芭拉·多别佳娃-克罗娜（Barbara Dobiegała-Korona）：经济学特别资格博士，华沙商学院教授，华沙商学院企业学教研室价值管理研究部客户价值研究组组长，华沙商学院研究生教研室"客户价值管理"研究生课程导师。有独著或合著著作30余部，发表科学期刊论文约200篇。最新出版的著作有：《客户的迁移和公司价值》【*Migracje klientów a wartość przedsiębiorstwa* [2009], B. Dobiegała-Korona, T. Doligalski (eds.), PWN, Warsaw】；《客户价值管理：测量与战略》【*Zarządzanie wartością klienta. Pomiar i strategie* [2010], B. Dobiegała-Korona, T. Doligalski (eds.), Poltext, Warsaw】；《波兰企业客户价值管理》【*Zarządzanie wartością klienta w przedsiębiorstwach w Polsce*[2011], B. Dobiegała-Korona, T. Doligalski (eds.), SGH, Warsaw】。学术研究方向：价值营销、客户资本管理、企业价值迁移的营销条件。

E-mail: **km@sgh.waw.pl**

米查尔·格沃多夫斯基（Michał Głodowski）：华沙商学院财会系毕业，曾就职于可口可乐公司、花旗波兰银行和荷兰国际抵押贷款银行。华沙商学院"客户价值管理"研究生课程毕业。是"大学校际银行经纪人论坛"的决赛选手、花旗波兰银行组织的"股票交易比赛"参赛选手以及职业风险经理人（PRM）项目的参与者。他的日常工作是专注于金融分析和报告，负责潜在收购目标的成本控制和估值。

E-mail: **michal_glodowski@yahoo.com**

莫妮卡·马辛科芙丝卡（Monika Marcinkowska）：经济学博士，罗兹大学教授，罗兹大学金融银行保险研究所所长，金融与银行会计系负责人，"银业务"研究生课程导师；在多家银行做过员工、顾问和培训师。学术研究方向：度量、评估、介绍金融机构（尤其是银行）的绩效以及这些机构的价值管理。在金融和银行领域出版独著与合著出版物 200 余篇（部），代表性著作有：《银行资本标准》【*Standardy kapitałowe banków* [2009], Regan Press】，《金融机构活动评估》【*Ocena działalności instytucji finansowych* [2007], Difin】；《企业活动和绩效年度报告》【*Raport roczny z działań i wyników przedsiębiorstwa* [2004], Oficyna Ekonomiczna】；《银行价值》【*Wartość banku* [2003], Wyd. UŁ】；《建立企业价值》【*Kształtowanie wartości firmy* [2000], PWN】，同时是这一领域波兰出版物的英语译者。

E-mail: **monika.marcinkowska@uni.lodz.pl**

伊丽莎白·蒙臣丝卡（Elżbieta Mączyńska）：经济学特别资格博士，华沙商学院教授；企业学教研室公司财务管理组组长，"固定财产估值"研究生课程导师；波兰科学院经济学研究所研究员，波兰经济学会会长。1994—2005年，担任波兰总理府社会和经济战略委员会科学秘书。代表性著作有：《企业破产的复杂情况：灾难还是第二次机会？》【*Meandry upadłości przedsiębiorstw. Klęska czy druga szansa*? [2010], E. Mączyńska (ed.)】；《企业破产：节选的机构领域》【*Bankructwa przedsiębiorstw. Wybrane aspekty instytucjonalne* [2008], SGH, Warsaw】；《企业估值》【*Wycena przedsiębiorstw* [2005], SKwP, Warsaw】；《波兰企业破产的经济问题》【*Ekonomiczne aspekty upadłości przedsiębiorstw w Polsce* [2005], E. Mączyńska (ed.), SGH, Warsaw】。

E-mail: **ela4@wp.pl**

马辛·派克希克（Marcin Pęksyk）：哲学博士，国际会计师协会会员，商业估值和价值管理专家。目前为法律和外交学院金融与金融法联合系高级讲师以及一家国际航运公司财务总监。此前，曾受雇于埃耐格运营公司，负责监督与分类计价相关的资本转换工作。过去，他作为美国评值公司的雇员，管理新兴市场公司的估值项目。曾任英国亨利管理学院讲师，波兰旅游发展股份公司下属中央仓库中心有限公司价值提高和金融指导中心主任。是波兰评估师协会联盟出版的《解释说明第 5 号：商业估值》筹划小组成员。

E-mail: **mpeksyk@yahoo.com**

马莱克·潘菲尔（Marek Panfil）：经济学博士，华沙商学院企业学教研室价值管理组高级讲师。巴塞罗那 IESE 商学院国际学术项目毕业生（2010 年 6 月）。纽约大学史登商学院访问学者（2012 年 7—12 月）。从 2005 年起，担任华沙商学院"资本性企业估值方法"研究生课程导师（11 个年度周期，约 360 名学生）。有独著或合著著作数十种，最新出版的有：《企业发展的出资：范例分析》【*Finansowanie rozwoju przedsiębiorstwa. Studia przypadków* [2011], 2 reviewed edition, M. Panfil (ed.), Difin, Warsaw】；《实践中的商业估值：方法与案例》【*Wycena biznesu w praktyce. Metody. Przykłady* [2009], M. Panfil (ed.) Poltext, Warsaw】。2008 年 2 月至 2012 年 4 月，是波兰铜业集团监委会委员（曾担任监委会秘书长、监委会副主席、监委会审计组组长）。担任多家公司的顾问，从事的顾问领域为：商业规划和投资项目开发以及商业估值和无形资产报告。

E-mail: **marek.panfil@gmail.com**

多洛塔·波迪多沃娜－塔诺芙丝卡（Dorota Podedworna-Tarnowska）：经济学博士，华沙商学院企业学教研室价值管理组高级讲师。巴塞罗那 IESE 商学院国际学术项目毕业生（2011 年 6 月）。纽约大学史登商学院访问学者（2012 年 2—7 月）。从 2005 年起担任华沙商学院"金融顾问"研究生课程导师。波兰工商银行监委会和审计委员会成员，波兰国有资产部前顾问以及几家机构监委会成员或副主席。出版作品众多，包括专著：《波兰的应收账款保理：发展机会与威胁》【*Faktoring w Polsce–szanse i zagrożenia rozwoju* [2007], SGH, Warsaw】；合著：《市场变性和企业价值》【*Zmienność rynków a wartość przedsiębiorstw* [2010], A. Szablewski (ed.), Poltext, Warsaw】、《企业发展的出资：案例分析》【*Finansowanie rozwoju przedsiębiorstwa. Studia przypadków* [2011], 2. edition, M. Panfil (ed.), Difin, Warsaw】。学术研究和教学方向：公司财务管理和金融市场工具。

E-mail: **dorota.podedworna@gmail.com**

沃伊切赫·波托茨基（Wojciech Potocki）：华沙理工大学毕业，华沙商学院"公司价值管理"研究生课程毕业，参加的 MBA 课程有金融、投资银行学和项目融资，并参加了国际实习项目。他曾供职于金融机构、能源和化学行业的公司，目前担任切赫化工集团风险经理。专门研究领域为价值管理以及天然气、石油和化学品市场。在科学和专业杂志发表论文数十篇。合著有：《基于价值管理：概念、方法、案例》【*Value Based Management, koncepcje, narzędzia, przykłady* [2008], A. Szablewski, K. Pniewski, B. Bartosiewicz (eds.), Poltext, Warsaw】；《一体化经济中的资本迁移》【*Migracja kapitału w globalnej gospodarce* [2009], A. Szablewski (ed.), Difin, Warsaw】；《全球经济中的资本流动》【*Capital Flows in the Global Economy* [2009], A. Szablewski (ed.), Oficyna Wolters Kluwer】；《市场变性和企业价值》【*Zmienność rynków a wartość przedsiębiorstwa* [2010] A. Szablewski (ed.), Poltext, Warsaw】。

E-mail: **woj.potocki@wp.pl**

雅罗斯瓦夫·罗曼诺夫斯基（Jarosław Romanowski）：毕业于波兹南经济大学国际贸易专业。从1996年起，供职于波兰铜业集团。最初在市场战略部担任分析师，1998年被任命为该部主任经理。2003年，升任该集团财务总监。2006年至2012年5月，担任该集团贸易和保值部总经理。他除了任职于波兰铜业集团，还是波兰铜业集团艾杰克斯矿业公司、波兰铜业集团中国上海贸易有限公司的监委会成员，同时是位于布鲁塞尔的欧洲铜业研究院的董事。由于参与了针对加拿大夸德拉矿业公司（现在改名为波铜国际有限公司）的收购过程，他于2012年5月加入波铜国际公司的高层管理团队。

E-mail: **j.romanowski@kghm.pl**

扬·克里斯多夫·索拉什（Jan Krzysztof Solarz）：经济学教授，华沙金融学院副院长，过去十年间，他在该院从事与金融系统风险管理相关的理论研究，从波兰体制转轨的初期就在波兰商业银行和波兰国家银行从事战略管理的实践。鉴于他对波兰银行系统的发展做出了突出贡献，他荣获了波兰银行协会颁发的荣誉奖章。

E-mail: **jan.k.solarz@gmail.com**

安杰伊·沙布莱夫斯基（Andrzej Szablewski）：经济学博士，华沙商学院高级讲师。从1999年起，担任华沙商学院"公司价值管理"研究生课程导师（19

个年度周期，650多名毕业生）。有独著、合著著作数十部（篇），最新出版的有：《市场变性和企业价值》【*Zmienność rynków a wartość przedsiębiorstw* [2010], A. Szablewski (ed.) Poltext, Warsaw】；《全球经济中的资本流动》【*Capital Flows In the Global Economy* [2009], ed. By A. Szablewski, Ofi cyna Wolters Kluwer business, Warsaw】；《在服务经济时代的价值创造》【*Value Creation in the Era of Service Economy* [2008], (ed. by A. Herman, A. Szablewski), Warsaw School of Economics, Warsaw】；《基于价值的管理：概念、方法、案例》【*Value Based Management, koncepcje, narzędzia, przykłady* [2008], A. Szablewski, K. Pniewski, B. Bartoszewicz (eds.), Poltext Deloitte, Warsaw】。曾任豪泰克斯控股公司和摩卡特有限公司董事长、摩卡特公司首席财务官等。近年学术研究方向为金融、商业估值管理及全球经济中的资本迁移。

E-mail: **szablewski.andrzej@gmail.com**

赫伯特·维特（Herbert Wirth）：特别资格博士，工程师，毕业于克拉科夫冶金学院地质学系。供职于多家矿业公司的地质学、资源管理及经济学等分支部门，有大量独著及合著著作，一直致力于地质矿业资产的估值工作。他最初是一名研究非铁金属及其储量（主要是铜、银、锡、钨、铀、硬煤和褐煤以及矿物集料）的地质学家。自2008年至今，是波兰铜业集团董事会的成员，2009年至今，担任董事会主席。他还是波兰科学院以及瑞典皇家技术科学院的会员。

E-mail: **h.wirth@kghm.pl**

拉多斯瓦夫·扎沃任斯基（Radosław Załoziński）：克拉科夫经济大学经济学毕业，弗罗茨瓦夫经济大学国际贸易研究生课程毕业。波兰铜业集团保值部总监。2012年5月升任波兰铜业集团贸易和保值部总经理。自1999年起，他一直供职于波兰铜业集团，最初担任金属销售部出口合同管理员。他目前工作部门的职能还包括信用风险。他积极支持该公司旨在保障不利商品价格风险和汇率波动的度量工作。

E-mail: **r.zalozinski@kghm.pl**